Schwab / Löhnig

Falltraining im Zivilrecht 1

Dieter Schwab/Martin Löhnig

Falltraining im Zivilrecht 1

Ein Übungsbuch für Anfänger

5., neu bearbeitete Auflage

CFM C.F. Müller

Dr. Dr. h.c. *Dieter Schwab*, Ordinarius für Bürgerliches Recht und Deutsche Rechtsgeschichte an der Universität Regensburg (seit 1974), emeritiert 2000, Promotion 1960, Habilitation an der Ruhr-Universität Bochum 1966, Ordentlicher Professor für Bürgerliches Recht und Deutsche Rechts- und Verfassungsgeschichte an der Justus-Liebig-Universität Gießen 1968–1974, seit 2002 Lehrbeauftragter an der Friedrich-Schiller-Universität Jena.

Dr. *Martin Löhnig*, Ordinarius für Bürgerliches Recht, Deutsche und Europäische Rechtsgeschichte sowie Kirchenrecht an der Universität Regensburg (seit 2008) und Gastprofessor an der Universität St. Gallen (seit 2009), Promotion 2001, Habilitation 2006, Vertreter und Inhaber einer ordentlichen Professur für Bürgerliches Recht, Rechtsgeschichte und Kirchenrecht an der Universität Konstanz 2005–2008.

Bibliografische Information der Deutschen Nationalbibliothek

Die Deutsche Nationalbibliothek verzeichnet diese Publikation in der Deutschen Nationalbibliografie; detaillierte bibliografische Daten sind im Internet über <http://dnb.d-nb.de> abrufbar.

Bei der Herstellung des Werkes haben wir uns zukunftsbewusst für umweltverträgliche und wiederverwertbare Materialien entschieden. Der Inhalt ist auf elementar chlorfreies Papier gedruckt.

ISBN 978-3-8114-9458-9

E-Mail: kundenbetreuung@hjr-verlag.de
Telefon: +49 89/2183-7928
Telefax: +49 89/2183-7620

MIX
Papier aus verantwortungsvollen Quellen
FSC® C008492

www.cfmueller-campus.de
www.hjr-verlag.de

Satz: Gottemeyer, Rot
Druck: Beltz Druckpartner, Hemsbach

Vorwort

Im Mittelpunkt der deutschen Juristenausbildung steht die Lösung von Rechtsfällen. Deshalb genügt es nicht, den juristischen Stoff theoretisch zu durchdringen. Denn erst „am Fall" zeigt sich, ob das angehäufte Rechtswissen auch für die praktische Rechtsanwendung zur Verfügung steht.

Mit dem vorliegenden Falltraining möchten wir den Studierenden der Rechtswissenschaft, die sich in der ersten Phase ihrer Studiums befinden (bis zur Zwischenprüfung), ein Übungsbuch zur Lösung zivilrechtlicher Fälle an die Hand geben. Auch Studenten anderer Studiengänge, zu deren Curriculum das Zivilrecht gehört, können aus dem „Falltraining" Nutzen ziehen.

Das Buch besteht aus drei Teilen: A) einer Einführung in das zivilrechtliche Studium und die Falllösungstechnik, B) 94 Übungsfällen zu den einzelnen Stoffgebieten, und C) drei Übungsklausuren, wie sie z.B. in einer Anfängerübung oder Zwischenprüfungsklausur im Bürgerlichen Recht gestellt werden könnten. Die Anordnung der Stoffgebiete im Teil B folgt dem Aufbau der „Einführung in das Zivilrecht" von *Schwab/Löhnig* (19. Aufl. 2012), doch ist es ebenso gut möglich, das Buch in anderer Reihenfolge durchzuarbeiten, etwa mit den Fällen über das Rechtsgeschäft (Fälle 15 ff.) zu beginnen.

Wir möchten uns für die freundliche Aufnahme des Buches und die Hinweise zur Verbesserung der Falllösungen bedanken, die wir auch weiterhin erbitten. An der fünften Auflage hat *Thomas Hornberger* mitgearbeitet, dem wir für seine zahlreichen Vorschläge zur Verbesserung des Falltrainings herzlich danken.

Den Nutzerinnen und Nutzern wünschen wir, dass ihnen das Buch bei der Vorbereitung auf die ersten Leistungskontrollen im Bürgerlichen Recht hilft. Wenn es ihnen zudem hin und wieder Spaß machen sollte, wäre das Ziel voll erreicht.

Regensburg, im Juli 2012

Dieter Schwab
Martin Löhnig

Inhaltsverzeichnis

Literatur

Bei einigen Fällen wird auf weiterführende Lektüre in Lehrbüchern und Ausbildungszeitschriften verwiesen.

I. Lehrbücher

Boecken	Boecken, Winfried; Bürgerliches Gesetzbuch, Allgemeiner Teil, 2. Auflage, Stuttgart 2012
Emmerich	BGB – Schuldrecht Besonderer Teil, 12. Auflage, Heidelberg 2009
Faust	Faust, Florian; Bürgerliches Gesetzbuch, Allgemeiner Teil, 3. Auflage, Baden-Baden 2012
Förster	Allgemeiner Teil des BGB, 2. Auflage, Heidelberg 2011
Hirsch	Hirsch, Christoph; Allgemeines Schuldrecht, 7. Auflage, Köln 2011
Kötz/Wagner	Kötz, Hein/Wagner, Gerhard; Deliktsrecht, 11. Auflage, Neuwied 2010
Wolf/Neuner	Wolf, Manfred/Neuner, Jörg; Allgemeiner Teil des Bürgerlichen Rechts, 10. Auflage, München 2012
Looschelders	Looschelders, Dirk; Schuldrecht Allgemeiner Teil, 10. Auflage, Köln 2012
Medicus BGB AT	Medicus, Dieter; Allgemeiner Teil des BGB, 10. Auflage, Heidelberg 2010
Schack	BGB – Allgemeiner Teil, 13. Auflage, Heidelberg 2011
Schwab/Löhnig	Schwab, Dieter/Löhnig, Martin; Einführung in das Zivilrecht, 19. Auflage, Heidelberg 2012
Schwab	Schwab, Dieter; Familienrecht, 20. Auflage, München 2012
Schwab/Witt	Schwab, Martin/Witt, Carl Heinz; Examenswissen zum Neuen Schuldrecht, 2. Auflage, München 2003
Bydlinski/Weber	Bydlinski, Peter/Weber, Ralph; BGB – Schuldrecht Allgemeiner Teil, 6. Auflage, Heidelberg 2007

II. Ausbildungszeitschriften

JA	Juristische Arbeitsblätter
Jura	Juristische Ausbildung
JuS	Juristische Schulung

A. Einleitung

Liebe Leserin, lieber Leser!

Bevor Sie mit der Lösung der Fälle beginnen, möchten wir Ihnen einige Hinweise zur Technik der Fallbearbeitung und zum Studium des Zivilrechts geben.

I. Das Falltraining als Ergänzung zum Lehrbuch

Die Lehrbücher, mit denen Sie Ihre Anfängervorlesung im Bürgerlichen Recht vor- oder nachbereiten, vermitteln Ihnen abstrakte und theoretische Kenntnisse der einzelnen Rechtsinstitute. Sie erläutern beispielsweise Zweck und Struktur der Irrtumsanfechtung und die Definitionen der einzelnen Tatbestandsmerkmale wie „Irrtum" oder „Eigenschaft", vgl. § 119 BGB. Außerdem geben sie einige meist klassische Beispiele, die Ihnen eine Vorstellung vom Umgang mit den einzelnen Rechtsinstituten und Rechtsbegriffen vermitteln sollen.

Die Lektüre eines Lehrbuchs allein versetzt Sie jedoch noch nicht in die Lage, die erörterten Rechtsinstitute fallbezogen anzuwenden. Oftmals werden Sie nach der Vorlesung oder Lehrbuchlektüre glauben, alles verstanden zu haben, scheitern dann aber trotzdem an der Falllösung. Erst wenn Sie Ihre theoretischen Kenntnisse zu einzelnen Rechtsinstituten im Wege einer geistigen Transferleistung auf unbekannte Fälle anwenden können, haben Sie die Materie wirklich durchdrungen.

Das Falltraining gibt Ihnen die Möglichkeit, sich bei der Falllösung zu erproben und auf diese Weise Ihre Rechtskenntnisse zu vertiefen. Es empfiehlt sich also, das Buch parallel zu Vorlesung und Lektüre eines Lehrbuchs nach und nach durchzuarbeiten. Außerdem hilft es Ihnen bei der gezielten Vorbereitung auf die Anfänger- oder Zwischenprüfungsklausuren.

II. Das juristische Gutachten

1. Allgemeines

Das juristische Studium in Deutschland zeichnet sich dadurch aus, dass die Studierenden in Klausuren von Anfang an überwiegend mit der Lösung von Fällen befasst sind. Aufgabe ist regelmäßig die Erstattung eines Rechtsgutachtens. Diese Gutachten unterscheiden sich allenfalls von der Sichtweise her: Es mag das Rechtsgutachten eines Richters oder eines Rechtsanwalts gefordert sein.

Gemeinsam ist allen Gutachten, dass sie letztlich Vorbereitungsarbeiten zu juristischen Texten sind, deren Anfertigung der Jurist erst im Referendariat nach der ersten juristischen Prüfung erlernt, nämlich zu Urteilen oder Anwaltsschriftsätzen. Vergegenwärtigt man sich dies, dann werden die Anforderungen an ein juristisches Gutachten in Übungs- und Klausurfällen deutlicher.

2. Das Gutachten als Weg zum Ergebnis

Ein Gutachten beginnt, anders etwa als ein Urteil, nicht mit einem Ergebnis („V hat gegen K einen Anspruch auf Zahlung von 1000,– €, § 433 Abs. 2 BGB …"), das dann zu begründen ist („… denn zwischen V und K wurde am 3. Januar 2007 ein Kaufvertrag über den Erwerb eines Notebooks XYZ-35 zum Preis von 1000,– € geschlossen"). Das Gutachten wirft vielmehr die im Fall angelegten Fragen auf („Zu prüfen ist, ob V gegen K einen Anspruch auf Zahlung von 1000,– € für das Notebook aus § 433 Abs. 2 BGB hat.") und arbeitet sich dann Stück für Stück unter Nennung und Prüfung der einzelnen Voraussetzungen („Dazu ist erforderlich, dass V und K einen entsprechenden Kaufvertrag geschlossen haben.") zu einem Ergebnis hin („Somit hat V gegen K einen Anspruch auf Zahlung von 1000,– € aus § 433 Abs. 2 BGB.").

3. Das Gutachten als erschöpfende Falllösung

Ein Gutachten muss außerdem ausführlicher abgefasst sein als ein Urteil oder ein Anwaltsschriftsatz. Stellen Sie sich einen Richter oder einen Anwalt vor, dem Sie gutachtlich zuarbeiten: Er möchte den Fall unter allen in Betracht kommenden Anspruchsgrundlagen geprüft haben, auch wenn er dann im Urteil oder Schriftsatz das Begehren eines Klägers oder Mandanten vielleicht nur auf eine der möglichen Anspruchsgrundlagen stützen wird.

Außerdem wünscht er sich eine ausführliche Auseinandersetzung mit Problemen, die bei der Lösung des Falles auftreten. Auch wenn sich der Richter in einem Meinungsstreit in der Urteilsbegründung regelmäßig der Auffassung des Bundesgerichtshofs anschließen mag, so will er doch wissen, welche anderen Lösungen denkbar sind und ob sie Überzeugungskraft haben; im Einzelfall wird er sie vertreten und so zur Fortentwicklung des Rechts beitragen. Manch „herrschende Meinung" war früher einmal „Mindermeinung".

Den Anwalt wird vielleicht interessieren, welche Auffassung den Interessen seines Mandanten am ehesten entgegenkommt; trotzdem will er aber auch wissen, was die Auffassung der Rechtsprechung ist, um die Prozessrisiken realistisch einschätzen zu können. Und er will natürlich genauso wie der Richter die Argumente für und gegen die einzelnen Auffassungen kennen lernen.

Schließlich sind beide daran interessiert, dass auch alle denkbaren Einreden oder Einwendungen geprüft werden, selbst wenn diese noch nicht erhoben worden sind. Denn das kann im Prozess noch immer passieren. Und dann wollen Richter bzw. Anwalt schon jetzt von Ihnen wissen: Welche Einreden oder Einwendungen sind begründet, welche nicht, welche Wirkungen begründeter Einreden und Einwendungen sind zu erwarten? Beide brauchen also für ihre Arbeit den „vollen Überblick" mit ausführlichen Erläuterungen – und diesen liefern Sie im Gutachten.

Sie prüfen mit anderen Worten bei jeder Anspruchsgrundlage, ob

1. der Anspruch entstanden ist, ob also z.B. ein gültiger Kaufvertrag als Voraussetzung eines Anspruchs aus § 433 Abs. 2 BGB vorliegt.
2. dieser Anspruch wieder erloschen ist, z.B. durch Erfüllung, § 362 Abs. 1 BGB, oder zum Erlöschen gebracht werden kann, z.B. durch Anfechtung, § 142 Abs. 1 BGB.
3. der Anspruch durchsetzbar ist, ihm also dauerhafte Einreden, z.B. Verjährung, § 214 BGB, oder zeitweilige Einreden, z.B. die Einrede aus § 320 Abs. 1 BGB (Leistung Zug-um-Zug) nicht entgegenstehen.

4. Was soll das?

Sie werden vielleicht denken: „Was soll das Ganze? Gerade diese Anfängerfälle, die ich zu bearbeiten habe, beherrscht jeder „fertige Jurist" ohne weiteres. Und diese Fälle kann auch jeder Assistent, der meine Anfängerklausur korrigiert, problemlos lösen. Diesen Leuten muss ich diese einfachen Dinge doch nicht mehr erklären."

Mag sein. Dennoch ist es wichtig, von Anfang an diese Arbeitsweise einzuüben, auch wenn es Ihnen manches Mal albern vorkommen mag und Sie das Ergebnis eines kleinen Falles ohnehin schon beim Durchlesen erkennen. Im Laufe des Studiums werden nämlich die Fälle schnell komplizierter und Sie kennen plötzlich nur noch vermeintliche Lösungen. Und wenn Sie in einigen Jahren eine Examensklausur lesen, werden Sie in den seltensten Fällen schon beim Durchlesen das richtige Ergebnis treffen. Dann brauchen Sie eine Technik, mit der Sie den Fall präzise erfassen können, sodass Sie nicht an Problemen, die sich im Fall stellen, einfach vorbeigehen. Eine Technik, mit der Sie sauber und für den Leser übersichtlich und verständlich auf das Ergebnis hinarbeiten können.

Deswegen: Gewöhnen Sie sich systematisches und sauberes Arbeiten so früh wie möglich an. Wenn Sie eine Klausur schreiben, dann denken Sie nicht daran, für einen Korrektor zu schreiben, der das alles ohnehin schon weiß, sondern stellen Sie sich vor, dass Sie für einen juristisch vorgebildeten Leser schreiben, der sich jedoch mit den in der Klausur behandelten Problemen nicht eingehend beschäftigt hat. Dieser Leser sollte nach Lektüre Ihres Anfänger-Gutachtens verstehen können, worum es in dem Fall geht und sich bei der Lektüre nicht völlig langweilen. Nur dann wird später ein Juristenkollege Ihr Gutachten zu einem Fall aus dem internationalen Insolvenzrecht verstehen, obwohl er allenfalls von den Grundzügen des deutschen Insolvenzrechts eine Ahnung hat.

III. Die Lösung juristischer Fälle

Im Folgenden zeigen wir Ihnen, wie Sie an ein Gutachten herangehen sollten. Je eher Sie diese Arbeitsschritte ernsthaft üben, desto schneller werden Sie auch anspruchsvolle Fälle und Klausuren gut lösen können – und damit entweder schneller studieren oder mehr Freizeit haben als bei unsystematischem Arbeiten.

1. Erstes Lesen des Sachverhalts und Skizze

Lesen Sie den zu bearbeitenden Fall sorgfältig durch. Während des Lesens sollten Sie sich eine Skizze machen, in die Sie alle Informationen eintragen, die der Sachverhalt bietet: Die auftretenden Personen, die Informationen über diese Personen, die Rechtsbeziehungen zwischen den Personen. Wenn Sie das sauber machen, dann müssen Sie später nicht ständig wieder im Sachverhalt nachsehen, was bei längeren Sachverhalten unangenehm und zeitraubend sein kann. Bei der Skizze können Sie beispielsweise folgende Symbole verwenden:

———————— = Verpflichtungsgeschäft
- - - - - - - - = Verfügungsgeschäft
————————▶ = Anspruch

Wenn im Sachverhalt viele Datumsangaben genannt sind, dann bietet es sich an, neben der Skizze noch eine chronologische Tabelle des Geschehensablaufs oder einen „Zeitstrahl" zu fertigen. So sehen Sie später beispielsweise gleich, ob Anfechtungs- oder Verjährungsfristen gewahrt sind.

Außerdem haben Sie immer einen weiteren Schmierzettel bereit liegen, auf dem Sie während der Sachverhaltslektüre gleich Ihre spontanen juristischen Ideen und Assoziationen notieren können, damit sie nicht verloren gehen.

Bei dieser ersten Lektüre kommt es aber noch nicht auf die juristische Beurteilung des Falles an, sondern auf das sorgfältige und fehlerfreie Erfassen der Tatsachengrundlage, auf der Sie anschließend Ihr Gutachten aufbauen werden. Sie können juristisch noch so gut Bescheid wissen – wenn Sie von den falschen Tatsachen ausgehen, dann muss die Falllösung misslingen.

2. Die Fallfrage

Am Ende des Sachverhalts steht die wohl wichtigste Information: Die Fallfrage. Das ist die Arbeitsanweisung, nur diese Frage haben Sie in Ihrem Gutachten umfassend zu beantworten, alle anderen Ausführungen sind überflüssig und kosten in der Klausur Zeit, ohne Punkte zu bringen.

Es sind die unterschiedlichsten Fallfragen denkbar. Die Fallfrage kann ganz direkt auf eine Anspruchsgrundlage hinsteuern: „Kann V von K die Zahlung des Kaufpreises verlangen?". Dann haben Sie nur den Anspruch aus § 433 Abs. 2 BGB zu prüfen. Etwas weiter gefasst kann ein bestimmtes Anspruchsziel formuliert sein: „Kann G von S Schadensersatz verlangen?". Dann sind alle denkbaren Ansprüche, die als Rechtsfolge Schadensersatz vorsehen, zu prüfen. Denkbar wäre genauso die Frage, ob „Herausgabe" oder „Übereignung" verlangt werden kann.

Noch weiter gefasst können sämtliche Anspruchsbeziehungen zwischen zwei Personen zu erörtern sein: „Welche Ansprüche stehen G gegen S zu?" oder „Welche Ansprüche bestehen zwischen G und S?". Im Verlaufe des Studiums wird Ihnen schließlich eine Fallfrage immer häufiger begegnen, die schwierigste, weil offenste Fallfrage: „Wie ist die Rechtslage?". In diesem Fall müssen Sie sämtliche Ansprüche prüfen, die zwischen allen im Sachverhalt auftretenden Beteiligten denkbar sind.

Es ist offensichtlich, dass bei offenen Fallfragen die erste Schwierigkeit der Falllösung schon darin liegt, durch sorgfältige Analyse der Interessen aller im Sachverhalt auftretenden Personen die zu prüfenden einzelnen Rechtsbeziehungen herauszuarbeiten und dabei keine Anspruchsbeziehungen zu vergessen.

3. Noch einmal lesen!

Jetzt kennen Sie bereits die Tatsachengrundlage Ihres Gutachtens und wissen auch, welche Fragen Sie gutachtlich beantworten müssen. Bevor Sie sich an die juristische Würdigung des Falles machen, sollten sie den Sachverhalt noch ein zweites Mal sorgfältig lesen. Dabei überprüfen Sie, ob Ihre Skizzen wirklich fehlerfrei sind und ob Ihnen bei Kenntnis der Fallfrage jetzt nicht noch irgendwelche Informationen als bedeutsam auffallen, die Sie vorher übergangen haben. Ergänzen Sie gegebenenfalls Ihre Skizzen.

4. Die Gliederung

a) Kurzes Konzeptpapier

Erst jetzt sollten Sie eine Gliederung Ihres Gutachtens anfertigen. Nicht zu ausführlich, es handelt sich lediglich um ein kurzes Konzeptpapier, das alle Anspruchsgrundlagen mit ihren Voraussetzungen in der richtigen Reihenfolge nennt und problematische Punkte markiert. Auf dieser Grundlage schreiben Sie dann Ihr Gutachten.

Warum wir darauf Wert legen, dass das Papier kurz sein soll? Erstens kostet das Anfertigen einer langen Gliederung viel Zeit. Das ist spätestens in der Klausur unangenehm. Zweitens sollten Sie sich gerade bei Streitständen und Problemstellen das Formulieren Ihrer Argumente für die endgültige Falllösung aufsparen. Wenn Sie alle Probleme schon erschöpfend in der Gliederung behandeln, dann hat das oftmals zur Folge, dass Ihre einzelnen Gedanken und Argumentationsschritte im Gutachten nicht mehr enthalten sind, weil Ihnen beim Abfassen des Gutachtens bereits vieles klar und einfach erscheint. Das Gutachten wird dann gerade an problematischen Punkten nicht so ausführlich und fallnah, wie es werden sollte, weil Sie nur noch Ergebnisse „hinknallen". In Klausuren besteht diese Gefahr zudem auch deshalb, weil Sie bei zu ausführlichem Gliedern in Zeitnot kommen können.

Sie müssen in Ihrer Gliederung nicht alle Fragen bis zum Ende durchdenken und durchargumentieren. Sie haben nämlich im Vergleich zu demjenigen, der ein Urteil oder einen Schriftsatz schreibt, einen entscheidenden Vorteil: Sie schreiben „auf das Ergebnis hin" und können auch während des Schreibens notfalls noch von Ihrer Gliederung abweichen und in eine andere Richtung schreiben. Das kann der Richter, der das Ergebnis schon im Urteilstenor festgelegt hat, nicht, weswegen er auf sorgfältige Vorarbeit in Form eines Gutachtens angewiesen ist.

Versuchen Sie also, nach spätestens 30 % Ihrer vorgegebenen Arbeitszeit mit dem Ausformulieren des Gutachtens zu beginnen. Gönnen Sie sich lieber während des Ausformulierens ab und an eine kurze Denk- oder Ruhepause. Diese Zeiteinteilung wird Ihnen allerdings nur gelingen, wenn Sie durch stetiges Üben bei der Falllösung entsprechend routiniert und souverän geworden sind. Bei der Zeiteinteilung „30 % Gliederung – 70 % Niederschrift" handelt es sich freilich nur um einen Richtwert. Im Laufe der Zeit werden Sie Ihr individuelles Zeitmanagement entwickeln.

b) Auffinden der Anspruchgrundlagen

In einem Gutachten lösen Sie Fälle, indem Sie einzelne Anspruchgrundlagen prüfen. Ein Gutachten enthält keine Erörterungen, die außerhalb einer Anspruchsprüfung „frei im Raum schweben". Deshalb müssen Sie das Erarbeiten Ihres Konzeptpapiers mit dem Auffinden der einschlägigen Anspruchsgrundlagen beginnen, wenn nicht die Fallfrage schon auf eine bestimmte Anspruchsgrundlage hinweist. Mithilfe welcher Anspruchsgrundlagen können die im Sachverhalt auftretenden Personen ihre Ziele erreichen?

Will ein Beteiligter die Herausgabe eines Gegenstandes erreichen, was Sie entweder ausdrücklich aus der Fallfrage entnehmen konnten oder durch sorgfältige Analyse des Sachverhalts bei offener Fallfrage ermittelt haben, kommen als Anspruchsgrundlagen etwa in Betracht: §§ 604 Abs. 1, 695, 812 Abs. 1, 823 Abs. 1 i.V.m. § 249 Abs. 1, 861, 985, 1007 Abs. 1, 1007 Abs. 2 BGB.

In Ihrer Skizze bringen Sie die zu erörternden Anspruchsgrundlagen in die folgende Reihenfolge, die deshalb einzuhalten ist, weil die vorrangigen Ansprüche die folgenden Ansprüche beeinflussen können. Beispielsweise sollten Sie vertragliche Ansprüche vor bereicherungsrechtlichen Ansprüchen prüfen, weil ein Vertrag einen Rechtsgrund im Sinne des § 812 Abs. 1 BGB bilden kann.

1. Vertragliche Ansprüche, z.B. aus § 433 Abs. 1 BGB oder § 535 Abs. 1 BGB
2. Quasi-vertragliche Ansprüche, z.B. aus §§ 311 Abs. 2, 241 Abs. 2, 280 Abs. 1 BGB („culpa in contrahendo")
3. Ansprüche aus gesetzlichen Sonderverbindungen, z.B. aus Geschäftsführung ohne Auftrag, §§ 677 ff. BGB
4. Dingliche Ansprüche, z.B. aus § 985 BGB
5. Bereicherungsrechtliche Ansprüche, §§ 812 ff. BGB
6. Deliktische Ansprüche, aus §§ 823 ff. BGB aber auch aus Sondergesetzen wie z.B. §§ 7, 18 StVG.

c) Prüfung der einzelnen Anspruchgrundlagen

Jetzt prüfen Sie die einzelnen Anspruchgrundlagen. Machen Sie es sich dabei zur Gewohnheit, die angewendeten Normen immer auch im Gesetz aufzuschlagen und zu lesen, auch wenn Sie z.B. § 433 Abs. 1 BGB eigentlich schon auswendig können.

Das hat zweierlei Gründe: Erstens ist es in den meisten Bundesländern gestattet, sich neben die einzelnen Paragraphen Querverweisungen auf andere Normen zu schreiben. Oftmals bringt die Lektüre der einzelnen Normen mit den Querverweisungen dann noch wichtige Ideen. Zweitens arbeiten Sie bei der Falllösung mit der Subsumtionsmethode, Sie ermitteln also aus einer Norm die einzelnen Voraussetzungen für die Anwendung dieser Norm und überprüfen den vorliegenden Fall dann an diesem Maßstab. Das gelingt nur fehlerfrei, wenn Sie den Wortlaut der Norm vor Augen haben.

Eine Subsumtion läuft in drei Schritten ab, die jedenfalls an den problematischeren Stellen in Ihrem Gutachten auch erkennbar sein müssen.

Angenommen Sie prüfen, ob eine verkörperte Willenserklärung unter Abwesenden wirksam geworden ist und stoßen dabei auf § 130 Abs. 1 Satz 1 BGB, der regelt, dass eine solche Erklärung mit Zugang beim Empfänger wirksam wird.

Als erstes werfen Sie Ihre Frage auf: Ist die Willenserklärung des K wirksam geworden? Dazu müsste dem V die Willenserklärung des K zugegangen sein.

Dann klären Sie, was Zugang bedeutet: Die Erklärung muss so in den Machtbereich des Empfängers gelangen, dass dieser unter regelmäßigen Umständen von ihr Kenntnis nehmen kann.

Und jetzt prüfen Sie den vorliegenden Sachverhalt an diesen Anforderungen: K hat den Brief mit der Willenserklärung in den Hausbriefkasten des V geworfen. Also ist die Willenserklärung zugegangen.

In Ihrer Gliederung steht dann: Zugang (+).

Komplizierter wird das ganze beispielsweise, wenn K dem V seine Willenserklärung per E-Mail geschickt hat und V die E-Mail versehentlich gelöscht hat, bevor er sie lesen konnte. Die ersten beiden Schritte sind identisch. Im dritten Schritt überlegen Sie: Die Mailbox des V gehört zu dessen Machtbereich. Eine dort gespeicherte E- Mail kann man normalerweise auch lesen. V konnte sie aber nicht lesen. Darauf kommt es nicht an, weil nicht auf V, sondern auf die regelmäßigen Umstände abzustellen ist. Und regelmäßig löscht man E-Mails eben nicht versehentlich, bevor man sie liest – also Zugang (+).

Näheres zur Subsumtion können sie in der „Einführung in das Zivilrecht" von *Dieter Schwab* und *Martin Löhnig* unter Rn. 11 ff. nachlesen.

d) Beispiel

Angenommen, der minderjährige K nimmt einen Antrag des V auf Abschluss eines Kaufvertrages mit Einwilligung seiner Eltern an und V ficht diesen Vertrag sodann wirksam wegen eines Irrtums über eine Eigenschaft der Kaufsache an, wobei hier die Verkehrswesentlichkeit der Eigenschaft sehr fraglich ist. Ihr Konzeptpapier für die Prüfung des Kaufpreisanspruchs sieht dann etwa folgendermaßen aus:

V → K aus § 433 Abs. 2 BGB, Kaufpreiszahlung

I. Wirksamer Kaufvertrag V/K?
  1. Antrag V (+), insb. Zugang bei K, § 131 Abs. 2 Satz 2 (+)
  2. Annahme K?
    a) Willenserklärung K (+)
    b) Einwilligung erforderlich, § 107 (+)
    c) Einwilligung der Eltern des K, §§ 1626 Abs. 1, 1629 Abs. 1 (+)
  Annahme (+)
  Kaufvertrag (+)

II. Anfechtung V, § 142 Abs. 1
  1. Grund, § 119 Abs. 2?
    a) Eigenschaft (+)
    b) Verkehrswesentlich (P, +)
    c) Irrtum (+)
    d) Kausalität des Irrtums, § 119 Abs. 1 BGB (+)
  § 119 Abs. 2 (+)
  2. Frist, § 121 (+)
  3. Erklärung, § 143 Abs. 1 (+), insb. Zugang bei Eltern des K, § 131 Abs. 2 Satz 1 (+)
  Anfechtung (+)

  Anspruch aus § 433 Abs. 2 (–)

5. Abfassen des Gutachtens

a) Gewichten

Im Gutachten erörtern Sie ausführlich alle auf Grund der Fallfrage in Betracht kommenden Ansprüche in der oben skizzierten Reihenfolge. Ausführungen zu fern liegenden Ansprüchen lassen Sie einfach weg. Wenn sich die Klausur um einen Autounfall dreht, dann ist der berühmte Satz „Vertragliche Ansprüche sind nicht ersichtlich" überflüssig.

Bei der gutachtlichen Falllösung müssen Sie gewichten: Es gibt gänzlich unproblematische Punkte, die mit einem Satz abgehandelt werden können und es gibt Probleme, für deren Erörterung man eine halbe oder ganze Seite benötigt. Wirft also V dem K einen Brief mit einer Willenserklärung in den Hausbriefkasten, dann schreiben sie beispielsweise einfach: Die Willenserklärung des V ist dem K zugegangen und damit wirksam geworden, § 130 Abs. 1 Satz 1 BGB.

Hat V dem K die Willenserklärung gefaxt und hat K diese Willenserklärung deshalb nicht zur Kenntnis genommen, weil von ihm unbemerkt sein Faxgerät defekt war, so sind deutlich ausführlichere Erörterungen zum Zugang dieser Willenserklärung erforderlich. Ein ordentliches Gutachten zeigt also bereits durch die Breite der Erörterungen, wo Probleme liegen und wo die Lösung klar ist.

Gerade zu Beginn Ihrer juristischen Ausbildung wird Ihnen oftmals der Mut zur pointierten Schwerpunktsetzung bei der Lösung Ihrer Fälle fehlen. Sie werden denken: Lieber schreibe ich an einzelnen Punkten etwas mehr, dann kann mir niemand der Vorwurf machen, etwas weggelassen zu haben. Auch hier sollten Sie jedoch an den Leser Ihres Gutachtens denken. Er möchte gleichsam wie auf einer Straße den Weg von der aufgeworfenen Frage bis zum Ergebnis entlanggehen und nur an Orten verweilen, an denen es auch tatsächlich etwas zu sehen gibt. Deswegen sind auch erläuternde Hinweise zum Aufbau – er erklärt sich von selbst – genauso unangebracht wie lehrbuchartige Erläuterungen – „Herr Lehrer, ich weiß noch was" –, die zur strikten Beantwortung der in der Fallfrage oder in einem Obersatz aufgeworfenen Frage eigentlich nicht erforderlich sind.

b) Weitere Beispiele

Angenommen, V und K haben einen Kaufvertrag geschlossen, und K fühlt sich im Nachhinein getäuscht, weil eine am Vertragsschluss überhaupt nicht beteiligte Person ihm wahrheitswidrige Fakten erzählt hat, V hingegen will sein Geld. Der Vertragsschluss ist in diesem Fall unproblematisch, problematisch ist aber, ob K den Vertrag anfechten kann. Deswegen schreiben Sie: „V könnte gegen K einen Anspruch auf Zahlung des Kaufpreises aus § 433 Abs. 2 BGB haben. Einen entsprechenden Kaufvertrag haben V und K geschlossen, fraglich ist allein, ob dieser Vertrag durch Anfechtung seitens des K vernichtet wurde, § 142 Abs. 1 BGB." Dann erörtern Sie die Anfechtung. Sie erklären also in solchen Fällen nicht, wie ein Vertrag zu Stande kommt, schreiben nichts über Willenseinigung, Angebot und Annahme, um dann hinzuzufügen, dass diese „laut Sachverhalt unproblematisch vorliegen". Wenn etwas unproblematisch ist, dann zeigen Sie das allein durch die Kürze Ihrer Ausführungen. Genauso wenig erklären Sie beispielsweise lehrbuchartig, dass die Anfechtung zur Wiederherstellung der Willensfreiheit des Getäuschten dient oder auf einer feinsinnigen Abwägung zwischen dem Schutz der Willensfreiheit des Erklärenden und dem Vertrauen des Erklärungsempfängers beruht; diese Erwägungen mögen in Grenzfällen eine Rolle spielen, weil sie Ihnen helfen, knifflige Fragen mit gesetzesnahen Argumenten zu lösen. Ansonsten sind sie nicht angezeigt.

Soll ein Auto übereignet werden, sind keinerlei Ausführungen dazu angezeigt, ob das Auto eine unbewegliche Sache ist und deshalb nach § 873 BGB zu übereignen ist, oder ob es sich nicht doch um eine bewegliche Sache handelt, die nach § 929 BGB übereignet werden muss. Sie müssen weder die Definition der Sache aus § 90 BGB erörtern noch zeigen, dass Sie natürlich auch wissen, wie man eine unbewegliche Sache übereignet. Mit anderen Worten: zu Trivialitäten schweigen Sie oder formulieren allenfalls einen kurzen Aussagesatz. Denn: So hilfreich Prüfungsschemata dabei sind, dass man auch wirklich keinen Punkt vergisst – also als Merkposten während des Gliederns –, so schädlich sind sie, wenn Sie sie im Gutachten einfach geistlos abspulen.

Wie eine gutachtliche Falllösung aussehen kann, können Sie den zahlreichen ausformulierten Falllösungen im Teil B dieses Buches entnehmen.

IV. Seitenwechsel

1. Die Situation des Korrektors

Bevor Sie sich an Ihre ersten Falllösungen machen, sollten Sie einfach einmal einen „Seitenwechsel" vollziehen, indem Sie sich in die zukünftigen Korrektoren Ihrer Klausuren hineinversetzen. Ein Korrektor arbeitet als Assistent an einem Lehrstuhl der Universität und ist damit beschäftigt, seine Dissertation oder Habilitation zu verfassen. Wenn Sie später Ihre Staatsexamensklausuren schreiben, dann ist es ein Professor, Richter oder Verwaltungsbeamter, der nicht gerade wenig zu tun hat.

Der Korrektor hat sein Tagwerk hinter sich. Er kommt abends nach Hause, auf seinem Tisch liegt ein Stapel Klausuren. Das Wetter draußen lädt zum Biergartenbesuch ein. Im Fernsehen kommt ein interessantes Fußballspiel oder ein guter Film. Frau/Freundin/Mann/Freund/Kinder wollen etwas erzählen oder unternehmen. Aber der Korrektor muss korrigieren. Mit anderen Worten: Er könnte sich etwas Interessanteres vorstellen, als an diesem Abend mehrmals die Lösung des gleichen Falles zu lesen. Er wird seine Aufgabe zwar gewissenhaft erledigen. Aber: auch er ist nur ein Mensch.

2. Ihre Reaktion

Diese Ausführungen sollen weder schlechte oder ungerechte Korrekturen rechtfertigen, noch Mitleid für die „armen Korrektoren" erregen. Sie haben diese Aufgabe selbst gewählt und werden dafür meistens auch ordentlich bezahlt. Die Schilderung der Situation des Korrektors soll Sie aber dafür sensibilisieren, dass man einem Korrektor das Korrigieren unangenehmer oder angenehmer machen kann. Letzters hebt die Qualität Ihrer Klausur, die Stimmung des Korrektors und also auch sein Wohlwollen für Sie.

a) Die äußere Form der Klausur

Sorgen Sie für eine angenehme äußere Form Ihrer Klausur – auch wenn diese eigentlich nicht in die Bewertung eingeht. Bemühen Sie sich und üben Sie, unter Zeitdruck leserlich zu schreiben. Lassen Sie 1/3 Rand. Machen Sie nach jeder Sinneinheit einen erkennbaren Absatz. Beginnen Sie bei jeder umfangreicheren Anspruchsprüfung oder Prüfungsstation eine neue Seite. Das schafft Übersicht und: Wenn Sie später in der Klausur noch einen Gedanken einfügen wollen, der Ihnen plötzlich einfällt, dann haben Sie immer noch Platz dafür und müssen Ihre Einfügungen nicht mit Pfeil auf die Rückseite, auf eine eingefügte Seite oder dicht gedrängt an den Rand schreiben.

b) Die Sprache

Verwenden Sie eine anschauliche, klare, einfache Sprache, die man gerne liest, weil man sie leicht lesen kann. Sätze also, die man nicht dreimal lesen muss, bis man sie versteht, sondern deren Inhalt und Sinn beim ersten Lesen zu entnehmen ist. Im Zweifel also kurze Sätze. Dann lässt sich die Klausur Seite für Seite zügig lesen, und Ihre Ausführungen wirken überzeugender. Wenn ein Korrektor über einen Satz dreimal nachdenkt, findet er fast immer eine Ungereimtheit.

c) Der Aufbau

Die wirklich gute Klausur ist übrigens nicht nur einfach und anschaulich formuliert, sondern auch spannend. Sie ist wie ein Krimi, man nimmt sie in die Hand und hört nicht mit dem Lesen auf, bis man fertig ist. Diese Wirkung erreichen Sie nicht allein mit guter Sprache, sondern auch mit sauberem, selbsterklärendem Aufbau. Wer einen zu verschachtelten Aufbau wählt, findet oft selbst nicht mehr heraus, und dann tut's der Korrektor erst recht nicht.

d) Schlüssiges Argumentieren

Wenn das Geschriebene darüber hinaus den Gesetzen der Logik gehorcht, zeigt sich der Korrektor beeindruckt. Es kommt nicht darauf an, für welches Ergebnis Sie sich bei der Erörterung einer Problemstelle in Ihrem Gutachten entscheiden, wenn Ihr Ergebnis vertretbar ist, also nicht gegen anerkannte Rechtsregeln verstößt. Sie müssen es nur sauber, verständlich und nachvollziehbar begründen. Die Klausur, die mit einleuchtender Begründung einer „Mindermeinung" folgt, kommt besser an, als diejenige, die apodiktisch Ergebnisse und Behauptungen der „h.M." aneinander reiht.

Mit anderen Worten: Der Weg ist das Ziel, jeder Gedankenschritt will schlüssig dokumentiert sein, dann folgt man Ihnen auch auf Abwege. Wenn Sie keinen Weg bieten, kann man Ihnen nicht zum Ziel folgen, selbst wenn Sie das richtige Ergebnis gefunden haben sollten.

V. Drei Fähigkeiten

Wenn Sie sich das eben Gelesene nochmals vergegenwärtigen, dann wird klar: Für eine gute Falllösung bedarf es dreier Fähigkeiten, die allesamt gleichermaßen eingeübt werden müssen:

1. Präzise Analyse: Nur wenn Sie bei der Lektüre des Sachverhalts herausfinden, was gefragt ist und wo die Probleme liegen, können Sie Ihr Wissen überhaupt anbringen. Bei Klausurbesprechungen hört man oft: „Wenn ich gewusst hätte, dass das gefragt ist, dann hätte ich es ja hingeschrieben!".

Wenn Sie also etwas gewusst hätten, aber nicht bemerkt haben, dass es gefragt war, dann schauen Sie sich nach Lektüre der Musterlösung eines Falles den Sachverhalt nochmals ganz genau an und finden Sie heraus: Wo hat mir der Klausursteller den Hinweis gegeben, dass ich dieses und jenes problematisieren oder erörtern hätte sollen?

2. Sichere Subsumtion: Eine gute Falllösung besteht nicht aus dem Hinschreiben auswendig gelernter Ergebnisse oder Textbausteine, sondern einer sauberen Normanwendung.

Üben Sie Normanwendung, indem Sie sich Normen ansehen, die zu prüfenden Merkmale ermitteln und sich durch Unterstreichungen markieren. Machen Sie sich klar, welche Funktion bestimmte Normmerkmale haben. Erwerben Sie die Fähigkeit, gängige Normmerkmale sauber definieren zu können. Was ist ein Irrtum, was Zugang, was eine Verfügung etc.?

3. Gute Darstellung: Sie schreiben für einen bestimmten Adressatenkreis, den Sie immer vor Augen haben müssen. Probieren Sie das in der Prüfungsklausur zum ersten Mal, dann wird es kaum gelingen. Gliedern Sie also die Übungsfälle nicht nur, sondern formulieren Sie auch immer wieder eine Falllösung aus. Und lassen Sie vor allem keine Gelegenheit zur Teilnahme an einer korrigierten Übungsklausur im Rahmen von Tutorien o.Ä. aus.

Mit „lernen, lernen, lernen" allein werden Sie kein guter Jurist, auch wenn Ihnen dies von den Anbietern einiger Repetitoriumsskripten oder gewerblicher Wiederholungskurse suggeriert wird. Diese Anbieter erwecken diesen Eindruck bei Ihnen nur deshalb, weil es ihnen nicht möglich ist, auf Gewinnbasis die „drei Fähigkeiten" mit Ihnen zu üben.

VI. Lernen und Motivation

1. Lernen mit Blick auf das Examen

Sie werden sich fragen: Lernen mit Blick auf das Examen – aber doch nicht schon im ersten oder zweiten Semester?!

Vergegenwärtigen Sie sich einfach, dass Sie im Jurastudium nicht „abschichten" können. Alles, was Sie jetzt gerade lernen, müssen Sie im ersten, ja sogar im zweiten juristischen Staatsexamen noch immer beherrschen. Vergegenwärtigen Sie sich auch, dass Sie sich im Studium mit einem Sachgebiet mehrmals beschäftigen müssen, um es im Examen sicher zu beherrschen; man lernt in „Spiralen", bearbeitet also zentrale Gebiete mehrfach, aber auf immer höherem Niveau und mit immer mehr Verständnis. So gesehen ist Ihre momentane Beschäftigung mit den Kerngebieten bürgerlichen Rechts tatsächlich ein wichtiger Bestandteil Ihrer Examensvorbereitung, den Sie ernst nehmen sollten.

Deshalb sollten Sie auch alle Rechtsgebiete, für die Sie irgendwann im Verlauf Ihres Studiums zum Erwerb der Scheine lernen, immer gründlich und umfassend erarbeiten. Gründlich bedeutet, dass Sie nicht den „Klausurstoff" in einer Hauruckaktion in sich hineinschütten, die Klausur so einigermaßen bestehen – und danach mit dem Arbeiten aufhören und alles wieder vergessen, sondern dass Sie in einem regelmäßigen Rhythmus von sorgfältigem Lernen und Wiederholen das gesamte Semester und die vorlesungsfreie Zeit hindurch in den jeweiligen Stoffgebieten arbeiten. Umfassend bedeutet, dass Sie nicht nur das lernen sollten, was vermutlich in der Klausur abgeprüft wird – oft kann man das ja erahnen oder der Dozent kündigt es sogar an – sondern dass Sie sich das gesamte Rechtsgebiet erschließen.

Wenn Sie von Anfang an auf diese Weise arbeiten, dann investieren Sie in die Zukunft. Nicht nur in Ihr Examen, sondern auch in Ihre Lebensqualität während des gesamten Studiums. Sie vermeiden nämlich, dass Sie gegen Ende des Studiums in unangenehme Drucksituationen kommen und nicht wissen, wie Sie die Stoffmassen bewältigen sollen.

2. Studium als Beruf

Machen Sie sich klar, warum Sie Jura studieren wollen. Entscheiden Sie sich ganz bewusst für das Studium, denn ein Jurastudium bewältigt man kaum als Verlegenheitsstudium. Das Jurastudium erfordert einen gewissen Einsatz von Ihnen, Sie müssen sich den Anforderungen stellen.

Ihr Studium ist ein Beruf wie jeder andere auch. Warum sollten Ihre Abiturkollegen, die sich für eine Banklehre entschieden haben, acht Stunden am Tag bei sechs Wochen Urlaub im Jahr arbeiten und Sie nicht? Mehr Freiheiten als Ihre Kollegen, die sich für eine Lehre entschieden haben, genießen Sie als Student ohnehin. Es kommt für ein erfolgreiches Studium also nicht nur auf Ihre Begabung an, sondern auch auf die berühmten Sekundärtugenden: Fleiß, Geduld, Ausdauer, Konzentrationsfähigkeit, selbstständiges Entwickeln von Arbeitstechniken, Eigenmotivation.

Anders als in der Schule kümmert sich an der Universität niemand darum, ob Sie zu Vorlesungen, Übungen, Tutorien oder Arbeitsgemeinschaften erscheinen oder nicht. Keiner fragt Sie zu Stundenbeginn ab, was immerhin peinlich wäre, wenn man die letzte Vorlesung nicht nachbereitet hat und deshalb nichts weiß. Sie selbst müssen sich motivieren. Zum Besuch der Veranstaltungen, deren Vorbereitung, deren Nachbereitung, der Entwicklung eines Arbeitskonzepts, das zu Ihrem Lerntyp passt. Es gibt keine Kontrolle. Alles ist allein Ihre Entscheidung. Das ist die Kehrseite der großen Freiheit an der Universität: Sie können tun und lassen, was Sie wollen. Aber nur Sie allein sind auch dafür verantwortlich.

3. Besuch guter Veranstaltungen

Motivieren Sie sich also zum regelmäßigen Besuch guter Veranstaltungen – und haben Sie gleichzeitig den Mut, schlechte Veranstaltungen oder solche, die Sie deutlich überfordern, nicht mehr zu besuchen. Auch wenn es Ihnen ein besseres Gewissen brächte, weiterhin hinzugehen. Denken Sie während der Vorlesungen und Tutorien mit, kontrollieren Sie dabei selbstkritisch, was Sie wissen und was nicht. Arbeiten Sie mit, soweit das irgendwie möglich ist.

Niemand fragt Sie, Sie müssen fragen, wenn Sie etwas nicht wissen. Auch das ist ein Grund, die Veranstaltungen an der Universität regelmäßig zu besuchen: Sie können während oder nach den Veranstaltungen den Dozenten befragen. Fragen Sie, was Sie nicht verstanden haben oder was Ihnen auch bei der Nachbereitung nicht klar geworden ist.

Verschwenden Sie keine Zeit auf das Anfertigen irgendwelcher Aufzeichnungen während der Vorlesung, wenn Sie nicht zu den Menschen gehören, die durch Mitschreiben lernen. Zu jedem Rechtsgebiet gibt es einige Bücher, die mit Sicherheit besser sind als Ihre Mitschriften, deren Anfertigung Sie vom Mitdenken und -arbeiten ablenken kann.

Bereiten Sie die Vorlesungen zeitnah nach. Sie brauchen dazu natürlich Lehrbücher. Schauen Sie sich vor dem Kauf eines Lehrbuchs in der Bibliothek alle Lehrbücher zu einem bestimmten Thema an und lesen Sie einige Seiten zu einem Gebiet, in dem Sie sich schon ein wenig auskennen. Nur dann können Sie das Buch wählen, das Ihnen und Ihrer Art, Inhalte aufzufassen, am besten liegt.

Und: Lernen Sie nicht mit Repetitoriumsskripten. Nicht, dass davon generell abzuraten wäre. Aber wie der Name schon sagt, sind diese Skripten nicht für das erste Lernen, sondern für das Wiederholen während der Examensvorbereitung gemacht.

4. Arbeitsgruppen

Arbeiten Sie mit Kommilitonen zusammen, diskutieren Sie, nur so lernen Sie das Argumentieren. Lösen Sie zusammen Fälle aus Fallsammlungen. Wissen, das Sie nicht auch in Fällen anbringen können, ist totes Wissen. Arbeitsgruppen, in denen Sie aktiv arbeiten und nicht nur zuhören, sind die beste Vorbereitung auf Klausuren und Examen. Die Zusammenarbeit und der Vergleich mit anderen Kommilitonen dient gleichzeitig auch der Überprüfung Ihres Leistungsstandes.

Davon abgesehen dient eine „AG" auch der Vorbereitung auf einen juristischen Beruf. Die meisten juristischen Berufe erfordern Teamarbeit. Und meistens müssen Sie sich als Jurist mündlich präsentieren.

5. Eigene Arbeitsmaterialien

Wenn Sie Vorlesungen mithilfe von Lehrbüchern nachbereiten, wenn Sie mit Kommilitonen Fälle gelöst haben und die Musterlösung studieren, dann sollten Sie sich von Anfang an angewöhnen, eigene Lernmaterialien anzufertigen. Das können zum Beispiel Karteikarten, Übersichten oder Problemblätter sein. Finden Sie aber selbst heraus, womit Sie am besten arbeiten können. Vielleicht haben Sie Zugang zu einem PC – Lernmaterial, das Sie dort produzieren, lässt sich über die Semester hinweg am besten ergänzen ohne unübersichtlich oder schlampig zu werden.

Dieses Anfertigen eigener Unterlagen hat zweierlei Funktion. Erstens dient es Ihrer Lernzielkontrolle. Nur wenn Sie das Erarbeitete wirklich verstanden haben, gelingt es Ihnen, es in eigene Worte, Definitionen oder Graphiken zu fassen. Sie werden sicherlich immer wieder feststellen, dass Ihnen doch nicht alles ganz klar ist. Dann sehen Sie nochmals nach und vertiefen dadurch den Lerneffekt ganz erheblich. Am Ende haben Sie dann die Strukturen eines Rechtsgebiets und die Funktion einzelner Rechtsinstitute herausgearbeitet und ersticken nicht in sinnlosem Detailwissen.

Zweitens wiederholen Sie mithilfe ihrer eigenen Unterlagen den Stoff. Das erste Mal am besten eine Woche später, dann nochmals in den Semesterferien. Sie wollen schließlich nicht jedes Lehrbuch dreimal lesen. Was deshalb in der Regel nichts bringt: Das bunte Anmalen von Lehrbüchern mit Textmarkern. Doch auch hier kommt es entscheidend darauf an, welcher Lerntyp Sie sind. Vielleicht lesen Sie schnell und arbeiten bestimmte Bücher doch nochmals durch. Dann kann eine Strukturierung des Inhalts mit Farben nützlich sein.

Zu den eigenen Arbeitsmitteln gehört natürlich auch Ihr Gesetzestext. Es ist in den meisten Bundesländern gestattet, in geringem Umfang Unterstreichungen und Querverweisungen anzubringen. Strukturieren Sie sich also den Gesetzeswortlaut, bauen Sie Brücken zu verwandten Normen, entwickeln Sie Ihre eigene Methode dabei – freilich im Rahmen des Zulässigen!

6. Kein Selbstbetrug

Betrügen Sie sich nicht selbst. Arbeiten Sie zügig und rational – oder gar nicht. Dann haben Sie im Studium auch genug Zeit für das „Studentenleben".

Sinnvoll sind nur das konzentrierte Zuhören in der Vorlesung, das konzentrierte Vor- und Nacharbeiten der Vorlesungen, das Zusammenarbeiten in Arbeitsgruppen, das konzentrierte Wiederholen von Erlerntem, das Schaffen von strukturiertem Wissen.

Sinnlos und allenfalls der „Gewissenberuhigung" dienlich ist es, schwätzend oder todmüde in der Vorlesung zu sitzen, Vorlesungen zu hören, die man nicht ordentlich vor- oder nachbereitet, schlechte Veranstaltungen zu besuchen, planlos und unkonzentriert irgendwelche Bücher oder Skripten zu lesen, die Arbeitsgruppe zum Kaffeeklatsch zu machen, Literaturberge zu Einzelproblemen zu kopieren, die man doch nie liest oder in denen man sich verzettelt, oder über die schlechte Universität, den komischen Professor, den mutmaßlichen Inhalt der nächsten Klausur zu lamentieren – lassen Sie sich auf die gegebenen Bedingungen ein und lernen Sie, mit ihnen zurecht zu kommen.

Prüfen Sie regelmäßig, ob Sie von Montag bis Freitag täglich sechs bis acht Stunden sinnvoll arbeiten. Das werden Sie wahrscheinlich nicht von Anfang an schaffen. Sie können ja auch nicht aus dem Stand 20 km joggen. Also: Trainieren Sie und verbessern Sie Ihre Arbeitsleistung. A propos Joggen: Schaffen Sie sich auch einen körperlichen Ausgleich für das lange Sitzen!

Arbeiten kann Spaß machen: An einem schönen Arbeitsplatz, ausgeschlafen, mit ordentlichen Arbeitsmitteln, eigenen Unterlagen, hinter denen ein selbstentwickeltes Konzept steht, in der entsprechenden Dosis, mit Abwechslung von Veranstaltungen, Arbeitsgruppen und Eigenstudium, mit echten Pausen statt dauerndem Herumtrödeln, und mit festen Anfangs- und Endzeiten – und entsprechend viel Freizeit und Lebensqualität als Folge.

Wenn Sie Ihr Studium auf diese Weise betreiben, dann macht es auch nichts, wenn Sie von diesen Regeln ab und zu abweichen, weil es auf einer Fete allzu spät geworden ist oder Sie die Traumfrau/den Traummann schlechthin getroffen haben. Jede Regel hat ihre Ausnahmen. Es muss nur eben bei der Ausnahme bleiben.

VII. Zum Falltraining

Das Falltraining korrespondiert im Aufbau mit der „Einführung in das Bürgerliche Recht" von *Dieter Schwab* und *Martin Löhnig*, die derzeit in der 17. Auflage 2007 vorliegt. Sie kann freilich auch in Kombination mit anderen Anfängerlehrbüchern sinnvoll eingesetzt werden. Die Fälle enthalten eine ausformulierte Lösung und einige wenige weiterführende Literaturhinweise, denen Sie nachgehen sollten. Ansonsten kann bei Unklarheiten jeweils im entsprechenden Kapitel der „Einführung" oder eines anderen Lehrbuches nachgeschlagen werden.

Die Fälle sind ganz unterschiedlich lang. Manche werden in 25 oder 30 Minuten zu bearbeiten sein, andere 2 oder 3 Stunden in Anspruch nehmen. Lösen Sie möglichst viele Fälle auf die oben beschriebene Weise, dann werden Sie den größten Gewinn aus der Arbeit mit diesem Buch ziehen. Manche Fälle sind wirklich schwierig; versuchen Sie sich daran und trainieren Sie Ihr juristisches Denken und Argumentationsvermögen an diesen Fällen. Es kommt nicht darauf an, dass Sie diese Fälle dann „auswendig können", sondern dass Sie an ihnen Ihre Arbeitstechnik geschult haben und die Prinzipien oder Wertungen des Bürgerlichen Rechts anschließend besser verstehen.

Vielleicht weicht Ihre Falllösung das eine oder andere Mal von der hier abgedruckten Lösung ab. Das sollte Sie zunächst nicht beunruhigen, sondern zum weiteren Nachdenken anregen. Die abgedruckten Lösungen wollen nicht die „allein richtige Lösung" bieten, sondern die Fälle jeweils auf eine vertretbare Weise bearbeiten. Es mag jedoch immer wieder auch andere vertretbare Lösungen geben. Diskutieren Sie Ihre Lösung mit Kommilitonen, lesen Sie in Lehrbüchern, in der dort jeweils am Anfang eines Kapitels genannten Literatur und in der gängigen Kommentarliteratur nach!

Die Verfasser sind übrigens dankbar für Hinweise auf abweichende Lösungsmöglichkeiten, für Verbesserungsvorschläge und für Kritik. Schreiben Sie einfach an martin.loehnig@uni-konstanz.de.

Wir wünschen Ihnen viel Freude und Gewinn bei der Arbeit mit diesem Buch!

B. Übungsfälle

I. Der allgemeine Schutz der Rechte und Interessen

1. Die durch § 823 Abs. 1 BGB geschützten Persönlichkeitsrechte

Fall 1

Die unverheiratete hochschwangere Hedda Meyer wollte an einem Zebrastreifen die Königsallee überqueren. Als sie nach sorgfältiger Beobachtung des Verkehrs gerade auf die Straße getreten war, wurde sie von dem Studenten Richard Nagel, der auf seinem Rennrad angeschossen kam, angefahren. Sie stürzte zu Boden und erlitt dabei einen Abriss ihrer Achillessehne.

Außerdem stellte sich zwei Wochen später bei der Geburt von Meyers Sohn Rudolf heraus, dass dieser bei dem Unfall eine Oberarmfraktur erlitten hatte.

Welche Ansprüche bestehen gegen Nagel?

Lösung:

I. Anspruch Meyer gegen Nagel aus § 823 Abs. 1 BGB i.V.m. §§ 249 ff. BGB

Meyer könnte gegen Nagel einen Anspruch aus § 823 Abs. 1 BGB haben.

1. Erforderlich wäre zunächst die **Verletzung** eines in § 823 Abs. 1 BGB genannten **Rechtsguts**. Meyer hat mit dem Abriss ihrer Achillessehne eine Körperverletzung erlitten. Diese Verletzung müsste durch ein Handeln des Anspruchsgegners verursacht worden sein. Nagel hat die Körperverletzung der Meyer verursacht, indem er Meyer mit dem Fahrrad angefahren hat, sodass sie zu Boden stürzte. Diese Handlung lässt sich nicht hinwegdenken, ohne dass die Rechtsgutverletzung entfiele, und war somit kausal (conditio sine qua non).

2. Nach der ganz überwiegend vertretenen Lehre von Erfolgsunrecht wird auf Grund der Verletzung des geschützten Rechtsguts die Widerrechtlichkeit der Verletzung vermutet. Auch die Lehre vom Handlungsunrecht kommt hier zur **Rechtswidrigkeit**, weil sich Nagel nicht verkehrsgerecht verhalten hat, indem er über den Zebrastreifen gerast ist, obwohl ein Fußgänger die Straße überqueren wollte.

3. Nagel müsste außerdem **schuldhaft** gehandelt haben. In Betracht kommt allein fahrlässiges Handeln. Nagel müsste also die im Verkehr erforderliche Sorgfalt außer Acht gelassen haben, § 276 Abs. 2 BGB. Er ist mit seinem Fahrrad auf einen Zebrastreifen mit hoher Geschwindigkeit und ohne auf Fußgänger zu achten, die gerade die Straße überqueren wollen, zugefahren. Das entspricht nicht den in § 26 StVO aufgestellten Sorgfaltserfordernissen, wonach die Geschwindigkeit zu reduzieren und notfalls anzuhalten ist, wenn ein Fußgänger an einem Zebrastreifen die Fahrbahn überqueren möchte. Nagel hat damit fahrlässig gehandelt.

4. Nagel muss also den Meyer durch die Körperverletzung entstandenen **Schaden**, insbesondere ihre Behandlungskosten, ersetzen, § 249 Abs. 2 Satz 1 BGB. Außerdem schuldet er ein angemessenes **Schmerzensgeld**, § 253 Abs. 2 BGB.

Nicht ersetzt verlangen kann Meyer die Behandlungskosten ihres Sohnes. Aus § 823 Abs. 1 BGB kann nämlich lediglich der unmittelbar Geschädigte, also der Inhaber des verletzten Rechtsguts, Schadensersatz verlangen.

Kötz/Wagner Rn. 94-103.

II. Anspruch Meyer gegen Nagel aus §§ 823 Abs. 2 BGB, 229 StGB

In Betracht kommt außerdem ein Anspruch der Meyer gegen Nagel aus § 823 Abs. 2 BGB, § 229 StGB.

1. Dazu müsste § 229 StGB ein **Schutzgesetz** im Sinne des § 823 Abs. 2 BGB sein. § 229 StGB ist ein formelles Gesetz im Sinne des Art. 2 EGBGB. Weitere Voraussetzung hierfür ist, dass § 229 StGB den Schutz von Individualrechtsgütern bezweckt und nicht nur dem Schutz der Allgemeinheit dient. Davon ist bei den meisten Deliktstatbeständen des StGB auszugehen.

2. Außerdem müsste der **persönliche und sachliche Anwendungsbereich** des Schutzgesetzes eröffnet sein. Meyer gehört zu dem von § 229 StGB geschützten Personenkreis. Diese Norm möchte die Unversehrtheit aller Menschen, die sich in ihrem Geltungsbereich aufhalten, vor sämtlichen fahrlässig verursachten Körperverletzungen durch andere Personen schützen.

3. Nagel hat fahrlässig eine Körperverletzung der Meyer verursacht; die **Voraussetzungen des § 229 StGB** sind somit erfüllt.

Damit ist der Schaden der Meyer im oben (I.) genannten Umfang auch nach §§ 823 Abs. 2 BGB, 229 StGB zu ersetzen.

III. Anspruch Rudolf gegen Nagel aus § 823 Abs. 1 BGB

Meyer konnte lediglich ihre eigenen Schäden liquidieren. Zu prüfen ist deshalb, ob ein eigener Anspruch des Rudolf gegen Nagel aus § 823 Abs. 1 BGB auf Ersatz der Behandlungskosten der Oberarmfraktur, § 249 Abs. 2 Satz 1 BGB, und Zahlung eines Schmerzensgeldes, § 253 Abs. 2 BGB, besteht.

1. Rudolf hat mit der Oberarmfraktur eine **Körperverletzung** erlitten. Problematisch ist dabei allerdings, dass er zu dieser Zeit noch nicht geboren war. § 823 Abs. 1 BGB schützt lediglich den „Körper [...] eines anderen". Mit dem „anderen" ist ein rechtsfähiger, also bereits **geborener Mensch**, § 1 BGB, gemeint. Damit hätte Rudolf keinen Anspruch auf Ersatz seiner Behandlungskosten und Zahlung eines Schmerzensgeldes, weil er zur Zeit seiner Verletzung noch nicht rechtsfähig war.

Um dieses Ergebnis zu vermeiden, ließe sich eine analoge Anwendung des 823 Abs. 1 BGB auf Rechtsgüter des ungeborenen Menschen erwägen, zumal auch Art. 1 Abs. 1 GG nach Auffassung des Bundesverfassungsgerichts geborenes und ungeborenes Leben gleichermaßen schützt. Die überwiegende Meinung findet jedoch einen anderen Weg und behilft sich mit dem Kunstgriff, dass mit der Geburt des im Mutterleib verletzten Kindes die Verletzung des Nasciturus zur Verletzung eines Menschen werde, sodass im Zeitpunkt der Geburt ein eigener Schadensersatzanspruch des Kindes entsteht.

2. Für die weiteren Anspruchsvoraussetzungen kann nach oben verwiesen werden. Rudolf hat also einen eigenen Anspruch auf **Erstattung der Behandlungskosten**, § 249 Abs. 2 Satz 1 BGB, und Zahlung eines **Schmerzensgeldes**, § 253 Abs. 2 BGB, den seine Mutter als gesetzliche Vertreterin, §§ 1626a Abs. 2, 1629 Abs. 1 Satz 2 BGB, für ihn geltend machen kann.

Schwab/Löhnig Einführung Rn. 124-127

IV. Anspruch Rudolf gegen Nagel aus §§ 823 Abs. 2 BGB, 229 StGB

Außerdem könnte ein Schadensersatzanspruch des Rudolf gegen Nagel aus §§ 823 Abs. 2 BGB, 229 StGB bestehen.

1. Bei § 229 StGB handelt es sich um ein Schutzgesetz, dessen Anwendungsbereich vorliegend auch eröffnet ist, vgl. oben.

2. Fraglich ist jedoch, ob der Tatbestand des § 229 StGB erfüllt ist. § 229 StGB fordert die Verletzung „einer anderen Person". Hierunter ist ein **geborener Mensch** zu verstehen, wie sich im Gegenschluss zu den §§ 218 ff. StGB ergibt. Eine analoge Anwendung des § 229 StGB scheidet auf Grund des strafrechtlichen Analogieverbotes aus Art. 103 Abs. 2 GG aus.

Ein **Anspruch** des Rudolf gegen Nagel aus §§ 823 Abs. 2 BGB, 229 StGB ist damit **nicht gegeben**.

Fall 2

Im Bierzelt auf dem Nürnberger Volksfest geht es hoch her. Im Rahmen einer Auseinandersetzung schlägt Fritz Tucher seinem Kontrahenten Hans Kitzmann einen Bierkrug auf den Kopf, um ihn umzubringen. Kitzmann bricht daraufhin tödlich getroffen zusammen. Josef Wolfshöher, der Neffe und Alleinerbe des Kitzmann, richtet das Begräbnis seines Onkels mit einem Kostenaufwand von 6000,– € aus. Diesen Geldbetrag verlangt er von Tucher ersetzt.

Zu Recht?

Lösung:

I. Anspruch Wolfshöher gegen Tucher aus §§ 823 Abs. 1, 844 Abs. 1 BGB

Wolfshöher könnte einen Anspruch auf Ersatz der Beerdigungskosten aus §§ 823 Abs. 1, 844 Abs. 1 BGB gegen Tucher haben.

1. Indem Tucher den Kitzmann mit dem Bierkrug erschlug, hat er kein in § 823 Abs. 1 BGB geschütztes **Rechtsgut** des Anspruchstellers Wolfshöher, wohl aber das Leben des Kitzmann **verletzt**. Dies geschah **rechtswidrig** und **schuldhaft**, § 276 Abs. 1 Satz 1 BGB.

2. Die Anspruchsfolge wäre nach deliktsrechtlichen Grundsätzen eigentlich ein **Schadensersatzanspruch des Verletzten**, also des Kitzmann. Im Falle der Tötung eines Menschen macht das BGB aber aus nahe liegenden Gründen eine Ausnahme von dem Grundsatz, dass nur der Inhaber des geschädigten Rechtsguts Schadensersatz verlangen darf, und gibt demjenigen, der zur Tragung der Beerdigungskosten des Getöteten verpflichtet ist, einen eigenen Ersatzanspruch gegen den Schädiger, § 844 Abs. 1 BGB.

In § 1968 BGB ist angeordnet, dass der **Erbe**, hier also Wolfshöher, die Kosten der Beerdigung des Erblassers trägt. Damit hat Wolfshöher einen **Anspruch** aus §§ 823 Abs. 1, 844 Abs. 1 BGB auf Zahlung von 6000,– € gegen Tucher.

II. Anspruch Wolfshöher gegen Tucher aus §§ 823 Abs. 2 BGB, 212 StGB, 844 Abs. 1 BGB

In Betracht kommt außerdem ein Anspruch der Wolfshöher gegen Tucher aus §§ 823 Abs. 2 BGB, 212 StGB, 844 Abs. 1 BGB.

1. Dazu müsste § 212 StGB ein **Schutzgesetz** im Sinne des § 823 Abs. 2 BGB sein. Voraussetzung hierfür wäre zunächst, dass § 212 StGB den Schutz von Individualrechtsgütern bezweckt und nicht nur dem Schutz der Allgemeinheit dient. Davon ist bei den meisten Deliktstatbeständen des StGB auszugehen.

2. Außerdem müsste der **persönliche und sachliche Anwendungsbereich** des Schutzgesetzes eröffnet sein. Kitzmann gehört zu dem von § 212 StGB geschützten Personenkreis, denn § 212 StGB möchte die Unversehrtheit aller Menschen, die sich in seinem Geltungsbereich aufhalten, vor jeglicher vorsätzlicher Tötung durch eine andere Person schützen.

3. Die **Voraussetzungen des § 212 StGB** sind erfüllt, weil Tucher vorsätzlich einen anderen Menschen getötet hat.

Damit hat Wolfshöher auch einen **Anspruch** aus §§ 823 Abs. 2, 844 Abs. 1 BGB, 212 StGB auf Zahlung von 6000,– € gegen Tucher.

Fall 3

Die Firma Gockelmüller, die mit Senf und Gewürzen handelt, hat im Regensburger Generalanzeiger eine ganzseitige Anzeige geschaltet, die aus einer Autogrammkarte der Schauspielerin Bianca Patate und dem Text: „Bianca Patate: ‚Meine Weißwürscht ess I nur mit Gockelmüller-Senf'" besteht.

Patate, die von Firmeninhaber Sepp Gockelmüller nicht um Zustimmung zur Verwendung ihres Bildes gefragt worden war, ist empört. Ihre Freiheit sei beeinträchtigt, weil sie sich nicht mehr nach Regensburg begeben könne, ohne auf der Straße auf die blödsinnige Senfreklame angesprochen zu werden. Außerdem sei ihre Intimsphäre verletzt. Sie verlangt Schadensersatz von Sepp Gockelmüller.

Besteht ein Anspruch aus § 823 BGB?

Lösung:

Anspruch Patate gegen Gockelmüller aus § 823 Abs. 1 BGB

Patate könnte einen Schadensersatzanspruch gegen Gockelmüller aus § 823 Abs. 1 BGB haben.

1. Erforderlich wäre dafür zunächst, dass Gockelmüller ein durch § 823 Abs. 1 BGB geschütztes **Rechtsgut** der Patate **verletzt hat**.

a) Patate macht die Verletzung ihrer **Freiheit** geltend. Freiheit im Sinne des § 823 Abs. 1 BGB bedeutet körperliche Fortbewegungsfreiheit, nicht hingegen Freiheit der Willensentschließung. An ihrer körperlichen Fortbewegung ist Patate jedoch nicht gehindert, auch wenn sie sich in Regensburg befindet und dort auf der Straße dumm angeredet wird. Die Freiheit der Patate hat Gockelmüller also nicht verletzt.

b) In Betracht kommt jedoch die Verletzung eines „sonstigen Rechts" im Sinne des § 823 Abs. 1 BGB. Möglicherweise ist nämlich die Intimsphäre, auf deren Verletzung sich Patate außerdem beruft, deliktisch geschützt. Die Intimsphäre ist in § 823 Abs. 1 BGB nicht ausdrücklich genannt. Nach allgemeiner Auffassung ist sie jedoch Teil des **allgemeinen Persönlichkeitsrechts**. Das allgemeine Persönlichkeitsrecht, das nach überwiegender Auffassung aus Art. 2 Abs. 1, 1 Abs. 1 GG hergeleitet wird, ist als „sonstiges Recht" im Sinne des § 823 Abs. 1 BGB anerkannt. Bei der Intimsphäre handelt es sich um den unantastbaren innersten Lebensbereich eines Menschen. Dazu gehört das auf einer Autogrammkarte veröffentlichte Foto eines Menschen sicherlich nicht.

Als Teil des allgemeinen Persönlichkeitsrechts wird jedoch auch die Bestimmung über die Verbreitung des eigenen Bildnisses angesehen. Gockelmüller hat also das allgemeine Persönlichkeitsrecht der Patate verletzt, indem er ihr Bild ohne ihr Einverständnis für die Anzeige verwendet hat.

2. Zu prüfen ist weiter, ob Gockelmüller das allgemeine Persönlichkeitsrecht der Patate **rechtswidrig** verletzt hat. Bei einem „Rahmenrecht" wie dem allgemeinen Persönlichkeit ist die Widerrechtlichkeit positiv festzustellen und wird nicht bereits durch das Vorliegen einer Rechtsgutsverletzung indiziert. Die Widerrechtlichkeit ist durch eine Abwägung der Schwere der Rechtsgutverletzung mit den berechtigten Interessen des Verletzenden festzustellen. Vorliegend kann die Schwere der Rechtsgutsverletzung jedoch offen bleiben, denn Gockelmüller kann sich seinerseits nicht auf die Wahrnehmung berechtigter Interessen berufen. Er kann allein sein Interesse an der wirtschaftlichen Nutzung des Bildnisses der Patate ins Feld führen, das allerdings gerade nicht geschützt wird. Das Recht zur wirtschaftlichen Nutzung des eigenen Bildnisses steht vielmehr allein dem Abgebildeten zu.

3. Gockelmüller hat somit durch die Veröffentlichung der Werbeanzeige das allgemeine Persönlichkeitsrecht der Patate widerrechtlich verletzt. Er hat dabei vorsätzlich und damit **schuldhaft** gehandelt, § 276 Abs. 1 Satz 1 BGB.

4. Patate kann damit **Schadensersatz** von Gockelmüller in Form der Herstellung des Zustandes, der ohne Verletzung des Persönlichkeitsrechts bestünde, verlangen, § 249

Abs. 1 BGB. Weil dies allein durch eine entsprechende Richtigstellung nicht möglich ist, kann Patate Schadensersatz in Geld verlangen, § 251 Abs. 1 BGB. Fraglich ist nur, wonach sich der Geldbetrag bemisst. Hier kann von dem Geldbetrag ausgegangen werden, den Patate erlösen würde, wenn sie ihr Bild für eine Werbeanzeige zur Verfügung stellen würde.

Fraglich ist außerdem, ob Patate auch Ersatz immateriellen Schadens in Form von **Schmerzensgeld** verlangen kann, weil sie infolge der Werbeanzeige des Gockelmüller auf der Straße vielfach dumm angeredet wird, und ihr das lästig ist. Das allgemeine Persönlichkeitsrecht ist in § 253 Abs. 2 BGB nicht ausdrücklich genannt. Nach ganz überwiegender Auffassung ist jedoch ein solcher Ersatz bei ganz schweren und anders nicht ausgleichbaren Verletzungen des Persönlichkeitsrechts zu gewähren; das ergibt sich aus einer Auslegung des § 253 Abs. 2 BGB im Lichte der Art. 2 Abs. 1, 1 Abs. 1 GG. In der Verwendung einer Autogrammkarte mit einem falschen Zitat für eine Senfreklame und den geschilderten Folgen dürfte eine solche schwere Verletzung jedoch nicht zu sehen sein (a.A. vertretbar).

Patate hat damit gegen Gockelmüller lediglich einen **Anspruch auf Schadensersatz** aus § 823 Abs. 1 BGB i.V.m. § 253 Abs. 2 BGB in **Höhe einer Lizenzgebühr** für die Verwendung ihres Bildnisses.

Schwab/Löhnig Einführung Rn. 283-297.

▶ **Hinweis:** In Betracht käme auch ein Anspruch aus Eingriffskondiktion, § 812 Abs. 1 Satz 1 Alt 2 BGB.

Fall 4

Jan Bärlapp flaniert durch die Berliner Friedrichstraße, als er von der siebzehnjährigen Schülerin Nele Neubusch, die mit Inlineskates heranrast und mangels Beherrschung ihrer Skates nicht rechtzeitig bremsen oder ausweichen kann, umgefahren wird. Bärlapp zieht sich dabei Prellungen zu. Ein Passant ruft sicherheitshalber einen Krankenwagen, der Bärlapp zur Untersuchung in die Charité bringen soll.

Als der Krankenwagen ein neuerbautes Einkaufszentrum passiert, lösen sich von der Fassade des Gebäudes mehrere schlecht montierte Marmorplatten, die auf den Krankenwagen stürzen, der dadurch außer Kontrolle gerät und an eine Mauer fährt. Bärlapp findet dabei den Tod.

Die Ehefrau des Bärlapp, Tina Bärlapp-Heinze, die nicht berufstätig und deshalb auf die Einkünfte ihres Mannes angewiesen ist, verlangt von Nele Neubusch die Zahlung einer lebenslangen Geldrente.

Zu Recht?

Lösung:

I. Anspruch Tina gegen Nele aus §§ 823 Abs. 1, 844 Abs. 2 Satz 1 BGB

Tina könnte gegen Nele einen Anspruch aus §§ 823 Abs. 1, 844 Abs. 2 Satz 1 BGB auf Zahlung einer Geldrente haben.

1. Voraussetzung dafür wäre, dass Nele den Tod des Bärlapp widerrechtlich und schuldhaft verursacht hat, § 823 Abs. 1 BGB, und Bärlapp der Tina kraft Gesetzes unterhaltspflichtig war oder werden konnte, § 844 Abs. 2 Satz 1 BGB. Eine solche Unterhaltspflicht des getöteten Bärlapp bestand, § 1360 Satz 1 BGB. Fraglich ist jedoch, ob Nele die Voraussetzungen eines Anspruchs aus § 823 Abs. 1 BGB verwirklicht hat.

2. Die **Verletzung** eines in § 823 Abs. 1 BGB geschützten **Rechtsguts** ist gegeben, denn Bärlapp ist zu Tode gekommen. Fraglich ist jedoch, ob diese Rechtsgutverletzung auf einer **kausalen und zurechenbaren Verletzungshandlung** der Nele beruht. Als Verletzungshandlung kommt allein die Kollision zwischen Nele und Bärlapp in Betracht.

a) Die Kollision war äquivalent **kausal** (conditio sine qua non) für den Tod des Bärlapp. Wäre Nele nicht unkontrolliert durch die Fußgängerzone gerast, dann wäre sie nicht mit Bärlapp zusammengestoßen und Bärlapp nicht mit dem Krankenwagen transportiert worden und folglich auch nicht zu Tode gekommen.

b) Fraglich ist allerdings, ob die Kollision auch als **adäquate Ursache** für die Tötung des Bärlapp anzusehen ist. Bei der Prüfung der Adäquanz werden Handlungsfolgen ausgeschieden, die auf einem völlig atypischen und unwahrscheinlichen Verlauf der Dinge beruhen. Was in diesem Sinne nicht adäquat ist, bestimmt sich aus der Sicht eines optimalen Beobachters (nicht aus der subjektiven Sicht des konkret Handelnden) zum Zeitpunkt der Verletzungshandlung. Es ist letztlich eine wertende Abgrenzung zweier Risikosphären vorzunehmen: Dem „allgemeinen Lebensrisiko" des Bärlapp und dem „Handlungsrisiko" der Nele.

Hiernach dürfte der Zusammenhang eine Kollision in der Fußgängerzone mit dem Tod durch herabstürzende Teile eines neuen Gebäudes außerhalb aller Wahrscheinlichkeit liegen. Dabei verwirklicht sich nicht mehr eine spezifische Folge des Handelns der Nele, sondern es handelt sich um eine Gefahr, der jedermann, der das Einkaufszentrum passiert, ausgesetzt ist.

Ein **Anspruch** der Tina gegen Nele aus §§ 823 Abs. 1, 844 Abs. 2 Satz 1 BGB **besteht** deshalb **nicht**.

Kötz/Wagner Rn. 150-155.

► **Hinweis:** Auf die Frage der Verschuldensfähigkeit der Nele, § 828 Abs. 2 BGB, die hier gegeben sein dürfte, kommt es deshalb nicht an.

II. Anspruch Tina gegen Nele aus §§ 823 Abs. 2 BGB, 222 StGB

In Betracht kommt außerdem ein Anspruch der Tina gegen Nele aus § 823 Abs. 2 BGB, § 222 StGB.

1. Dazu müsste § 222 StGB ein **Schutzgesetz** im Sinne des § 823 Abs. 2 BGB sein. Voraussetzung hierfür wäre zunächst, dass § 222 StGB den Schutz von Individualrechtsgütern bezweckt und nicht nur dem Schutz der Allgemeinheit dient. Davon ist bei den meisten Deliktstatbeständen des StGB auszugehen.

2. Außerdem müsste der **persönliche und sachliche Anwendungsbereich** des Schutzgesetzes eröffnet sein. Der getötete Bärlapp gehörte zu dem von § 222 StGB geschützten Personenkreis. Diese Norm möchte die Unversehrtheit aller Menschen, die sich in ihrem Geltungsbereich aufhalten, vor einer fahrlässig verursachten Tötung durch andere Personen schützen.

3. Die **Voraussetzungen des § 222 StGB** sind jedoch nicht erfüllt. Nele hat keine strafbare fahrlässige Tötung begangen, denn zwischen der möglichen Tötungshandlung (Umfahren) und dem Eintritt des Tötungserfolges besteht kein Zurechnungszusammenhang.

Althammer JA 2006, 697 ff.

2. Die durch § 823 Abs. 1 BGB geschützten Vermögensrechte

Fall 5

Am Freitagabend gegen 20.00 Uhr möchte der Zivildienstleistende Tim zu einem Rendezvous mit seiner neuen Freundin Kathi aufbrechen. Er begibt sich zu seinem Auto, das am Fischmarkt parkt, und sieht schon aus der Ferne, dass sich in der Fahrertür eine große Delle befindet. Bei näherem Hinsehen entdeckt er weitere Dellen an Kotflügeln und Motorhaube.

Um nicht zu spät zu Kathi zu kommen, steigt Tim trotzdem in sein Auto ein und will losfahren. Er lässt den Motor an, löst die Handbremse und gibt Gas. Doch das Auto scheint irgendwie blockiert. Tim steigt aus und entdeckt am Hinterreifen eine Art Parkkralle, die ihn am Wegfahren hindert und ohne zugehörigen Schlüssel auch nicht entfernt werden kann. Daraufhin ruft sich Tim ein Taxi, das ihn zu Kathi bringt.

Später stellt sich heraus, dass Dellen und Parkkralle von Axel, Kathis Ex-Freund, stammen, der sich an Tim rächen wollte, weil dieser ihm Kathi „ausgespannt" hatte. Bis der am nächsten Morgen herbeigerufene Monteur die Parkkralle entfernt, muss Tim insgesamt 78,– € für Taxifahrten aufwenden. Außerdem verlangt der Monteur für seine Arbeiten 150,– €. Das Ausbeulen und Lackieren des Autos kostet 4900,– €. Diese Geldbeträge verlangt Tim von Axel ersetzt.

Zu Recht?

Lösung:

I. Anspruch Tim gegen Axel aus § 823 Abs. 1 BGB

Tim könnte gegen Axel einen Anspruch aus § 823 Abs. 1 BGB haben. Zu differenzieren ist im Folgenden zwischen der **Beschädigung** durch das Eindellen des Blechs und dem **Anbringen der Parkkralle**.

1. Zunächst müsste in der Beschädigung des Autos durch das Eindellen des Blechs eine **Eigentumsverletzung** zu sehen sein. Das ist bei derlei Substanzverletzungen ohne weiteres zu bejahen. Diese Eigentumsverletzung geschah **widerrechtlich** und **schuldhaft** (vorsätzlich, § 276 Abs. 1 Satz 1 BGB). Axel hat folglich den zur Wiederherstellung des Zustands, der ohne die Eigentumsverletzung herrschen würde, erforderlichen Geldbetrag als **Schadensersatzzahlung** zu leisten, § 249 Abs. 2 Satz 1 BGB. Er muss also die Reparaturkosten in Höhe von 4900,– € ersetzen.

2. Fraglich ist allerdings, ob auch im **Blockieren** des Autos eine **Eigentumsverletzung** zu sehen ist. Nach überwiegender Auffassung ist jedenfalls dann eine Eigentumsverletzung anzunehmen, wenn die Sache für eine nicht ganz unerhebliche Zeit völlig unbrauchbar für den Eigentümer gemacht wurde. Das war vorliegend der Fall, denn Tim konnte sein Auto mindestens 12 Stunden lang nicht benutzen. Auch bezüglich dieser Eigentumsverletzung hat Axel **widerrechtlich** und **vorsätzlich** gehandelt.

Axel schuldet Tim den Geldbetrag der **zur Herstellung des Zustands, der ohne diese Eigentumsverletzung herrschen würde**, erforderlich ist, § 249 Abs. 2 Satz 1 BGB. Hätte Axel das Auto des Tim nicht blockiert, so hätte Tim weder 150,– € für den Monteur, noch 78,– € für Taxifahrten ausgeben müssen. Diese Beträge kann er deshalb von Axel ersetzt verlangen.

Umgekehrt muss sich Tim jedoch im Wege des **Vorteilsausgleichs** den Preis für das durch die Taxifahrten ersparte Benzin anrechnen lassen.

Kötz/Wagner Rn. 59-60; *Schwab/Löhnig* Einführung Rn. 320-322.

II. Anspruch Tim gegen Axel aus §§ 823 Abs. 2 BGB, 303 Abs. 1 Alt. 1 StGB

1. Tim könnte gegen Axel auch einen Schadensersatzanspruch aus §§ 823 Abs. 2 BGB, 303 Abs. 1 Alt. 1 StGB haben. Dazu müsste § 303 Abs. 1 Alt. 1 StGB ein **Schutzgesetz** im Sinne des § 823 Abs. 2 BGB sein. § 303 Abs. 1 Alt. 1 StGB bezweckt, wie die meisten Deliktstatbestände des StGB, auch den Schutz von Individualrechtsgütern und nicht nur den Schutz der Allgemeinheit. Der **persönliche und sachliche Anwendungsbereich des Schutzgesetzes** ist eröffnet, denn § 303 Abs. 1 Alt. 1 StGB möchte das Eigentum aller Menschen, die sich im Geltungsbereich der Norm aufhalten, vor Beschädigungen schützen.

2. Außerdem müsste der **Straftatbestand des § 303 Abs. 1 Alt. 1 StGB** erfüllt sein. Bei dem Auto des Tim handelt es sich um eine fremde Sache. Diese Sache müsste Axel beschädigt haben. Eine Beschädigung ist jedenfalls die nicht unerhebliche Verletzung der Substanz, sodass im Eindellen des Blechs eine Beschädigung zu sehen ist.

Fraglich ist allerdings, ob auch das Blockieren mit der Parkkralle als Beschädigung anzusehen ist. Hierbei wird auf die Substanz des Autos nicht eingewirkt, wohl aber erfolgt eine erhebliche funktionale Beeinträchtigung. Nach wohl überwiegender Auffassung ist hierin ebenfalls eine Beschädigung zu sehen (a.A. vertretbar).

Die Sachbeschädigung hat Axel vorsätzlich vorgenommen, sodass der Straftatbestand des § 303 Abs. 1 Alt. 1 StGB erfüllt ist. Tim hat deshalb auch aus §§ 823 Abs. 2 BGB, 303 Abs. 1 Alt. 1 StGB einen Anspruch in oben (I.) erörterter Höhe.

III. Anspruch Tim gegen Axel aus § 826 BGB

Schließlich könnte Tim gegen Axel noch einen Schadensersatzanspruch aus § 826 BGB haben.

Axel hat dem Tim einen **Schaden** zugefügt. Fraglich ist, ob die Schadenszufügung in einer gegen die **guten Sitten** verstoßenden Weise erfolgt ist. Das wäre dann der Fall, wenn das Verhalten des Axel gegen die gesellschaftliche Minimalmoral verstoßen hat. Hiervon dürfte bei einem derartigen Verhalten als Reaktion auf das „Ausspannen" der

Freundin noch nicht auszugehen sein (a.A. vertretbar). Ein **Anspruch** aus § 826 BGB ist demnach **nicht gegeben**.

Fall 6

Wie ist **Fall 5** zu lösen, wenn Tim das beschädigte Auto beim Autoverleih Wanninger gemietet hat?

Lösung:

I. Anspruch Tim gegen Axel aus § 823 Abs. 1 BGB

Tim könnte gegen Axel einen Anspruch aus § 823 Abs. 1 BGB auf Ersatz seiner Schäden haben.

1. Voraussetzung dafür wäre zunächst die **Verletzung** eines durch § 823 Abs. 1 BGB geschützten **Rechtsguts** des Tim durch Axel. In Betracht kommt hier lediglich die Verletzung eines **sonstigen Rechts** im Sinne des § 823 Abs. 1 BGB. Als solches Recht wird nach ganz überwiegender Auffassung der berechtigte **Besitz** angesehen. Obschon der Besitz eigentlich eine rein faktische Beziehung zur Sache ausdrückt, genießt der Besitzer Schutz gegen jegliche Form der Besitzentziehung, §§ 858 ff. BGB. Diese starke Position soll auch deliktischen Schutz genießen. Tim war vorliegend berechtigter Besitzer des Autos, weil er dem Eigentümer Wanninger gegenüber aus Mietvertrag, § 535 Satz 1 BGB, zum Besitz des Autos während der Mietzeit berechtigt war.

2. Zu differenzieren ist im Folgenden zwischen der **Beschädigung** des Autos und dem **Anbringen der Parkkralle**. Wie im Blockieren des Autos eine Eigentumsverletzung zu sehen ist, so ist darin gleichermaßen auch eine Besitzverletzung zu sehen, da dem berechtigten Besitzer der Gebrauch wie einem Eigentümer zusteht. Axel schuldet dem Tim deshalb wie im Ausgangsfall 228,– € für Taxi- und Monteurkosten abzüglich der ersparten Benzinkosten.

3. a) Fraglich ist, ob auch in der Beschädigung des Autos eine Besitzverletzung zu sehen ist. Stellt man die Position des berechtigten Besitzers mit der eines Eigentümers gleich, so ist dies zu bejahen. Hiernach hätte Axel den zur Wiederherstellung des Zustands, der ohne die Besitzverletzung herrschen würde, erforderlichen Geldbetrag als Schadensersatzzahlung zu leisten, § 249 Abs. 2 Satz 1 BGB. Er müsste also die Reparaturkosten in Höhe von 4900,– € ersetzen.

Dieses Ergebnis ist allerdings zweifelhaft. Auch der Fahrzeugeigentümer Wanninger hat nämlich einen solchen Anspruch aus § 823 Abs. 1 BGB (Eigentumsverletzung) gegen Axel. Dieser wäre damit zwei Ansprüchen wegen der Beschädigung des Autos ausgesetzt. Deshalb ist zu differenzieren: Geht es um die **Beeinträchtigung des Sachgebrauchs**, der während seiner Besitzberechtigung dem **Besitzer** und nicht dem Eigentümer zusteht, kann nur der berechtigte Besitzer Schadensersatz verlangen, vgl. oben (2.). Geht es hingegen um die **Beschädigung der Sachsubstanz**, so kann nach überwiegender Auffassung nur der **Eigentümer** Schadensersatz verlangen, weil ihm die Sache ihrer Substanz nach zugewiesen ist und diese Position ausgehöhlt würde, wenn der Besitzer den Schadensersatz verlangen dürfte.

b) Danach bestünde vorliegend kein Anspruch des Tim gegen Axel auf Ersatz der 4900,– € Reparaturkosten. Die Besonderheit des Falles liegt jedoch nun darin, dass der Besitzer Tim das **Auto bereits hat reparieren lassen**. Die Sachsubstanz ist ihrem Wert nach also wieder ungeschmälert vorhanden. Hier ließe sich erwägen, dem Besitzer ausnahmsweise doch einen Schadensersatzanspruch aus § 823 Abs. 1 BGB gegen den Schädiger einzuräumen.

Dagegen spricht freilich, dass der Schädiger sich der völligen Wiederherstellung der Sachsubstanz nie ganz sicher sein kann. Deswegen erscheint es zu seinem Schutze sinnvoll, keine Ausnahme zu machen und den Besitzer auf Ansprüche gegen den Eigentümer zu verweisen, der dem Besitzer beispielsweise seinen Anspruch aus § 823 Abs. 1 BGB gegen den Schädiger nach § 398 BGB abtreten könnte (a.A. bei entsprechender Argumentation vertretbar).

Schwab/Löhnig Einführung Rn. 334-336.

II. Anspruch Tim gegen Axel aus §§ 823 Abs. 2 BGB, 303 Abs. 1 Alt. 1 StGB

Die gleichen Erwägungen lassen sich auf den Anspruch aus §§ 823 Abs. 1 BGB, 303 Abs. 1 Alt. 1 StGB übertragen.

Fall 7

Die Lehrerin Anette Kurth schreibt in ihrer Freizeit psychologische Ratgeber und veröffentlicht sie im Eigenverlag. Das Geschäft floriert, insbesondere das Buch „Wie finde ich den Mann fürs Leben?" findet reißenden Absatz. Vor allem der Internetbuchhändler top-buch verkauft pro Monat etwa 500 Exemplare des Buches, in den Frühlingsmonaten sogar bis zu 1000 Exemplare.

top-buch gibt seinen Kunden die Möglichkeit, Rezensionen über Bücher zu schreiben und bei top-buch zu veröffentlichen. Diese Rezensionen werden dann automatisch angezeigt, wenn ein Kunde die Seite mit dem entsprechenden Buch anklickt. Eines Tages erscheint bei Kurths Ratgeber zum Mann fürs Leben eine Rezension des Psychologen Michael Hebel. Er bewertet das Buch mit null von zehn Punkten und begründet psychologisch fundiert, warum das Buch seiner Meinung nach völlig untauglich sei.

Die Kritik schließt mit einem – sachlich zutreffenden – Hinweis auf das Privatleben von Anette Kurth. Was das Beziehungsleben der Autorin betreffe, so habe diese bis heute ihren Mann fürs Leben nicht gefunden und lebe alleine. Über Kurths Privatleben ist Hebel deshalb so gut informiert, weil er einen ehemaligen Kommilitonen der Autorin kennt.

Nach Veröffentlichung der Kritik verkauft sich das Buch bei top-buch praktisch nicht mehr. Kann Kurth von Hebel Schadensersatz verlangen?

Lösung:

I. Anspruch Kurth gegen Hebel aus § 824 Abs. 1 BGB

In Betracht kommt ein Anspruch der Kurth gegen Hebel aus § 824 Abs. 1 BGB. Dazu müsste Hebel zunächst **unwahre Tatsachen verbreitet** haben. Tatsachen sind nach objektiven Maßstäben überprüfbare Aussagen im Gegensatz zu subjektiven Werturteilen. Bei der Geringschätzung des Buches der Kurth durch Hebel handelt es sich jedoch um ein Werturteil, denn Hebel stellt dar, warum das Buch seiner Meinung nach untauglich sei.

Bei der Behauptung, dass Kurth ihren Mann fürs Leben noch nicht gefunden habe und allein lebe, handelt es sich zwar um eine Tatsachenbehauptung. Diese Tatsache ist jedoch wahr. Ein **Anspruch** aus § 824 BGB **scheidet** deshalb **aus**.

II. Anspruch Kurth gegen Hebel aus § 823 Abs. 1 BGB

Möglicherweise hat Kurth gegen Hebel jedoch einen Schadensersatzanspruch aus § 823 Abs. 1 BGB.

1. Dazu müsste Hebel eines der in § 823 Abs. 1 BGB **geschützten Rechtgüter** der Kurth verletzt haben. In Betracht kommt allenfalls ein sonstiges Recht, nämlich das Recht am **eingerichteten und ausgeübten Gewerbebetrieb**. Dieses Recht wird von der weit überwiegenden Meinung anerkannt, weil ansonsten das Unternehmen keinen ausreichenden deliktischen Schutz genieße. Ein Unternehmen verkörpere mehr als nur eine Summe verschiedener Rechtspositionen. Geschützt werden soll letztlich also die wirtschaftliche Tätigkeit des Unternehmers.

Fraglich ist, ob Hebel dieses Recht der Kurth verletzt hat. Kurth betreibt einen Verlag. Die schlechte Kritik des Buches durch Hebel hat dem Verlag der Kurth erhebliche Umsatzeinbußen beschert und also ihre wirtschaftliche Betätigung beeinträchtigt. Freilich ist nicht schon jede solche Störung eine Verletzung des Rechts am eingerichteten und ausgeübten Gewerbebetrieb. Nach überwiegender Auffassung reichen nur **unmittelbare oder „betriebsbezogene" Eingriffe** in das Unternehmen zu einer Verletzung hin.

Der Begriff der Unmittelbarkeit ist unscharf, gleichwohl dürfte hier das Vorliegen eines unmittelbaren Eingriffs zu bejahen sein, da Hebel die schriftstellerische und verlegerische Tätigkeit der Kurth zielgerichtet kritisiert.

2. Weiter ist die Widerrechtlichkeit der Rechtsgutverletzung zu prüfen, denn bei diesem Rahmenrecht ist die **Rechtswidrigkeit** nicht bereits durch die Tatbestandsverwirklichung indiziert. Hier ist – wie beim allgemeinen Persönlichkeitsrecht – eine Abwägung zwischen den Interessen des Unternehmers und des Verletzenden vorzunehmen und die Rechtswidrigkeit ggf. positiv festzustellen. Bei einer Interessenabwägung stehen dem Interesse der Kurth an ungestörter unternehmerischer Tätigkeit das Recht des Hebel zu freier Meinungsäußerung, Art. 5 Abs. 1 GG, und das öffentliche Informationsinteresse entgegen. Außerdem ist der Umstand zu beachten, dass jedes Unternehmen sich in einer freien Marktwirtschaft der begründeten Kritik seiner Produkte aussetzen muss.

Nicht gestattet ist hiernach **völlig unsachliche Kritik** oder so genannte Schmähkritik. Durch die Nennung von Details aus dem Privatleben der Kurth könnte vorliegend die Grenze zur Schmähkritik überschritten sein. Einerseits mag man sich zwar fragen, wie ein Alleinstehender kompetent ein solches Buch schreiben kann, andererseits ist es bei einem solchen Ratgeber möglicherweise nicht zwingend erforderlich, dass der Autor alle geschilderten Rezepte persönlich mit Erfolg ausprobiert hat. Auch klingt aus dem Schluss der Kritik eine gewisse Häme. Trotzdem erscheint die Grenze zur Schmähkritik noch nicht überschritten (a.A. bei entsprechender Argumentation vertretbar). Somit fehlt es an der Widerrechtlichkeit.

Damit hat Kurth gegen Hebel auch **keinen Anspruch** aus § 823 Abs. 1 BGB.

Schwab/Löhnig Einführung Rn. 337-342.

3. Inhalt und Umfang des Schadensersatzanspruchs

Fall 8

Raimund Wach ist Oberregierungsrat. Als er eines Morgens in Richtung Schwabing spaziert, um dort in einem Café sein sonntägliches Frühstück einzunehmen, trifft ihn ein Blumentopf am Kopf. Wach sinkt bewusstlos zu Boden und erwacht erst wieder im Klinikum links der Isar. Dort ist er inzwischen untersucht und verarztet worden.

Bei der Untersuchung stellt sich heraus, dass Wach lediglich eine schwere Gehirnerschütterung erlitten hat. Zufällig stellt der behandelnde Arzt jedoch auch Hirnarteriosklerose bei Wach fest. Dieser Befund führt dazu, dass Wach in den vorzeitigen Ruhestand versetzt wird und dadurch Einkommenseinbußen von 500,– € pro Monat erleidet.

Der Blumentopf war deshalb auf Wachs Kopf gefallen, weil sich im dritten Stock des Anwesens Schellingstraße 5 das Ehepaar Ummer einen heftigen Ehestreit geliefert hatte, in dessen Rahmen Frau Ummer den Blumentopf nach ihrem Mann werfen wollte, der jedoch geschickt auswich, sodass der Topf durch das offene Fenster auf die Straße fiel.

Raimund Wach verlangt von Frau Ummer Ersatz der Behandlungskosten von 800,– € sowie Ausgleich der Gehaltseinbußen.

Zu Recht?

▶ **Hinweis:** Unter normalen Umständen wäre die Hirnarteriosklerose bei Wach erst drei Jahre später entdeckt worden.

Lösung:

I. Anspruch Wach gegen Ummer aus § 823 Abs. 1 BGB

Wach könnte einen Anspruch auf Schadensersatz gegen Ummer aus § 823 Abs. 1 BGB haben.

1. Wach hat eine schwere Gehirnerschütterung und damit eine **Gesundheitsverletzung** im Sinne des § 823 Abs. 1 BGB erlitten. Äquivalent ursächlich hierfür war der Blumentopfwurf der Ummer (conditio sine qua non).

Fraglich ist jedoch, ob der Wurf des Blumentopfes auch eine **adäquate Ursache** für die Verletzung des Wach darstellt. Ummer hat zwar lediglich auf Grund des Reaktionsvermögens ihres Mannes diesen nicht getroffen, sodass der Blumentopf aus dem Fenster fiel. Ein solcher Verlauf der Dinge liegt aber nicht gänzlich außerhalb jeder

Lebenserfahrung, sodass das Verhalten der Ummer auch eine adäquate Ursache für die Verletzung des Wach darstellt.

2. Die Gesundheitsverletzung geschah auch **widerrechtlich** und **fahrlässig**, also schuldhaft, § 276 Abs. 1 Satz 1 BGB, denn bei Beachtung der verkehrsüblichen Sorgfalt, vgl. § 276 Abs. 2 BGB, hätte Ummer den Topf nicht oder allenfalls so werfen dürfen, dass er unter keinen Umständen aus dem Fenster fallen oder auf andere Weise Schaden anrichten kann.

3. Folglich hat Ummer dem Wach den aus der Gesundheitsverletzung entstehenden **Schaden zu ersetzen**. Hier ist zwischen den beiden Schadensposten, den Behandlungskosten und den Einkommenseinbußen, zu unterscheiden.

a) Die **Behandlungskosten** sind als Folge der Gesundheitsverletzung ohne weiteres zu ersetzen, § 249 Abs. 2 Satz 1 BGB.

b) Problematisch erscheint dies allerdings bei den **Einkommenseinbußen**. Die Hirnarteriosklerose bei Wach ist nur auf Grund des verletzungsbedingten Aufenthalts im Krankenhaus drei Jahre früher als üblich festgestellt worden. Die Gesundheitsverletzung seitens der Ummer ist somit in der Tat **kausal** für die Einkommenseinbußen des Wach geworden. Es liegt auch nicht außerhalb aller Wahrscheinlichkeit, dass bei einem Krankenhausaufenthalt wegen einer bestimmten Verletzung auch andere Erkrankungen festgestellt werden, sodass die Gesundheitsverletzung auch eine **adäquate** Ursache für die Einkommenseinbußen darstellt.

Fraglich ist jedoch, ob § 823 Abs. 1 BGB gerade vor solchen Schäden schützen möchte. Zu ermitteln ist also, ob das in § 823 Abs. 1 BGB ausgesprochene Verbot, andere an der Gesundheit zu beschädigen, die geschützten Personen gerade vor solchen Schäden bewahren möchte (**Schutzzweck der Norm**). Es findet eine wertende Abgrenzung von Risikosphären statt: Vor welchen Risiken will § 823 Abs. 1 BGB schützen und welche Risiken sind dem „allgemeinen Lebensrisiko" des Verletzten zuzurechnen.

Die Entdeckung einer bereits vorhandenen Krankheit ist hiernach dem allgemeinen Lebensrisiko des Erkrankten zuzurechnen; eine Erkrankung kann immer zufällig aufgedeckt werden.

Wach kann von Ummer aus § 823 Abs. 1 BGB also lediglich **Ersatz seiner Behandlungskosten**, nicht aber seiner Einkommenseinbußen verlangen.

II. Anspruch Wach gegen Ummer aus §§ 823 Abs. 2 BGB, 229 StGB

In Betracht kommt außerdem ein Anspruch des Wach gegen Ummer aus § 823 Abs. 2 BGB, § 229 StGB.

1. Dazu müsste § 229 StGB ein **Schutzgesetz** im Sinne des § 823 Abs. 2 BGB sein. Voraussetzung hierfür wäre zunächst, dass § 229 StGB den Schutz von Individualrechtsgütern bezweckt und nicht nur dem Schutz der Allgemeinheit dient. Davon ist bei den meisten Deliktstatbeständen des StGB auszugehen.

2. Außerdem müsste der **persönliche und sachliche Anwendungsbereich** des Schutzgesetzes eröffnet sein. Wach gehört zu dem von § 229 StGB geschützten Personenkreis. Diese Norm möchte die Unversehrtheit aller Menschen, die sich in ihrem Geltungsbereich aufhalten, vor sämtlichen fahrlässig verursachten Körperverletzungen durch andere Personen schützen.

3. Die **Voraussetzungen des § 229 StGB** sind erfüllt, weil Ummer fahrlässig eine Körperverletzung des Wach verursacht hat.

4. Folglich hat Ummer dem Wach den aus der Gesundheitsverletzung entstehenden Schaden zu ersetzen. Hier ist zwischen den beiden Schadensposten, den Behandlungskosten und den Einkommenseinbußen, zu unterscheiden.

a) Die **Behandlungskosten** sind als Folge der Gesundheitsverletzung ohne Weiteres zu ersetzen, § 249 Abs. 2 Satz 1 BGB.

b) Problematisch erscheint dies allerdings bei den **Einkommenseinbußen**. Die Hirnarteriosklerose bei Wach ist nur auf Grund des verletzungsbedingten Aufenthalts im Krankenhaus drei Jahre früher als üblich festgestellt worden. Die Gesundheitsverletzung seitens der Ummer ist somit in der Tat kausal für die Einkommenseinbußen des Wach geworden. Es liegt auch nicht außerhalb aller Wahrscheinlichkeit, dass bei einem Krankenhausaufenthalt wegen einer bestimmten Verletzung auch andere Erkrankungen festgestellt werden, sodass die Gesundheitsverletzung auch eine adäquate Ursache für die Einkommenseinbußen darstellt.

Fraglich ist jedoch, ob §§ 823 Abs. 1 BGB, 229 StGB gerade vor solchen Schäden schützen wollen (**Schutzzweck der Norm**). § 229 StGB befindet sich im siebzehnten Abschnitt des Strafgesetzbuches, der die körperliche Unversehrtheit des Einzelnen schützen möchte. Nicht hingegen soll § 229 StGB vor Vermögenseinbußen bewahren, die – anders als Behandlungskosten – nicht in einem inneren Zusammenhang mit einer Körperverletzung stehen.

Wach kann von Ummer aus § 823 Abs. 1 BGB also lediglich **Ersatz seiner Behandlungskosten**, nicht aber seiner Einkommenseinbußen verlangen.

Fall 9

Der Jurastudent Tobias Heimerl beschädigt beim rasanten Einparken auf dem Parkplatz der Kieler Universität versehentlich den neben ihm parkenden Opel Astra seines Kommilitonen Jürgen Johansson an Kotflügel und Fahrertür. Johansson fährt daraufhin mit seinem Wagen zu einer Opelwerkstatt und lässt sich einen Kostenvoranschlag machen, nach dem die Reparatur 2800,– € kosten würde.

Vor dem Unfall hatte der Opel einen Wert von 5000,– €.

Anschließend lässt er das Auto in der freien Werkstatt seines Bekannten Heinrich Stiepler reparieren, der von Johansson nur einen „Freundschaftspreis" von 1200,– € für die Reparatur verlangt.

Trotzdem verlangt Johansson von Heimerl Schadensersatz in Höhe von 2800,– €.

Zu Recht?

▶ **Hinweis:** Vorschriften des StVG und Probleme der Umsatzsteuer sollen bei der Lösung außer Betracht bleiben.

Lösung:

I. Anspruch Johansson gegen Heimerl aus § 823 Abs. 1 BGB

1. Heimerl hat **widerrechtlich** und **schuldhaft** das **Eigentum** des Johansson **beschädigt**. Er schuldet daher Schadensersatz aus § 823 Abs. 1 BGB nach Maßgabe der §§ 249 ff. BGB.

2. Bei Beschädigung einer Sache kann der Geschädigte den zur Herstellung des Zustands, der ohne die Beschädigung herrschen würde, erforderlichen Geldbetrag verlangen, § 249 Abs. 2 Satz 1 BGB (**Naturalrestitution**).

„Erforderlich" ist der Geldbetrag, der für eine sachgerechte Reparatur auf dem Markt unter üblichen Umständen zu entrichten ist. Dieser Betrag ergibt sich aus dem Kostenvoranschlag der Opelwerkstatt. Dass der Geschädigte Johansson sparsamer ist und das Auto bei einer freien Werkstatt reparieren lässt, bei der er zudem noch einen Freundschaftspreis bekommt, soll den Schädiger nicht entlasten.

Heimerl ist deshalb zur Zahlung von 2800,– € an Johansson verpflichtet, §§ 823 Abs. 1, 249 Abs. 2 Satz 1 BGB.

II. Anspruch Johansson gegen Heimerl aus §§ 823 Abs. 2 BGB, 1 Abs. 2 StVO

Daneben könnte Johansson gegen Heimerl auch einen Anspruch aus §§ 823 Abs. 2 BGB, 1 Abs. 2 StVO haben.

1. Hierzu müsste § 1 Abs. 2 StVO ein **Schutzgesetz** sein. Die Norm dient nicht nur dem Schutze der Allgemeinheit, sondern auch dem Schutz der Individualrechtsgüter der einzelnen Verkehrsteilnehmer.

Außerdem müsste der **persönliche Anwendungsbereich** des § 1 Abs. 2 StVO eröffnet sein. Das ist dann der Fall, wenn Johansson als „Verkehrsteilnehmer" im Sinne dieser Norm anzusehen wäre. Johansson hat sein Auto im öffentlichen Verkehrsraum geparkt und ist diesbezüglich Verkehrsteilnehmer (a.A. vertretbar). Auch der sachliche Anwendungsbereich des Schutzgesetzes ist eröffnet; § 1 Abs. 2 StVO möchte alle Verkehrsteilnehmer vor sämtlichen verkehrsspezifischen Schädigungen schützen.

2. Heimerl hat die Grundregel des **§ 1 Abs. 2 StVO verletzt**, indem er gegen das Auto des Johansson gefahren ist. Nach der ganz überwiegend vertretenen Lehre von Erfolgsunrecht wird auf Grund der Verletzung des geschützten Rechtsguts die Widerrechtlichkeit vermutet. Auch die Lehre vom Handlungsunrecht kommt hier zur Rechtswidrigkeit, weil sich Heimerl nicht verkehrsgerecht verhalten hat.

3. § 1 Abs. 2 StVO fordert zwar kein Verschulden, trotzdem ist jedoch eine **Verschuldensprüfung** vorzunehmen, weil bei der Verletzung von Schutzgesetzen, gegen die ohne Verschulden verstoßen werden kann, die deliktische Haftung trotzdem nur verschuldensabhängig eintritt, § 823 Abs. 2 Satz 2 BGB. Hier hat sich Heimerl fahrlässig verhalten, indem er aus Unachtsamkeit gegen das Auto des Johansson gefahren ist, § 276 Abs. 1, 2 BGB.

Zum Umfang des Ersatzanspruches kann nach oben (I.) verwiesen werden.

▶ **Hinweis:** Mangels vorsätzlicher Beschädigung kommt ein Anspruch aus §§ 823 Abs. 2 BGB, 303 Abs. 1 Alt. 1 StGB nicht in Betracht.

Fall 10

(Abwandlung 1 zu Fall 9): Wie ist **Fall 9** zu lösen, wenn Johansson in der Opelwerkstatt einen günstigen Astra-Caravan Vorführwagen sieht, sich zum Kauf des Vorführwagens entschließt und seinen alten Astra unrepariert in Zahlung gibt?

Lösung:

Ansprüche Johansson gegen Heimerl aus § 823 Abs. 1 BGB und §§ 823 Abs. 2 BGB, 1 Abs. 2 StVO

1. Die Voraussetzungen der Schadensersatzansprüche aus §§ 823 Abs. 1 BGB und §§ 823 Abs. 2 BGB, 1 Abs. 2 StVO sind erfüllt, siehe oben. Heimerl schuldet dem Johansson also den zur Herstellung des Zustands, der ohne die Eigentumsverletzung bestünde, erforderlichen Geldbetrag, § 249 Abs. 2 Satz 1 BGB (**Naturalrestitution**). Das sind laut Kostenvoranschlag 2800,– €.

2. Etwas anderes könnte sich jedoch auf Grund des Erwerbs des Vorführwagens an Stelle der Vornahme der Reparatur gelten. Der Geschädigte ist allerdings völlig **frei in der Verwendung des „erforderlichen Geldbetrages"**. Er kann ihn für die Reparatur seines beschädigten Autos verwenden oder – wie hier – in ein neues Auto investieren. Heimerl **schuldet** demnach dem Johansson **2800,– €**, § 249 Abs. 2 Satz 1 BGB in Verbindung mit den oben genannten Anspruchsgrundlagen.

Kötz/Wagner Rn. 490-491.

Fall 11

(Abwandlung 2 zu Fall 9): Wie ist **Fall 9** zu lösen, wenn folgendes vorgefallen ist: Jürgen Johansson lässt sein Auto in der Opelwerkstatt, die den Kostenvoranschlag erstellt hat, reparieren. Bei der Reparatur stellt sich heraus, dass das Auto neben den Beschädigungen an Kotflügel und Tür auch noch eine leichte Stauchung des Rahmens erlitten hat, die irreparabel ist. Dies beschränkt zwar nicht die Verkehrssicherheit des Autos, führt aber dazu, dass Johansson im Falle eines Verkaufes 1000,– € weniger Kaufpreis erlösen könnte, weil das Auto jetzt als „Unfallauto" gilt.

Johansson verlangt deshalb von Heimerl neben den 2800,– € Reparaturkosten noch weitere 1000,– €. Heimerl entgegnet, solange Johansson sein Auto nicht wirklich verkaufen wolle, spiele die Sache mit dem Rahmen keine Rolle. Er müsse die 1000,– € deshalb nicht ersetzen.

Lösung:

Ansprüche Johansson gegen Heimerl aus § 823 Abs. 1 BGB und §§ 823 Abs. 2 BGB, 1 Abs. 2 StVO

1. Johansson kann von Heimerl 2800,– € Reparaturkosten verlangen, §§ 823 Abs. 1, 249 Abs. 2 Satz 1 BGB oder §§ 823 Abs. 2 BGB, 1 Abs. 2 StVO, 249 Abs. 2 Satz 1 BGB, vgl. oben Fall 9.

2. Als weiterer Schadensposten im Rahmen der Prüfung der §§ 249 ff. BGB ist die **Stauchung des Rahmens** in Betracht zu ziehen. Sie führt dazu, dass das reparierte Auto auf dem Markt nur noch 1000,– € weniger wert ist als vor dem Unfall (**merkantiler Minderwert**). Das Vermögen des Johansson ist also im Vergleich zu der Vermögenslage, wie sie ohne Verletzung seines Eigentums bestünde, um 1000,– € gemindert (**Schadensermittlung nach der Differenzhypothese**).

Eine **Reparatur** des Rahmens ist jedoch **nicht möglich**, sodass Schadensersatz nach § 249 Abs. 2 Satz 1 BGB ausscheidet. Vielmehr hat Heimerl den Johansson **in Geld zu entschädigen**, § 251 Abs. 1 BGB. Dieser Anspruch des Geschädigten Johansson ist nicht davon abhängig, ob er tatsächlich einen Verkauf seines Autos beabsichtigt. Es ist ausreichend, dass ein Markt besteht, auf dem der Minderwert in Form eines geringeren Erlöses hervortreten könnte.

Kötz/Wagner Rn. 492-493.

Fall 12

(Abwandlung 3 zu Fall 9): Wie ist **Fall 9** zu lösen, wenn folgendes gilt: Johansson bringt seinen Astra zur Reparatur in die Opelwerkstatt. Dort erklärt man ihm, das Auto sei vor dem Unfall noch etwa 2500,– € wert gewesen, die Reparatur werde jedoch 2800,– € kosten, sodass eher an die Anschaffung eines neuen Fahrzeugs zu denken sei. Johansson, der sich momentan kein neues Auto leisten kann, lässt die Reparatur dennoch durchführen und präsentiert die Rechnung anschließend dem Heimerl. Dieser ist allenfalls zur Zahlung von 2500,– € bereit.

Wie ist die Rechtslage?

Lösung:

Ansprüche Johansson gegen Heimerl aus § 823 Abs. 1 BGB und §§ 823 Abs. 2 BGB, 1 Abs. 2 StVO

1. Heimerl schuldet dem Johansson aus den oben in Fall 9 erörterten Anspruchsgrundlagen grundsätzlich den „erforderlichen Geldbetrag" im Sinne des § 249 Abs. 2 Satz 1 BGB.

2. Eine Grenze setzt hier jedoch § 251 Abs. 2 BGB: Der Geschädigte kann in Geld entschädigt werden, wenn die Herstellung des Zustands, der ohne Rechtsgutsverletzung herrschen würde, nur mit unverhältnismäßigen Aufwendungen möglich wäre.

Damit stellt sich die Frage, wann **Unverhältnismäßigkeit** eintritt, sodass von § 249 Abs. 2 Satz 1 BGB auf § 251 Abs. 2 BGB überzugehen ist. Man könnte, wie Heimerl, davon ausgehen, dass Unverhältnismäßigkeit immer dann vorliegt, wenn die Herstellungskosten den Sachwert übersteigen. Nach ganz überwiegender Auffassung ist in der Tat von diesem Ansatz auszugehen; allerdings wird ein so genannter „Integritätszuschlag" aufgeschlagen. Der Geschädigte mag nämlich ein Interesse daran haben, gerade den beschädigten Gegenstand weiterbenutzen zu können. Dieses Interesse ist schützenswert, weshalb von Unverhältnismäßigkeit immer erst dann auszugehen ist, wenn die Herstellungskosten höher als 130 % des Sachwertes liegen.

Johansson kann deshalb sein Auto, das vor dem Unfall nur 2500,– € wert war, für **2800,– €** reparieren lassen und den vollen Betrag von Heimerl aus §§ 823 Abs. 1, 249 Abs. 2 Satz 1 BGB oder §§ 823 Abs. 2 BGB, 1 Abs. 2 StVO, 249 Abs. 2 Satz 1 BGB **verlangen**. Unverhältnismäßigkeit träte erst ab Reparaturkosten von 3250,– € (130 % von 2500,– €) ein.

▶ **Hinweis:** Liegen die Reparaturkosten über dem Wiederbeschaffungswert des Fahrzeugs, dann kann Ersatz für den Reparaturaufwand nur verlangt werden, wenn die Reparatur auch tatsächlich fachgerecht durchgeführt wird (BGH NJW 2005, 1108).

Kötz/Wagner Rn. 486-487; *Schwab/Löhnig* Einführung Rn. 248-250.

Fall 13

Der verwitwete Rentner Fritz Pech wird schwer verletzt, als er an einem Baugerüst vorbeigeht, von dem sich in 10 Meter Höhe ein versehentlich nicht vorschriftsmäßig befestigtes Brett löst und ihn am Kopf trifft. Er wird bewusstlos in das Uniklinikum eingeliefert, wo man ihn an verschiedenste medizinische Geräte anschließt, ohne die er nicht überleben könnte.

Trotz intensiver medizinischer Bemühungen erwacht Pech nicht mehr aus seinem komatösen Zustand und verstirbt schließlich zwei Jahre nach dem Unfall.

Ulrike Kern, seine einzige Tochter, verlangt nach dem Tode ihres Vaters vom Gerüstbauunternehmer Sepp Rotz, der das Gerüst aufgebaut hat, Ersatz der Behandlungskosten und ein Schmerzensgeld für ihren Vater.

Zu Recht?

Lösung:

I. Anspruch Ulrike gegen Rotz aus § 823 Abs. 1 BGB

Ein Anspruch der Ulrike gegen Rotz aus § 823 Abs. 1 BGB scheidet aus, weil Rotz kein in § 823 Abs. 1 BGB geschütztes Rechtsgut der Ulrike verletzt hat.

II. Anspruch Ulrike gegen Rotz aus §§ 823 Abs. 1, 1922 BGB

Ulrike könnte gegen Rotz jedoch einen **Anspruch aus übergegangenem Recht** haben, §§ 823 Abs. 1, 1922 BGB. Das setzt voraus, dass dem verstorbenen Fritz ein Schadensersatzanspruch und ein Anspruch auf Zahlung eines Schmerzensgeldes gegen Rotz zustand und dieser Anspruch mit seinem Tode auf Ulrike übergegangen ist.

1. Ein Anspruch des Fritz gegen Rotz könnte sich aus § 823 Abs. 1 BGB ergeben haben. Die **körperliche Unversehrtheit und Gesundheit** des Fritz wurden durch das herabstürzende Brett verletzt. Diese Verletzung müsste durch Rotz verursacht worden sein. Rotz hat durch den Aufbau des Gerüsts eine **Gefahrenquelle eröffnet**. Er hat nicht die vorgeschriebenen Maßnahmen ergriffen, um Gefahren für Dritte abzuwenden und damit eine Verkehrspflicht verletzt. Auf Grund der **Verletzung dieser Verkehrspflicht** ist es zu der Verletzung des Fritz gekommen. Die Verletzung geschah rechtswidrig und fahrlässig. Fritz konnte deshalb aus §§ 823 Abs. 1, 249 Abs. 2 Satz 1 BGB seine **Behandlungskosten** ersetzt verlangen.

2. Fraglich ist jedoch, ob er auch einen Anspruch auf **Schmerzensgeld** hatte, § 253 Abs. 2 BGB. Zwar wurden Körper und Gesundheit des Fritz verletzt. Die klassische Funktion des Schmerzensgeldes ist es aber, dem Geschädigten Ausgleich für das zugefügte Leid und Genugtuung dadurch, dass der Schädiger ein Vermögensopfer bringen muss, zu verschaffen. Fritz konnte in seinem Zustand weder Ausgleich noch Genugtuung empfinden. Hiernach erscheint ein Schmerzensgeldanspruch ausgeschlossen.

In jüngerer Zeit wird der **Begriff des immateriellen Schadens** jedoch **objektiviert**. Es komme nicht nur auf das Empfinden des konkret Verletzten an, sondern auch auf dessen objektiven Verlust an personaler Qualität. Das Schmerzensgeld habe eine „zeichenhafte Sühnefunktion" oder „Würdefunktion". Hiernach ist ein **Schmerzensgeldanspruch** des Fritz aus §§ 823 Abs. 1, 253 Abs. 2 BGB **begründet**.

3. Beide Ansprüche sind mit dem Tode des Fritz auf seine **Alleinerbin Ulrike**, § 1924 Abs. 1 BGB, übergegangen, § 1922 BGB, die diese Ansprüche deshalb nun gegen Rotz geltend machen kann.

III. Anspruch Ulrike gegen Rotz aus §§ 823 Abs. 2 BGB, 229 StGB, 1922 BGB

In Betracht kommt außerdem ein Anspruch der Ulrike gegen Rotz aus §§ 823 Abs. 2 BGB, 229 StGB, 1922 BGB.

1. Soweit ein solcher Anspruch besteht, ist er auf **Ulrike** als der **Alleinerbin** des Fritz übergegangen, §§ 1922, 1924 Abs. 1 BGB

2. Außerdem müssten die Voraussetzungen der §§ 823 Abs. 2 BGB, 229 StGB vorliegen.

a) Dazu müsste **§ 229 StGB ein Schutzgesetz** im Sinne des § 823 Abs. 2 BGB sein. Voraussetzung hierfür wäre zunächst, dass § 229 StGB den Schutz von Individualrechtsgütern bezweckt und nicht nur dem Schutz der Allgemeinheit dient. Davon ist bei den meisten Deliktstatbeständen des StGB auszugehen.

b) Außerdem müsste der **persönliche und sachliche Anwendungsbereich** des Schutzgesetzes eröffnet sein. Fritz gehört zu dem von § 229 StGB geschützten Personenkreis. Diese Norm möchte die Unversehrtheit aller Menschen, die sich in ihrem Geltungsbereich aufhalten, vor sämtlichen fahrlässig verursachten Körperverletzungen durch andere Personen schützen.

c) Die **Voraussetzungen des § 229 StGB** sind erfüllt, weil Rotz fahrlässig eine Körperverletzung des Fritz verursacht hat.

Damit ist der **Schaden** des Fritz im oben (I.) genannten Umfang auch nach §§ 823 Abs. 2 BGB, 229 StGB zu **ersetzen**.

Schwab/Löhnig Einführung Rn. 353-358.

4. Der Beseitigungs- und Unterlassungsanspruch

Fall 14

Der Zahnarzt Eckehard Wieland ist Eigentümer eines malerischen Grundstückes mit einem Ferienhaus im oberbayerischen Bergampfing. Das Grundstück liegt an einem Südhang außerhalb des Ortskerns. Oberhalb des Grundstücks beginnt der Wald, der im Eigentum des Großbauern Karl-Maria Bernbacher steht.

Während eines Frühlingssturms wird ein Baum nahe der Grundstücksgrenze entwurzelt und stürzt auf das Grundstück des Wieland. Er trifft einen Geräteschuppen, dessen Dach erheblich beschädigt wird.

Wieland verlangt von Bernbacher, dass er den Baum entfernt und das Dach reparieren lässt. Bernbacher entgegnet zutreffend, er habe erst drei Wochen vor dem Sturm sämtliche Bäume an der Grundstücksgrenze prüfen und zwei marode Bäume fällen lassen. Er sei deshalb zu nichts verpflichtet.

Wie ist die Rechtslage?

Lösung:

I. Anspruch Wieland gegen Bernbacher aus § 823 Abs. 1 BGB

Wieland könnte gegen Bernbacher einen Anspruch aus § 823 Abs. 1 BGB haben. Das **Eigentum** des Wieland ist **verletzt** worden. Fraglich ist jedoch, ob eine **Verletzungshandlung** des Bernbacher hierfür kausal war. Ein Tun des Bernbacher scheidet aus, auch ein Unterlassen von notwendigen Sicherungsmaßnahmen ist nicht ersichtlich. Es handelt sich vielmehr um ein bloßes **Naturereignis**. Ein Anspruch aus § 823 Abs. 1 BGB scheidet deshalb aus.

II. Anspruch Wieland gegen Bernbacher aus § 1004 Abs. 1 Satz 1 BGB

In Betracht käme jedoch ein Beseitigungsanspruch aus § 1004 Abs. 1 Satz 1 BGB.

1. Das **Eigentum** des Wieland ist durch den auf seinem Grundstück liegenden Baum in anderer Weise als durch Besitzentziehung **beeinträchtigt**. Fraglich ist allein, ob Bernbacher als **Störer** anzusehen ist und die Eigentumsbeeinträchtigung deshalb beseitigen muss.

Bernbacher ist verantwortlich für den räumlichen Bereich, von dem die Störung des Eigentums des Wieland ausgeht, weil er Eigentümer des Waldgrundstücks ist, auf dem der entwurzelte Baum stand. Umstritten ist jedoch, ob das auch für durch bloße Naturereignisse verursachte Störungen gilt.

Zum Teil wird behauptet, die Störung müsse sich wenigstens mittelbar auf den Willen des Störers zurückführen lassen; hiernach würde ein Anspruch aus § 1004 Abs. 1 Satz 1 BGB ausscheiden. Folgt man der Gegenauffassung, die dem Grundstückseigentümer eine Art „Garantenstellung" für sein Grundstück auferlegen will, wäre Bernbacher als so genannter Zustandsstörer anzusehen, der für alle von der Sache ausgehenden Gefahren verantwortlich ist. Deshalb hätte er die Störung auch zu beseitigen.

2. Zu klären bleibt, welchen **Inhalt** dieser **Beseitigungsanspruch** hat. Das Eigentum des Wieland wird durch den auf seinem Grundstück liegenden Baum gestört. Diesen Baum hat Bernbacher also zu entfernen. Damit ist die **Störung beseitigt.**

Durch den Baum wurde außerdem das Dach des Geräteschuppens des Wieland beschädigt. Hierbei handelt es sich jedoch um einen **Schaden**, der auch nach Beseitigung der Störung noch zurückbleibt und nur unter den Voraussetzungen des § 823 Abs. 1 BGB zu ersetzen wäre, die **vorliegend nicht gegeben** sind.

Schwab/Löhnig Einführung Rn. 374-375.

II. Das Rechtsgeschäft

1. Willenserklärung und Vertragsschluss

Fall 15

Arndt Sachs findet in seinem Briefkasten eine Benachrichtigung vom Postzustelldienst, dass für ihn ein Einschreiben eingetroffen sei, das er innerhalb der nächsten sieben Werktage bei der Dresdener Hauptpost abholen könne. Sachs findet Einschreiben generell verdächtig, weil sie selten Angenehmes bringen. Deshalb holt er das Einschreiben, welches in der Tat die Kündigung seines Vertrages als freier Mitarbeiter bei der Sächsischen Zeitung enthält, nicht ab, sodass es nach einer Woche wieder an den Absender zurückgeht.

Ist die Kündigung – ihre sachliche Berechtigung unterstellt – wirksam geworden?

Lösung:

1. Eine Kündigung ist eine **einseitige empfangsbedürftige Willenserklärung**. Wird die Erklärung, wie hier, einem Abwesenden gegenüber abgegeben, so wird sie erst mit **Zugang** beim Empfänger wirksam, § 130 Abs. 1 Satz 1 BGB. Der Zugang beim Empfänger erfolgt, wenn die Erklärung in den Machtbereich des Empfängers gelangt ist und unter gewöhnlichen Umständen mit ihrer Kenntnisnahme durch den Empfänger gerechnet werden kann. Mit dem Einwurf des Benachrichtigungsschreibens in den Briefkasten des Sachs ist die Erklärung deshalb noch nicht zugegangen, weil allein dadurch die Erklärung selbst noch nicht in den Machbereich des Empfängers gelangt.

2. Fraglich ist, ob und ggf. wann dann der Zugang erfolgt ist. Man kann die Auffassung vertreten, ein Zugang sei dann erfolgt, wenn der Empfänger eines Benachrichtigungsscheins das Einschreiben unter üblichen Umständen bei der Poststelle abholen kann, also regelmäßig am Tag nach Erhalt der Benachrichtigung. Gegen diese Auffassung spricht allerdings, dass der Empfänger das Schreiben selbst auch zu diesem Zeitpunkt noch nicht in seinem Machtbereich hat. Der **Zugang** würde damit also **fingiert**.

Eine solche **Fiktion** kommt nach zutreffender Auffassung jedoch nur in **Ausnahmefällen** in Betracht, etwa dann, wenn der Empfänger den Zugang der Willenserklärung bewusst vereitelt oder die Entgegennahme einer verkörperten Willenserklärung verweigert. Wenn der Empfänger nicht mit dem Zugang bestimmter Erklärungen rechnen muss, etwa weil eine Kündigung bereits angekündigt worden ist, und der Absender durch die Rücksendung des Briefes erkennen kann, dass seine Erklärung nicht zur Kenntnis genommen worden ist, erscheint es hingegen sachgerechter, den Zugang nicht in dieser Weise zu fingieren.

Es liegt vielmehr am Absender, einen **erneuten Versuch vorzunehmen**, denn der Empfänger könnte zum Beispiel auch durch urlaubsbedingte Abwesenheit an der Abholung des Briefes gehindert gewesen sein. Erst wenn auch ein erneuter Versuch scheitert, erscheint es billig, den Zugang wegen Zugangsvereitelung zu fingieren.

Die **Kündigung** des Vertrags zwischen der Sächsischen Zeitung und Sachs ist demnach **nicht wirksam** geworden.

Medicus BGB AT Rn. 277-281; *Faust* § 2 Rn. 15 ff.; *BGH* JA 1998, 529 (*Heiderhoff*); *BGH* JA 2204, 585 (*Löhnig*).

Fall 16

Die allein stehende Anne Kandler unterhält bei der Kölner Hypothekenbank mehrere Sparkonten und verschiedene Geldanlagen in Millionenhöhe. Eines Tages nimmt ihr Neffe Richard Grasser, der sich um die Angelegenheiten seiner Tante kümmert, diese mit in eine Filiale der Kölner Hypothekenbank. Die Bank habe angerufen, es müsse ein Formular bezüglich einer Fondsanlage unterschrieben werden.

Frau Kandler und ihr Neffe treten an einen Bankschalter, wo der Bankangestellte Niedecken Frau Kandler ein Formular zur Unterschrift vorlegt. Auf die Frage des Niedecken, ob sie auch wirklich über alle Risiken ausreichend informiert sei, antwortet Frau Kandler: „Ja, natürlich". Kandler unterschreibt das Formular, ohne es genauer zu überprüfen, weil sie ihrem Neffen, der sie bisher immer gut beraten hat, vertraut. Niedecken nimmt das Formular an sich und verabschiedet sich höflich. Bei dem Formular hat es sich in Wahrheit um ein Bürgschaftsformular gehandelt.

Einige Jahre später wird Anne Kandler von der Kölner Hypothekenbank aus Bürgschaft in Höhe von 100 000,– € in Anspruch genommen, weil der Neffe einen Kredit in dieser Höhe, den er nur auf Grund der Bürgschaft seiner Tante bekommen hatte, bei Fälligkeit nicht tilgen konnte.

1. Nimmt die Kölner Hypothekenbank Frau Kandler zu Recht als Bürgin in Anspruch?
2. Angenommen, die Kölner Hypothekenbank kann von Frau Kandler nicht Zahlung von 100 000,– € aus Bürgschaft verlangen: Hat sie gegen Frau Kandler Ansprüche aus anderen Rechtsgrundlagen?

Lösung:

1. Frage: Anspruch Bank gegen Kandler aus § 765 Abs. 1 BGB

1. Ein Anspruch der Bank gegen Kandler aus § 765 Abs. 1 BGB setzt das Bestehen eines **wirksamen Bürgschaftsvertrages** zwischen der Bank und Kandler voraus. Der

Antrag zum Abschluss eines solchen Vertrages läge hier im Unterschreiben der Bürgschaftsurkunde durch Kandler, die Annahme im Entgegennehmen der Urkunde durch Niedecken.

Problematisch ist jedoch, ob überhaupt eine **wirksame Willenserklärung** der Kandler mit dem Inhalt, sich für ihren Neffen in Höhe von 100 000,– € zu verbürgen, vorliegt. Der **äußere Tatbestand** einer solchen Willenserklärung ist gegeben, denn das Verhalten der Kandler lässt sich nur als Antrag zum Abschluss eines Bürgschaftsvertrages verstehen. Was den **inneren Tatbestand** der Willenserklärung betrifft, so ist zumindest **Handlungs-** und (potenzielles) **Erklärungsbewusstsein** erforderlich um eine wirksame Willenserklärung zu erzeugen. Kandler hatte Handlungsbewusstsein, denn sie handelte willensgesteuert. Sie hatte auch aktuelles Erklärungsbewusstsein, denn sie wusste, dass sie irgendetwas rechtlich Erhebliches unterschrieb. Auf den **Geschäftswillen**, also den Willen, eine ganz bestimmte Rechtsfolge auszulösen, kommt es insoweit nicht an. Damit liegt eine **wirksame Willenserklärung** der Kandler vor.

2. Die Bürgschaftserklärung, also nur die Willenserklärung des Bürgen, unterliegt der **Schriftform**, § 766 Abs. 1 BGB. Diese ist durch die eigenhändige Unterschrift der Kandler gewahrt, § 126 Abs. 1 BGB. Die Bank kann also Kandler aus Bürgschaft in Anspruch nehmen.

3. Daran könnte jedoch die Anwendung des § 138 Abs. 1 BGB unter dem Gesichtspunkt der **Sittenwidrigkeit** von Bürgschaften mittelloser Angehöriger etwas ändern. Dazu müsste zwischen Tante und Neffe ein entsprechendes **Näheverhältnis** vorliegen. Ein solches Näheverhältnis wird man nicht abstrakt nach Verwandtschaftsgrad, sondern nach der tatsächlichen Reichweite der persönlichen Bindung zu ermitteln haben. Deshalb wird man zwischen Kandler und Grasser, zwischen denen ein Vertrauensverhältnis bestand, ein verwandtschaftliches Näheverhältnis annehmen können (a.A. vertretbar).

Hinzukommen müsste eine **krasse Überforderung** der Kandler als Bürgin. Kandler dürfte nach ihren Vermögensverhältnissen also nicht in der Lage sein, innerhalb mehrerer Jahre auch nur einen Teil der Bürgschaftssumme aufzubringen. Davon ist bei einer Bürgschaft in Höhe von 100 000,– € einer Millionärin nicht auszugehen.

4. Ihrer Verpflichtung aus dem Bürgschaftsvertrag könnte sich Kandler jedoch möglicherweise im Wege der **Anfechtung** entziehen, § 142 Abs. 1 BGB. Als Anfechtungsgrund kommt ein **Inhaltsirrtum**, § 119 Abs. 1 Alt. 1 BGB, in Betracht. Kandler dachte, sie unterschreibe wegen einer Fondsanlage, hat sich aber in Wahrheit verbürgt. Damit ist sie in der Tat einem Irrtum über den Inhalt ihrer Erklärung unterlegen. Kandler muss die Anfechtung allerdings noch unverzüglich, § 121 BGB, gegenüber der Bank erklären, § 143 Abs. 1 BGB.

Wenn Kandler die **Anfechtung** erklärt, besteht **kein Anspruch** der Kölner Hypothekenbank aus § 765 Abs. 1 BGB.

Schwab/Löhnig Einführung Rn. 461-465; *Löhnig* JA 1998, 760.

2. Frage: Anspruch Bank gegen Kandler aus § 122 Abs. 1 BGB

1. Erklärt Kandler die Anfechtung und wird auf diese Weise von ihrer Verpflichtung aus § 765 Abs. 1 BGB frei, so könnte die Bank einen **Schadensersatzanspruch** aus § 122 Abs. 1 BGB gegen Kandler haben. Die zwei Voraussetzungen dieses Anspruchs liegen vor: Die **Willenserklärung** der Kandler wurde nach § 119 Abs. 1 Alt. 1 BGB **angefochten**. Die Kölner Hypothekenbank **musste die Anfechtbarkeit** der Willenserklärung auch **nicht kennen**, § 122 Abs. 2 BGB. Der Angestellte Niedecken hat sich vielmehr sogar noch erkundigt, ob sich Kandler der Risiken ihrer Erklärung bewusst sei.

2. Damit muss Kandler als Folge der Anfechtung der Bank den **Schaden ersetzen**, der der Bank dadurch entstanden ist, dass sie auf die **Gültigkeit** der Willenserklärung der Kandler **vertraut** hat.

Die Bank hat im Vertrauen auf das Bestehen einer Kreditsicherheit den Kredit an den Neffen der Kandler ausgezahlt. Hätte Kandler nicht gebürgt, hätte die Bank das Geld nicht ausgezahlt und also auch nicht verloren. Deshalb hat die Bank gegen Kandler einen **Anspruch auf Zahlung von 100 000,– €** aus § 122 Abs. 1 BGB. Die Anfechtung ist aus wirtschaftlicher Sicht also sinnlos.

BGH JA 2005, 481 (*Löhnig*).

Fall 17

Karl Boldemann möchte Detlev Klinger, dem Mieter seiner Eigentumswohnung, fristgerecht das Mietverhältnis kündigen, weil er die Wohnung selbst beziehen will. Dazu muss das Kündigungsschreiben dem Klinger bis zum 30. Juni zugehen. Deshalb begibt Boldemann sich am Mittag des 30. Juni zur Wohnung des Klinger, um das Schreiben persönlich abzugeben. Er trifft nur die Haushälterin Ulla Häusler an, die die Auskunft gibt, dass Klinger wie immer erst gegen 17 Uhr zurückkehren werde. Daraufhin übergibt Boldemann ihr das Schreiben mit der Bitte um Weitergabe an Klinger.

Ulla Häusler legt das Schreiben in die Küche auf einen Stapel mit verschiedenen Notizen. Als Klinger nach Hause kommt, vergisst Häusler, ihm das Schreiben zu geben. Klinger entdeckt den Brief vielmehr zufällig am Abend des 2. Juli.

Hat Karl Boldemann fristgerecht gekündigt?

Lösung:

Bei einer Kündigung handelt es sich um eine **einseitige, empfangsbedürftige Willenserklärung**. Unter Abwesenden wird eine solche Erklärung mit **Zugang** beim Empfänger wirksam, § 130 Abs. 1 Satz 1 BGB. Der Zugang erfolgt, wenn die Erklärung in den Machtbereich des Empfängers gelangt ist und unter gewöhnlichen Umständen mit ihrer Kenntnisnahme zu rechnen ist.

Fraglich ist nun, von welchem **Zugangszeitpunkt** hier auszugehen ist. In Frage kommt der Spätnachmittag des 30. Juni, weil zu dieser Zeit Häusler dem Klinger den Brief unter gewöhnlichen Umständen ausgehändigt hätte, oder der Abend des 2. Juli, an dem Klinger den Brief tatsächlich entdeckt hat. Die Beantwortung der Frage hängt davon ab, wie die **Stellung der Häusler** zu beurteilen ist. Sie war jedenfalls **Botin**, weil sie eine fremde Willenserklärung übermitteln und nicht selbst eine Willenserklärung abgeben sollte. War sie **Erklärungsbotin**, so liegt das Risiko der rechtzeitigen Weiterleitung beim Erklärenden (Boldemann) und die Erklärung ist erst dann zugegangen, als Klinger den Brief zufällig entdeckt hat. War sie hingegen **Empfangsbotin**, so liegt das Übermittlungsrisiko beim Empfänger (Klinger) und der Zugang ist zum Termin der üblichen Weitergabe eingetreten.

Wer das Übermittlungsrisiko zu tragen hat, bestimmt sich nach der **Verkehrsanschauung**. Hiernach gelten dauerhafte Hausangestellte regelmäßig zum Empfang von Erklärungen für den Arbeitgeber ermächtigt, sie sind also Empfangsboten.

Damit ist die Kündigungserklärung des Boldemann dem Klinger bereits am Spätnachmittag des **30. Juni** und somit **fristgerecht zugegangen**.

Medicus BGB AT Rn. 284-286; *Schwab/Löhnig* Einführung Rn. 526; BGH JuS 2012, 68 (*Faust*)

Fall 18

Die bei ihren Eltern lebende Studentin Doris Maurer hat den Entschluss gefasst, ihre Studienleistungen durch die Lektüre einiger Skripten aus der Serie „Alles Easy" des Repetitors Trichter fundamental zu verbessern. Deshalb hat sie sich eine entsprechende Bestellkarte für ein Skriptenpaket zum Preis von 152,– € beschafft und ausgefüllt. Nach reiflicher Überlegung kommt sie jedoch zu dem Ergebnis, dass sie das Geld besser für den Kauf neuer Schuhe anlegen sollte, und will die Karte in den Papierkorb werfen. Die Karte segelt jedoch unbemerkt am Papierkorb vorbei und bleibt auf dem Boden unter dem Schreibtisch liegen.

Als Maurer am nächsten Tag in der Vorlesung sitzt, räumt ihre Mutter das Zimmer auf, entdeckt die Karte und wirft sie, um ihrer Tochter einen Gefallen zu tun, in den Briefkasten. Sie denkt, die Karte sei ihrer Tochter versehentlich auf den Boden gefallen. Einige Tage später treffen Skripten und Rechnung bei Doris Maurer ein.

1. Muss Doris die Skripten bezahlen?
2. Wenn nein: Muss Doris die Skripten zurückgeben?

Lösung:

1. Frage: Anspruch Trichter gegen Maurer aus § 433 Abs. 2 BGB

Maurer muss die Skripten bezahlen, wenn zwischen ihr und Trichter ein entsprechender **Kaufvertrag** zustandegekommen ist und Trichter deshalb einen Anspruch aus § 433 Abs. 2 BGB auf Zahlung des Kaufpreises von 152,– € hat.

1. Ein Kaufvertrag kommt durch **Willenseinigung** (Antrag und Annahme, §§ 145 ff. BGB) zu Stande. Ein **Antrag** könnte bereits im **Inverkehrbringen der Skriptenbestellkarte** durch Trichter liegen. Ein Antrag zum Abschluss eines Kaufvertrages über ein Skriptenpaket durch Trichter würde jedoch voraussetzen, dass Trichter den erkennbaren Willen hatte, sich durch Inverkehrbringen der Bestellkarten gegenüber jedem Adressaten der Karten soweit zu binden, dass dieser nur noch die Karte ausgefüllt zurückzusenden braucht, um einen Vertrag zustandezubringen.

Davon ist hier jedoch nicht auszugehen, denn Trichter möchte sich keinesfalls weiter binden, als die Auflage seiner Skripten reicht; er will deshalb durch Verbreiten von Bestellkarten lediglich zur Abgabe entsprechender Kaufangebote auffordern (**invitatio ad offerendum**). Somit fehlt es am Rechtsbindungswillen.

2. Maurer könnte jedoch mithilfe der **Bestellkarte** selbst einen entsprechenden Antrag gemacht haben. Beim Antrag zum Abschluss eines Vertrages handelt es sich um eine empfangsbedürftige Willenserklärung. Damit eine empfangsbedürftige Willenserklärung wirksam werden kann, muss der Erklärende sie willentlich in Richtung auf den Empfänger entäußern (**Abgabe der Willenserklärung**); außerdem muss sie dem Empfänger **zugehen**.

Hier fehlt es bereits an der willentlichen Entäußerung der Erklärung, weil Maurer die Karte weggeworfen hat und es also lediglich beim Entwurf einer Willenserklärung geblieben ist. Deshalb hat Maurer **keinen wirksamen Antrag** abgegeben. Daran kann auch der Umstand nichts ändern, dass der Entwurf der Willenserklärung dem Trichter zugegangen ist. (Nach a.A. genügt es, dass der Erklärende das Inverkehrbringen aus in seinem Herrschaftsbereich liegenden Gründen zu vertreten hat. Folgt man dieser Auffassung, so kommt trotz **Abhandenkommens der Willenserklärung** ein Vertrag zustande, den Maurer jedoch nach § 119 Abs. 1 BGB anfechten kann).

3. Ein **Antrag** auf Abschluss eines Kaufvertrages über die Skripten liegt somit erst im **Zusenden der Skripten** durch Trichter an Maurer. Diesen Antrag hat Maurer jedoch **nicht angenommen**.

Zwischen Trichter und Maurer besteht deshalb **kein Kaufvertrag** über das Skriptenpaket, Trichter hat keinen Anspruch aus § 433 Abs. 2 BGB.

Medicus BGB AT Rn. 266; *Wolf/Neuner* § 26 Rn. 1 ff.

▶ **Hinweis:** Auf ein Widerrufsrecht bei Fernabsatzverträgen aus § 312d Abs. 1 Satz 1 BGB kommt es deshalb nicht an, denn die Ausübung eines verbraucherschützenden Widerrufsrechts setzt einen gültigen Vertrag voraus.

2. Frage: Anspruch Trichter gegen Maurer aus § 812 Abs. 1 Satz 1 Alt. 1 BGB

Trichter könnte einen Anspruch gegen Maurer aus § 812 Abs. 1 Satz 1 Alt. 1 BGB (Leistungskondiktion) haben. Voraussetzung dafür wäre, dass Maurer etwas durch Leistung des Trichter erlangt hat, ohne dass dafür ein rechtlicher Grund bestünde.

1. Maurer hat **Besitz** und **Eigentum** an den Skripten **erlangt**; es ist nicht ersichtlich, dass sich Trichter das Eigentum an den Skripten bis zur Bezahlung vorbehalten hat. Maurer hat Eigentum und Besitz an den Skripten durch **Leistung** des Trichter erlangt, denn Trichter wollte durch Übersendung der Skripten des Vermögen der Maurer mehren, um seine Verpflichtung zur Besitzverschaffung und Übereignung der Kaufsache, § 433 Abs. 1 BGB, aus dem vermeintlichen Kaufvertrag zwischen Trichter und Maurer zu erfüllen.

Dies geschah **ohne rechtlichen Grund**, weil kein Kaufvertrag über die Skripten bestand, vgl. oben Frage 1. Damit kann Trichter von Maurer das **Erlangte herausver-**

langen, Maurer muss dem Trichter also die Skripten zurückübereignen und ihn wieder in den Besitz der Skripten setzen.

2. Ein solcher Anspruch könnte jedoch **nach § 241a Abs. 1 BGB ausgeschlossen** sein, wenn es sich bei der Zusendung der Skripten durch Trichter an Maurer um die Lieferung unbestellter Sachen handeln würde. **Unbestellt** erfolgt eine Zusendung dann, wenn der Absender bewusst ohne jegliche Veranlassung durch den Empfänger handelt.

Vorliegend durfte Trichter jedoch auf Grund des Eingangs einer vollständig ausgefüllten Bestellkarte der Maurer davon ausgehen, dass Maurer die Zusendung der Skripten wünscht. Sein Kondiktionsanspruch ist deshalb **nicht** nach § 241a Abs. 1 BGB **ausgeschlossen**.

Löhnig JA 2001, 33 ff.; *Czeguhn/Diekmann* JA 2005, 587.

Fall 19

Toby Schmidt hat beim Internetauktionshaus „e-commerce" für seine Freundin Jule eine Uhr als Geburtstagsgeschenk zum Preis von 1000,– € ersteigert. Den Kaufpreis hat er auf das Konto des Verkäufers der Uhr, Franz Müller, bei der Direktbank AG überwiesen. Einige Tage später – noch vor dem Geburtstag – streiten sich Toby und Jule heftig und trennen sich schließlich. Daraufhin schickt Toby die Uhr an Franz Müller zurück und verlangt Rückzahlung der 1000,– €. Er legt einen Brief mit der Erklärung bei, er bezweifle, dass man per Internet überhaupt wirksame Verträge schließen könne.

Müller schickt Toby Schmidt die Uhr zurück und legt ein kurzes Schreiben bei, in dem er ausführt, verkauft sei verkauft.

Wie ist die Rechtslage?

Lösung:

Anspruch Toby gegen Müller aus § 812 Abs. 1 Satz 1 Alt. 1 BGB

Toby hat gegen Müller möglicherweise einen Anspruch auf Rückzahlung des Kaufpreises aus § 812 Abs. 1 Satz 1 Alt. 1 BGB (**Leistungskondiktion**). Voraussetzung dafür wäre, dass Müller etwas durch Leistung des Toby erlangt hat, ohne dass dafür ein rechtlicher Grund bestünde.

1. Müller hat durch die Überweisung des Toby einen **Auszahlungsanspruch** in Höhe von 1000,– € gegen die Direktbank AG **erlangt**. Toby hat die Überweisung, die dem Müller einen Auszahlungsanspruch gegen seine Bank verschafft hat, zur Erfüllung seiner Kaufpreisschuld vorgenommen; deshalb liegt eine **Leistung** des Toby an Müller vor.

2. Fraglich ist allerdings, ob Toby seine Leistung **ohne Rechtsgrund** erbracht hat. Als Rechtsgrund kommt hier ein **Kaufvertrag** zwischen Müller und Toby in Betracht, der Toby zur Zahlung von 1000,– € an Müller verpflichtet. Zu prüfen ist deshalb, ob ein solcher Vertrag besteht. Der Antrag zum Abschluss eines Kaufvertrages könnte von Müller ausgegangen sein, der die Uhr bei e-commerce angeboten hat.

a) Zunächst ist fraglich, ob sich Müller hierdurch schon binden wollte oder durch das **„Einstellen" der Uhr** bei e-commerce ersichtlich nur zur **Abgabe von Anträgen** auffordern wollte. Von mangelndem Rechtsbindungswillen eines „Anbieters" kann immer dann ausgegangen werden, wenn sich dieser erkennbar davor schützen möchte, mehr Verpflichtungen einzugehen, als er erfüllen kann, oder wenn er seine Bindung ausdrücklich ausschließt.

Durch das Einstellen der Uhr läuft Müller allerdings nicht Gefahr, Verpflichtungen einzugehen, die er nicht erfüllen kann, weil er nur zum Verkauf der einen eingestellten Uhr verpflichtet werden kann. Er hat seine Bindung auch nicht ausgeschlossen. Deshalb kann hier ein **bindender Antrag** auf Abschluss eines Kaufvertrages vorliegen.

b) Eine andere Frage ist jedoch, ob der **Antrag** des Müller **bestimmt genug** war. Er ist weder an eine bestimmte Person gerichtet, noch enthält er einen Kaufpreis für die Uhr, obschon der Kaufpreis essentiale des Kaufes ist. Beides ist jedoch unschädlich.

Es ist ohne Weiteres möglich, einen **Antrag an einen unbestimmten Personenkreis** zu richten (ad incertas personas). Ein Antrag zum Abschluss eines Kaufvertrages ohne Angabe eines Kaufpreises ist zwar in der Tat nicht bestimmt genug; ein Antrag muss nämlich grundsätzlich so beschaffen sein, dass ihn der Adressat mit einem bloßen „ja" annehmen kann. Hier hat Müller zwar keine Kaufpreissumme angegeben, durch das „Einstellen" der Uhr bei e-commerce jedoch einen bestimmten **Modus der Preisfindung gewählt** und seinen Antrag damit wie folgt formuliert: „Ich biete demjenigen, der während des ‚Versteigerungszeitraums' das höchste Gebot abgibt, den Abschluss eines Kaufvertrages über die Uhr zu diesem Gebotsbetrag an."

c) Dieses **Angebot** hat Toby durch das Abgeben des Höchstgebots von 1000,– € **angenommen**. Damit besteht zwischen Müller und Toby ein Kaufvertrag über die Uhr und Toby hat die 1000,– € **mit Rechtsgrund geleistet**. Folglich hat er **keinen Anspruch** aus § 812 Abs. 1 Satz 1 Alt. 1 BGB.

BGH JA 2002, 444 (*Leible*); *Wolf/Neuner* § 29 Rn. 16 ff.

Fall 20

Die Rechtsreferendarin Christine Stark hat in der Süddeutschen Zeitung unter Chiffre ein Inserat aufgegeben, in dem sie einige gebrauchte juristische Fachbücher unter Angabe der jeweiligen Auflage zum Preis von insgesamt 100,– € zum Verkauf anbietet. Das Inserat erscheint in der Ausgabe vom 23. Mai. Am 24. Mai schreibt die Jurastudentin Dorothea Baumgartner einen Brief an die Zeitung, in dem sie mitteilt, die Bücher kaufen zu wollen.

Die Zeitung leitet den Brief umgehend weiter, sodass er am 27. Mai bei Stark eintrifft. Stark schreibt jedoch seit 25. Mai das zweite juristische Staatsexamen und findet deshalb erst nach Abschluss der Klausuren am 10. Juni Gelegenheit, bei Dorothea Baumgartner anzurufen, um ihr mitzuteilen, dass sie die Bücher gegen Bezahlung abholen könne. Baumgartner erklärt, sie könne die Bücher jetzt nicht mehr brauchen.

Kann Stark Bezahlung und Abnahme verlangen?

Lösung:

Anspruch Stark gegen Baumgartner aus § 433 Abs. 2 BGB

Voraussetzung für das Bestehen eines Anspruchs auf **Bezahlung** von 100,– € und **Abnahme der Bücher** aus § 433 Abs. 2 BGB wäre, dass zwischen Stark und Baumgartner ein **Kaufvertrag** über die Bücher geschlossen worden ist. Ein solcher Vertrag kommt durch Antrag und Annahme zu Stande, §§ 145 ff. BGB

1. Ein **Antrag** zum Abschluss eines solchen Vertrages ist **nicht** schon in der **Zeitungsannonce** der Stark zu sehen. Hierbei handelt es sich lediglich um eine Aufforderung zur Abgabe von Anträgen, weil Stark, die nur einen Satz Bücher zur Verfügung hat, sich erkennbar durch das Inserat nicht binden wollte; andernfalls würde sie möglicherweise Verpflichtungen eingehen, die sie nicht erfüllen kann. Der **Antrag** liegt vielmehr im **Brief** der Baumgartner vom 24. Mai.

2. Die **Annahmeerklärung** der Stark könnte im **Anruf** bei Baumgartner am 10. Juni zu sehen sein. Fraglich ist allerdings, ob der Antrag der Baumgartner zu diesem Zeitpunkt überhaupt noch angenommen werden konnte. Die **Annahme** hat nämlich **fristgerecht zu erfolgen**, andernfalls erlischt der Antrag, § 146 BGB. Wie lange ein Antrag gelten soll, kann der Antragende durch Festsetzung einer Annahmefrist bestimmen, § 148 BGB. Unterlässt er das, so greifen die Regeln des § 147 BGB, der zwischen Annahme von Willenserklärungen zwischen Anwesenden, § 147 Abs. 1 BGB, und Abwesenden, § 147 Abs. 2 BGB, unterscheidet. Hier handelt es sich um einen Antrag an einen Abwesenden, sodass § 147 Abs. 2 BGB gilt. Hiernach kann ein Antrag nur so lange angenommen werden, wie der Antragende den **Eingang der Annahmeerklärung bei sich unter regelmäßigen Umständen erwarten darf**.

Baumgartner musste üblicherweise, weil sie ihren Antrag brieflich gemacht hat, mit brieflicher Annahme rechnen. Geht man von jeweils drei Tagen Beförderungszeit aus und billigt Stark für diese einfache rechtsgeschäftliche Entscheidung zwei Tage „Bearbeitungszeit" zu, dann müsste die Annahme jedenfalls innerhalb von sieben Tagen nach Absendung des Antrags, also bis 31. Mai bei Baumgartner eingehen. Damit war der Antrag der Baumgartner am 10. Juni bereits erloschen und **konnte** von Stark **nicht mehr angenommen werden**.

3. Bei dieser **verspäteten Annahme** handelt es sich vielmehr um einen **neuen Antrag**, § 150 Abs. 1 BGB, den Baumgartner jedoch, indem sie die Abnahme der Bücher verweigerte, **abgelehnt** hat.

Ein Kaufvertrag zwischen Stark und Baumgartner wurde also nicht geschlossen, ein **Anspruch** der Stark gegen Baumgartner aus § 433 Abs. 2 BGB **besteht nicht**.

Faust § 3 Rn 5 ff.; *BGH* JuS 2010, 1106 (*Faust*)

Fall 21

(Abwandlung 1 zu Fall 20): Wie ist der **Fall 20** zu lösen, wenn die Süddeutsche Zeitung die Weiterleitung des Briefes versehentlich verzögert hat und der Brief deshalb erst am 10. Juni bei Stark angekommen ist, die daraufhin prompt bei Baumgartner anruft?

Lösung:

Anspruch Stark gegen Baumgartner aus § 433 Abs. 2 BGB

1. Voraussetzung für das Bestehen eines **Anspruchs** auf **Bezahlung** von 100,– € und **Abnahme** der Bücher aus § 433 Abs. 2 BGB wäre, dass zwischen Stark und Baumgartner ein **Kaufvertrag** über die Bücher geschlossen worden ist. Ein solcher Vertrag kommt durch Antrag und Annahme zu Stande, §§ 145 ff. BGB. Ein **Antrag** zum Abschluss eines solchen Vertrages ist nicht schon in der Zeitungsannonce der Stark, sondern erst im **Brief** der Baumgartner zu sehen, vgl. oben Fall 20.

2. Die **Annahmeerklärung** der Stark könnte im **Anruf** bei Baumgartner am 10. Juni zu sehen sein. Fraglich ist allerdings, ob der Antrag der Baumgartner zu diesem Zeitpunkt überhaupt noch angenommen werden konnte. Die Annahme hat nämlich fristgerecht zu erfolgen, andernfalls erlischt der Antrag, § 146 BGB. Wie lange ein Antrag gelten soll, kann der Antragende durch Festsetzung einer Annahmefrist bestimmten, § 148 BGB. Unterlässt er das, so greifen die Regeln des § 147 BGB. Es handelt sich hier um einen Antrag an einen Abwesenden, sodass § 147 Abs. 2 BGB gilt. Hiernach kann ein Antrag nur so lange angenommen werden, wie der Antragende den Eingang der Annahmeerklärung bei sich unter „regelmäßigen Umständen" erwarten darf. Diese Umstände ergeben, wie in Fall 20 erörtert, eine Annahmefrist von sieben Tagen.

Daran ändert sich bei **Unregelmäßigkeiten bei der Beförderung** des Antrags nichts, denn der Antragende soll sich nach Ablauf der Frist des § 147 Abs. 2 BGB jedenfalls sicher sein können, dass sein Antrag nicht mehr angenommen werden kann. Es ist also kein Kaufvertrag zustandegekommen, sodass ein **Anspruch** aus § 433 Abs. 2 BGB **nicht besteht**.

Schwab/Löhnig Einführung Rn. 541-546.

Fall 22

(Abwandlung 2 zu Fall 20): Wie wäre **Fall 20** zu lösen, wenn folgendes vorgefallen ist: Baumgartner verunglückt, nachdem sie den Brief geschrieben und abgeschickt hat, am 24. Mai bei einem Verkehrsunfall tödlich. Stark beantwortet Baumgartners Brief gleich am 28. Mai brieflich und nimmt den Antrag an. Ulrich Baumgartner, der Ehemann und Alleinerbe der Dorothea Baumgartner, ruft nach Erhalt des Briefes am 29. Mai bei Stark an und erklärt, seine Frau sei verstorben und er als Erbe benötige die Bücher nicht, weil er von Rechtswissenschaften keine Ahnung habe.

Christine Stark, die die 100,– € dringend benötigt, besteht jedoch auf Abnahme und Bezahlung der Bücher durch Ulrich Baumgartner.

Lösung:

Anspruch Stark gegen Ulrich aus § 433 Abs. 2 BGB

Stark kann von Ulrich Baumgartner **Bezahlung und Abnahme der Bücher** aus § 433 Abs. 2 BGB verlangen, wenn zwischen Stark und Ulrich Baumgartner ein entsprechender **Kaufvertrag** bestehen würde.

1. Der **Antrag** zum Abschluss eines Kaufvertrages mit Stark stammt von Dorothea Baumgartner. Stark hat die **Annahme des Antrags** mit dem am 29. Mai eingegangenen Brief rechtzeitig erklärt. Damit wäre eigentlich ein Vertrag zwischen Stark und Dorothea Baumgartner zustandegekommen.

2. Fraglich ist allerdings, welchen Einfluss hierauf der **Tod der Dorothea** Baumgartner am 24. Mai hat. Der Tod des Erklärenden verhindert nicht, dass eine zu Lebzeiten abgegebene Willenserklärung nach dem Tod durch Zugang wirksam wird, § 130 Abs. 2 Alt. 1 BGB.

Handelt es sich bei der Willenserklärung um einen Antrag auf Abschluss eines Vertrages, so regelt § 153 BGB hierzu ergänzend, dass in diesem Fall das Zustandekommen des Vertrages nicht dadurch verhindert wird, dass der Annehmende den Antrag erst nach dem Tode des Antragenden annimmt. Der **Vertrag** kommt dann vielmehr **zwischen dem Annehmenden und dem Erben des Antragenden** zu Stande, § 1922 BGB.

3. Etwas anderes gilt jedoch nach § 153 BGB, wenn ein **anderer Wille des Antragenden** anzunehmen ist. Zur Ermittlung dieses Willens ist der Antrag unter Hinzuziehung aller Begleitumstände nach den üblichen Regeln auszulegen, §§ 133, 157 BGB.

Für einen von der Regel des § 153 BGB abweichenden Willen der Dorothea Baumgartner spricht vorliegend, dass sie mit den gebrauchten Fachbüchern Gegenstände für den **persönlichen Gebrauch** erwerben wollte, die nicht ohne weiteres für jedermann brauchbar oder verwertbar sind. Deshalb wurde hier das Zustandekommen eines Vertrages durch den Tod der Baumgartner gehindert, § 153 BGB. Stark hat **keinen Anspruch** gegen Ulrich Baumgartner aus § 433 Abs. 2 BGB (a.A. bei entsprechender Argumentation vertretbar).

Medicus BGB AT Rn. 377; *Schwab/Löhnig* Einführung Rn. 547.

Fall 23

Der Antiquitätenhändler Bertolt Baumann bietet seinem Kunden Karl Sauermann mit Brief vom 22. Mai, zugegangen am 24. Mai, brieflich ein Konvolut antiquarischer Bücher für 20,– € zum Kauf an. Sauermann möchte die Bücher erwerben und verfasst ein entsprechendes Antwortschreiben an Baumann. Er gibt den Brief am 28. Mai bei der Poststelle ab, wo er zwar vom Schalterbeamten gleich gestempelt wird, aber liegen bleibt, weil die Mitarbeiter der Post AG eine Woche lang streiken. Als der Brief schließlich am 6. Juni bei Baumann eintrifft, hat dieser die Bücher bereits anderweitig verkauft und kümmert sich nicht weiter um das Schreiben.

Ist ein Kaufvertrag zwischen Sauermann und Baumann zustandegekommen?

Lösung:

1. Ein **Kaufvertrag** zwischen Sauermann und Baumann ist zustandegekommen, wenn eine entsprechende **Willenseinigung** erfolgt ist. Der **Antrag** zum Abschluss des Kaufvertrages liegt in dem **Brief** des Antiquitätenhändlers Baumann an seinen Kunden Sauermann. Dieser hat mit Brief vom 28. Mai, zugegangen am 6. Juni, die **Annahme des Antrags erklärt**.

2. Fraglich ist allerdings, ob die Annahmeerklärung des Sauermann bei Baumann rechtzeitig **zugegangen** und damit wirksam geworden ist, § 130 Abs. 1 BGB. Dafür kommt es darauf an, bis wann der antragende Baumann den **Eingang der Antwort unter regelmäßigen Umständen erwarten** durfte, § 147 Abs. 2 BGB. Addiert man die Beförderungszeiten von jeweils drei Tagen und räumt Sauermann eine kurze Bedenkzeit ein, so durfte Baumann mit einem Eingang der Antwort bis zum 31. Mai rechnen.

Auf Grund des Streiks ist der Brief tatsächlich erst **nach Ablauf der Annahmefrist** aus § 147 Abs. 2 BGB bei Baumann **eingetroffen**. Damit konnte der Antrag des Baumann eigentlich nicht mehr wirksam angenommen werden.

3. Allerdings ist die Regelung des § 149 Satz 1 BGB zu beachten: Geht eine Annahmeerklärung verspätet zu, obwohl sie rechtzeitig genug abgesendet worden ist, und musste der Antragende dies erkennen, so muss er die **Verspätung** unverzüglich nach dem Empfang der Erklärung **anzeigen**. Verzögert er die Anzeige, so kommt der Vertrag zu Stande, § 149 Satz 2 BGB, trotzdem die Annahme verspätet beim Antragenden eingegangen ist.

Vorliegend konnte Baumann auf Grund des handgestempelten Poststempels erkennen, dass Sauermann den Brief bereits am 28. Mai aufgegeben hat. Trotzdem hat er Sauermann **nicht über die Verspätung des Briefes informiert**. Wenn bereits die Verzögerung einer solchen Anzeige zur Fiktion der rechtzeitigen Annahme und damit zum Vertragsschluss führt, so muss das erst recht für das gänzliche Unterlassen der Anzeige gelten. Somit **besteht ein Kaufvertrag** zwischen Sauermann und Baumann.

Wolf/Neuner § 29 Rn. 54 ff.

Fall 24

(Abwandlung zu Fall 23): Wie ist **Fall 23** zu lösen, wenn sich folgendes zugetragen hat: Sauermann ruft am 27. Mai bei Baumann an, weil er die Bücher kaufen möchte. Baumann ist jedoch nicht anzutreffen. Auf dem Anrufbeantworter hinterlässt Sauermann deshalb für Baumann die Nachricht, dass er die Bücher kaufen wolle. Bevor Baumann die Nachricht abhören kann, wird der Chip des Anrufbeantworters wegen eines Stromausfalls gelöscht.

Baumann ist schließlich ganz froh, dass Sauermann sich nicht gemeldet hat, weil er im Nachhinein der Auffassung ist, die Bücher zu billig angeboten zu haben. Er fällt aus allen Wolken, als Sauermann am 11. Juni bei ihm im Laden erscheint und die Bücher abholen will.

Hat Sauermann einen Anspruch gegen Baumann auf Übergabe und Übereignung der Bücher?

Lösung:

Anspruch Sauermann gegen Baumann aus § 433 Abs. 1 BGB

Sauermann könnte gegen Baumann einen **Anspruch auf Übergabe und Übereignung** der Bücher aus § 433 Abs. 1 BGB haben. Dazu müsste ein wirksamer **Kaufvertrag** zwischen Baumann und Sauermann bestehen.

1. Ein solcher Kaufvertrag ist dann zustandegekommen, wenn die **Annahme des brieflichen Antrags** des Baumann durch Sauermann wirksam erfolgt ist. Beim Besuch im Laden des Baumann am 11. Juni kann nach oben (Fall 23) gesagtem eine Annahme nicht mehr wirksam erfolgt sein. Also kommt es darauf an, ob Sauermann den Antrag des Baumann durch seine **Nachricht** vom 27. Mai, die er **auf dem Anrufbeantworter** des Baumann hinterlassen hat, **wirksam angenommen** hat.

2. Sauermann hat in dieser Nachricht erklärt, er nehme das Angebot des Baumann an; diese Erklärung hat er auch in Richtung auf Baumann auf den Weg gebracht und somit abgegeben. Fraglich ist jedoch, ob die Nachricht auch dem Baumann **zugegangen** ist, denn Baumann hat die Nachricht **niemals abgehört**. Die Annahmeerklärung als Erklärung unter Abwesenden, § 130 Abs. 1 BGB, ist jedoch bereits mit Speicherung auf dem Chip des Anrufbeantworters der B zugegangen, denn in diesem Augenblick ist die Nachricht so in den Machtbereich des Baumann gelangt, dass unter üblichen Umständen mit einer baldigen Kenntnisnahme durch Baumann zu rechnen war.

Auf die tatsächliche Kenntnisnahme durch den Empfänger kommt es hingegen nicht an: Das Risiko für das Eintreten „unüblicher Umstände" wie eines Stromausfalls trägt ab dem Zeitpunkt des Zugangs der Erklärungsempfänger, also Baumann. Ein **Vertrag** zwischen Sauermann und Baumann ist somit **zustandegekommen**.

Sauermann hat also einen **Anspruch auf Übergabe und Übereignung** der Bücher aus § 433 Abs. 1 BGB.

Medicus BGB AT Rn. 274-275; *Schwab/Löhnig* Einführung Rn. 527-529; *Fritzsche* JA 2006, 674 ff; *Eisfeld* JA 2006, 851 ff.

Fall 25

Auf einer Fete in der Tübinger Altstadt lernen sich am Freitagabend der Jurastudent Christoph Nettersheim und der Physikstudent Jürgen Lamprecht kennen. Bald stellt sich heraus, dass beide aus Nürnberg stammen und auch das Wochenende dort verbringen wollen. Lamprecht, Eigentümer eines alten Ford Escort, bietet Nettersheim an, ihn am nächsten Vormittag um 10.00 Uhr abzuholen und kostenlos mit nach Nürnberg zu nehmen – ein Angebot, das Nettersheim, der ständig in Geldnöten ist, gerne annimmt.

Im weiteren Verlauf des Abends lernt Lamprecht allerdings seine attraktive Kommilitonin Barbara kennen und entschließt sich spontan, das Wochenende mit Barbara in Tübingen zu verbringen. Das teilt er Christoph Nettersheim am Samstagmorgen um halb zehn telefonisch mit. Nettersheim ist ärgerlich, weil er jetzt doch mit dem Zug fahren muss und auf diese Weise kein Geld sparen kann, und droht Lamprecht mit rechtlichen Schritten.

Wie ist die Rechtslage?

Lösung:

Anspruch Nettersheim gegen Lamprecht aus § 662 BGB

1. Fraglich ist, ob ein Vertragsverhältnis zwischen Lamprecht und Nettersheim besteht, aus dem Nettersheim einen **Anspruch auf Beförderung nach Nürnberg** herleiten kann. Hier kommt ein **Werkvertrag**, § 631 BGB, in Betracht. Geschuldetes Werk wäre die Beförderung des Werkbestellers Nettersheim von Tübingen nach Nürnberg.

Nettersheim sollte jedoch nicht zur Zahlung eines Entgelts für die Beförderung verpflichtet sein. Damit scheidet das Vorliegen eines – stets entgeltlichen, § 631 Abs. 1 BGB – Werkvertrages aus. Zu prüfen ist jedoch, ob ein **Auftragsverhältnis** zwischen Lamprecht als Auftragnehmer und Nettersheim als Auftraggeber besteht, der den Auftraggeber zu keiner Gegenleistung verpflichtet. Anspruchsgrundlage ist also § 662 BGB.

2. Der **Antrag** auf Abschluss eines solchen Vertrages könnte von Lamprecht ausgegangen sein, der Nettersheim angeboten hat, ihn am nächsten Tag mit nach Nürnberg zu nehmen. Fraglich ist jedoch, ob sich Lamprecht durch dieses Angebot **rechtlich binden** wollte, oder ob er lediglich eine außerrechtliche und unverbindliche **Gefälligkeit** angeboten hat. Diese Frage bemisst sich danach, ob ein objektiver Dritter an Stelle des Erklärungsempfängers Nettersheim das Angebot des Lamprecht als verbindlich beurteilen würde oder nicht.

Hier sprechen einige Aspekte gegen die Verbindlichkeit des Angebots von Lamprecht: Er will Nettersheim kostenlos befördern und ihn nicht einmal an den Benzinkosten beteiligen. Lamprecht und Nettersheim kannten sich bis dato überhaupt nicht und haben sich lediglich zufällig auf der Fete kennen gelernt. Schließlich hat Nettersheim dem Lamprecht auch nicht deutlich gemacht, dass es ihm besonders wichtig sei, am Samstag nach Nürnberg gefahren zu werden und er deswegen auf einer rechtlich bindenden Zusage bestehe.

Deshalb ist mangels verbindlichen Angebots des Lamprecht **kein Auftrag** zwischen Lamprecht und Nettersheim zustandegekommen. Nettersheim hat also keinen Anspruch auf Beförderung nach Nürnberg gegen Lamprecht.

Medicus BGB AT Rn. 190-193; *Schwab/Löhnig* Einführung Rn. 466.

▶ **Hinweis:** Mangels Bestehen eines Vertragsverhältnisses könnte Nettersheim gegen Lamprecht auch **keine vertraglichen Schadensersatzansprüche** geltend machen. Auch ein Anspruch aus §§ 280 Abs. 1, 241 Abs. 2 BGB besteht nicht, weil Lamprecht sich rechtzeitig bei Nettersheim gemeldet hat, so dass diesem keine Schäden entstanden sind.

Fall 26

Der Bankier Michael Stenzel hat an Jakob Janus ein Ladengeschäft vermietet, in dem Janus ein Sonnenstudio betreibt. Auf dem Briefbogen des Janus ist im Briefkopf unter anderem die E-Mail-Adresse jakob.janus@supersun.com angegeben.

Stenzel möchte nach erheblichen Streitigkeiten mit Janus das Mietverhältnis zum 31. Dezember kündigen. Dazu muss er die Kündigung laut Mietvertrag bis zum 30. September erklärt haben, was dem fahrigen Stenzel allerdings erst am 30. September um 20.00 Uhr einfällt. Ein Brief würde nicht mehr rechtzeitig ankommen, also entscheidet er sich für eine Kündigung per E-Mail.

Er schickt um 20.09 Uhr eine entsprechende E-Mail los und erhält um 20.13 Uhr die Bestätigung, dass die E-Mail angekommen sei. Jakob Janus befindet sich zu dieser Zeit zwar zufällig noch im Sonnenstudio, um mit der Kundschaft zu flirten, auch sein PC läuft noch, seine Mailbox leert Janus jedoch erst wieder am 2. Oktober um 10.00 Uhr.

Muss er am 31. Dezember das Ladengeschäft räumen?

Lösung:

Eine Kündigung ist eine **einseitige, empfangsbedürftige Willenserklärung**. Sie kann, weil es nicht um ein Mietverhältnis über Wohnraum geht, vgl. § 568 Abs. 1 BGB, formlos erklärt werden. Damit sie den von Stenzel gewünschten Erfolg zeitigt, muss die Erklärung jedoch spätestens am **30. September** bei Janus **zugegangen** sein. Eine Willenserklärung unter Abwesenden geht dann zu, wenn sie in den Machtbereich des Empfängers gelangt ist und unter regelmäßigen Umständen mit ihrer Kenntnisnahme zu rechnen ist, § 130 Abs. 1 BGB.

Die E-Mail des Stenzel wurde am 30. September um kurz nach 20.00 Uhr in der **Mailbox** des Janus **gespeichert** und ist damit in seinen Machtbereich gelangt. Bei einem Geschäftsmann ist jedoch zu dieser Tageszeit üblicherweise nicht mehr mit dem Leeren der Mailbox zu rechnen. Dass Janus im konkreten Fall tatsächlich anwesend war, er die E-Mail also ohne weiteres hätte bemerken können, spielt keine Rolle; der Zugang bemisst sich nur nach den **üblichen Umständen**.

Hiernach ist ein Leeren der Mailbox durch einen Geschäftsmann werktags nach Beginn der Bürostunden zu erwarten. Die E-Mail ist bei Janus also am Morgen des 1. Oktober nach Öffnung des Sonnenstudios zugegangen; die **Kündigungsfrist** war damit bereits **verstrichen**.

Medicus BGB AT Rn. 276; *Schwab/Löhnig* Einführung Rn. 514-525.

Fall 27

Der Lektor Christian Neuheim möchte einen eigenen Verlag gründen. Er benötigt dafür einen Bankkredit. Die Freiburger Sparkasse ist jedoch nur bei Stellung einer Sicherheit zur Kreditgewährung bereit. Deshalb bittet Neuheim seine reiche Bekannte Steffi Bauer, sie möge für ihn bürgen. Diese verfasst daraufhin ein Schreiben an die Sparkasse mit folgendem Wortlaut: „Zu Gunsten der Freiburger Sparkasse verbürge ich mich für die Darlehensschuld des Christian Neuheim in Höhe von 100 000,– €.", das sie handschriftlich unterzeichnet. Gleich anschließend schickt sie das Schreiben an die Sparkasse.

Die Freiburger Sparkasse nimmt den Brief zu den Akten. Sie meldet sich erst gut zwei Jahre später bei Steffi Bauer und fordert sie zur Zahlung von 75 000,– € auf, die Neuheim, der inzwischen insolvent ist, nicht zurückgezahlt hat.

Muss Bauer zahlen?

Lösung:

Anspruch Sparkasse gegen Bauer aus § 765 Abs. 1 BGB

Ein Anspruch der Sparkasse gegen Bauer könnte sich aus § 765 Abs. 1 BGB ergeben. Voraussetzung wäre, dass Sparkasse und Bauer einen **Bürgschaftsvertrag** geschlossen haben.

1. Bauer hat durch ihr **Schreiben** einen **formwirksamen**, § 766 Satz 1 BGB, **Antrag** auf Abschluss eines Bürgschaftsvertrages abgegeben, der bei der Sparkasse **zugegangen** und damit wirksam geworden ist.

Die Sparkasse hat sich auf diesen Antrag hin jedoch nicht bei Bauer gemeldet, sodass fraglich ist, ob sie den **Antrag** der Bauer **angenommen** hat. Die Annahme eines Antrags ist eine **empfangsbedürftige Willenserklärung**, die – unter Abwesenden, § 130 Abs. 1 BGB, – mit Zugang beim Empfänger wirksam wird. Damit wäre kein Bürgschaftsvertrag zustandegekommen, weil Bauer nie eine Annahmeerklärung zugegangen ist.

2. Von der Regel des § 130 Abs. 1 BGB macht jedoch § 151 Satz 1 BGB eine Ausnahme. Hiernach muss die Annahme eines Antrags nicht dem Antragenden gegenüber erklärt werden, wenn eine solche **Erklärung nach der Verkehrssitte nicht zu erwarten** ist oder der Antragende auf sie verzichtet hat.

Hier kommt allein die erste Alternative in Betracht; in der Tat ist es bei Rechtsgeschäften, die dem Empfänger des Antrags lediglich einen rechtlichen Vorteil bringen, üblich, den Zugang einer Annahmeerklärung nicht zu erwarten. Die Sparkasse konnte also allein durch das **Archivieren des Schreibens als nach außen tretende Betätigung des Annahmewillens** den Antrag der Bauer annehmen.

Damit besteht ein Anspruch der Sparkasse gegen Bauer auf Zahlung von 75 000,– € aus § 765 Abs. 1 BGB.

BGH JA 1999, 737 (*Hau*); *Schwab/Löhnig* Einführung Rn. 536.

Fall 28

Die Biologin Sabine Buchholz „steigt aus" und pachtet vom Eigentümer Tobias Hupfer einen völlig maroden, bereits seit Jahren verlassenen Bauernhof. In Ziffer 3 des Pachtvertrags vereinbaren Hupfer und Buchholz, dass Buchholz nach dreizehnjähriger Laufzeit des Pachtvertrags unter ordentlicher Pachtzinszahlung die kostenlose Übereignung des Bauernhofes von Hupfer verlangen kann. Buchholz setzt in den darauf folgenden Jahren ihr gesamtes Vermögen ein und verschuldet sich zudem erheblich, um den Hof behutsam restaurieren zu können. Nach und nach gelingt ihr der Aufbau eines florierenden, nach strengsten ökologischen Grundsätzen arbeitenden Gutes.

Nach Ablauf der dreizehn Jahre verlangt die noch immer hoch verschuldete Buchholz von Hupfer unter Berufung auf Ziffer 3 des Pachtvertrags Auflassung des Gutes. Hupfer erklärt, diese Vertragsklausel sei formnichtig. Er kündigt zudem den Pachtvertrag zum Ende nächsten Jahres, um das Gut in Zukunft auf eigene Rechnung führen zu können.

Kann Buchholz von Hupfer Auflassung des Gutes verlangen?

Lösung:

Anspruch Buchholz gegen Hupfer aus Ziffer 3 des Pachtvertrages

Ein **Anspruch auf Auflassung des Guts**, §§ 873 Abs. 1, 925 Abs. 1 BGB, kann sich aus **Ziffer 3 des Pachtvertrages** zwischen Hupfer und Buchholz ergeben. Fraglich ist, ob dieser Pachtvertrag wirksam geschlossen wurde.

1. Bedenken könnten sich vorliegend aus dem Gesichtspunkt der **Formbedürftigkeit** ergeben. Pachtverträge sind zwar in der Regel formfrei, etwas anderes gilt allerdings, wenn in einem Pachtvertrag gleichzeitig eine Verpflichtung zur Veräußerung eines Grundstücks vereinbart wird. Dann muss der Vertrag **notariell beurkundet** werden, § 311b Abs. 1 Satz 1 BGB. Fehlt es wie vorliegend an der Beurkundung, so ist der Vertrag **formnichtig**, § 125 Satz 1 BGB.

2. Von der Regelung des § 125 Satz 1 BGB, die ihrem Wortlaut nach eigentlich keine Ausnahmen zulässt, weicht die ganz überwiegende Auffassung jedoch in Extremfällen trotzdem ab: Die **Berufung auf die Formnichtigkeit** eines Vertrages könne im Einzelfall **treuwidrig**, § 242 BGB, sein, wenn bei Nichtigkeit des Geschäfts ein schlechthin untragbares Ergebnis droht.

Ein solch untragbares Ergebnis kann sich entweder aus dem Verhalten eines Vertragspartners ergeben, der die Formnichtigkeit des Vertrages bewusst provoziert hat, oder aus dem Umstand, dass durch die Formnichtigkeit die **Existenz eines Vertragspartners gefährdet** ist. So liegt es hier, denn die hoch verschuldete Buchholz würde bei strenger Anwendung des § 125 Satz 1 BGB durch die Entziehung des Gutes ihrer Existenzgrundlage beraubt.

Damit **besteht ein Anspruch** der Buchholz gegen Hupfer auf Auflassung des Gutes aus Ziffer 3 des Pachtvertrages.

Medicus BGB AT Rn. 628-635; *Schwab/Löhnig* Einführung Rn. 508.

Fall 29

Der Hund der Familie Gruel ist entlaufen. Frau Gruel bringt daraufhin in der Nachbarschaft an Laternenmasten Zettel an, die ein Bild des Hundes zeigen und auf denen steht: „Wer uns unseren Hund Achilles zurückbringt, erhält 200,– € Belohnung".

Dem Nachbarn Bert Bürger begegnet Achilles einige Tage später des nachts auf der Straße. Bürger ist darüber erstaunt, dass der Hund der Gruels nachts mutterseelenallein unterwegs ist, und lockt ihn mit einigen Stücken Wurst zum Haus der Gruels, wo er den Hund Herrn Gruel übergibt. Die Zettel hatte Bürger nicht gelesen. Deshalb kommt Frau Gruel auf den Gedanken, sich die 200,– € zu sparen.

Hat Bert Bürger sich die 200,– € verdient?

Lösung:

Anspruch Bürger gegen Gruel aus § 657 BGB

Bürger könnte gegen Frau Gruel einen **Anspruch aus § 657 BGB** haben. Dazu wäre erforderlich, dass Frau Gruel eine Belohnung von 200,– € für denjenigen, der den Hund Achilles zurückbringt, **wirksam ausgelobt** hat. Bei einer Auslobung handelt es sich um eine einseitige, **nicht empfangsbedürftige Willenserklärung**. Die Auslobung der Gruel ist damit allein durch das Anbringen der Zettel an den Laternenmasten **wirksam geworden**. Bürger kann deshalb also die 200,– € verlangen.

Etwas anderes könnte möglicherweise deshalb gelten, weil Bürger den Hund nicht deshalb zurückgebracht hat, weil er **Kenntnis von der Auslobung** hatte und sich die 200,– € verdienen wollte, sondern um den Gruels einen Nachbarschaftsdienst zu erweisen. Aus diesem Grund könnte die Auslobung für ihn möglicherweise nicht gelten. Für diesen Fall regelt § 657 a.E. BGB jedoch ausdrücklich, dass die Belohnung auch von demjenigen verlangt werden kann, der nicht mit Rücksicht auf die Auslobung gehandelt hat.

Schwab/Löhnig Einführung Rn. 514.

Fall 30

Am 30. Mai klingelt der Postbote bei Stefan Stenzel und will ihm einen Brief seines Arbeitgebers, des Rechtsanwalts Donald Donhauser, bei dem Stenzel seit einigen Monaten angestellt ist, überbringen. Der Brief ist unterfrankiert und kostet deshalb 2,– € Nachporto. Weil sein Verhältnis zu Donhauser nicht das Beste ist, vermutet Stenzel, dass es sich um eine Kündigung seines Arbeitsvertrages handelt. Deshalb erklärt er dem Postboten, er wolle den Brief nicht annehmen. Daraufhin wird der Brief an Donhauser zurückgeleitet.

In der Tat enthält der Brief eine Kündigungserklärung zum 30. Juni, von der Stenzel Kenntnis erlangt, als der Brief am 3. Juni – diesmal ausreichend frankiert – erneut bei ihm eintrifft.

Ist die Kündigung zum 30. Juni wirksam?

Lösung:

Eine Kündigung ist eine **einseitige, empfangsbedürftige Willenserklärung**. Unter Abwesenden wird eine solche Erklärung mit **Zugang beim Empfänger wirksam**, § 130

Abs. 1 Satz 1 BGB. Der Zugang beim Empfänger erfolgt, wenn die Erklärung in den Machtbereich des Empfängers gelangt ist und unter gewöhnlichen Umständen mit ihrer Kenntnisnahme durch den Empfänger gerechnet werden kann. Damit das Arbeitsverhältnis zum 30. Juni endet, muss dem Stenzel die Kündigungserklärung bis zum 31. Mai zugegangen sein, § 622 Abs. 1. BGB.

Der Brief mit der Kündigungserklärung sollte bereits am 30. Mai (also rechtzeitig) bei Stenzel zugestellt werden. Stenzel hat jedoch die **Entgegennahme verweigert** und damit den Zugang verhindert. Bei unberechtigter Verweigerung der Entgegennahme einer verkörperten Willenserklärung kommt jedoch die **Fiktion des Erklärungszugangs** in Betracht.

Stenzel hat die Entgegennahme aber **zu Recht verweigert**. Niemand ist verpflichtet, den Zugang einer Willenserklärung bei sich selbst durch eigene Geldzahlungen zu ermöglichen. Die Kündigungserklärung ist also, weil auf Grund berechtigter Annahmeverweigerung eine Zugangsfiktion ausscheidet, erst am 3. Juni bei Stenzel zugegangen und konnte das **Arbeitsverhältnis nicht zum 30. Juni beenden**.

Medicus BGB AT Rn. 280; Wolf/Neuner § 26 Rn. 40 ff.

▶ **Hinweis:** Die Kündigung zum 30. Juni zeigt, dass Donhauser zum nächstmöglichen Beendigungstermin kündigen wollte. Deshalb kann seine **unwirksame Kündigung** in eine Kündigung zum nunmehr nächstmöglichen Beendigungstermin, also zum 31. Juli, **umgedeutet** werden, § 140 BGB.

Fall 31

Der Rechtsanwalt Georg Maurer möchte in seine Penthousewohnung über den Dächern Regensburgs einziehen und deshalb den Mietvertrag mit seinem Mieter Wagner kündigen. Damit die Kündigung zum 31. Dezember wirksam wird, muss Maurer sie laut Mietvertrag bis zum 30. Juni ausgesprochen haben.

Das bemerkt Maurer erst am 30. Juni um 23.00 Uhr. Aus Beweisgründen ruft er nicht einfach bei Wagner an, sondern gibt telefonisch ein Telegramm auf: „Kündige Ihre Wohnung zum Jahresende wegen Eigenbedarfs. Maurer". Der Telegrammbote klingelt am 30. Juni um 23.58 Uhr bei Wagner, der um diese Tageszeit jedoch nicht mehr die Tür öffnet. Erst am nächsten Morgen findet er deshalb den Benachrichtigungsschein des Telegrammboten in seinem Briefkasten und holt das Telegramm bei der Post ab.

Ist die Kündigung – das Vorliegen eines hinreichenden Kündigungsgrundes unterstellt – zum 31. Dezember wirksam geworden?

Lösung:

Die **Kündigung** eines Wohnungsmietverhältnisses erfordert eine **einseitige empfangsbedürftige Willenserklärung** entsprechenden Inhalts, die der **Schriftform** genügt und einen **Hinweis** auf das Widerspruchsrecht des Mieters enthält, § 568 BGB.

1. Im Telegramm des Maurer an Wagner fehlt bereits der **Hinweis auf das Widerspruchsrecht**. Nach § 568 Abs. 2 BGB **„soll"** der Mieter jedoch nur auf sein Recht hingewiesen werden; bereits diese Formulierung des Gesetzes legt nahe, dass die Wirksamkeit einer Kündigung nicht am Fehlen eines solchen Hinweises scheitert. Es handelt sich in der Tat, wie sich aus § 574b Abs. 2 Satz 2 BGB ergibt, lediglich um eine Obliegenheit des Vermieters, deren Verletzung eine Verlängerung der Widerspruchsfrist, nicht jedoch die Unwirksamkeit der Kündigung zur Folge hat.

2. § 573 Abs. 3 BGB schreibt zudem vor, dass die Gründe für ein **berechtigtes Interesse des Vermieters** an der Beendigung des Mietverhältnisses im Kündigungsschreiben anzugeben **„sind"**. Die Nennung des Kündigungsgrundes ist also Wirksamkeitsvoraussetzung der Kündigung.

Ein Mietverhältnis über Wohnräume kann vom Vermieter nicht beliebig gekündigt werden. Eine Kündigungsmöglichkeit besteht jedoch dann, wenn der Vermieter die Räume für sich, seine Familienangehörigen oder Angehörige seines Haushalts benötigt, § 573 Abs. 2 Nr. 2 BGB. Dieser Kündigungsgrund ist durch die pauschale Formulierung „wegen Eigenbedarfs" nicht hinreichend dargelegt. Der Vermieter wird vielmehr **genau darzulegen** haben, wer die Wohnung benötigt und dass hierfür auch vernünftige und nachvollziehbare Gründe bestehen. Anders wird sich der Mieter gegen eine vorgetäuschte Eigenbedarfskündigung nämlich kaum wehren können (a.A. vertretbar). Damit ist die **Kündigung unwirksam**.

3. Außerdem ist fraglich, ob Maurer die **Schriftform** eingehalten hat. Hierzu ist nach § 126 Abs. 1 BGB die eigenhändige Unterzeichnung des Schriftstücks erforderlich. Dieser Anforderung genügt das Telegramm nicht, sodass die Kündigung jedenfalls **formunwirksam** ist, § 125 Satz 1 BGB.

4. Überdies ist die Kündigungserklärung erst am **1. Juli** morgens **zugegangen**, weil kurz vor Mitternacht nach üblichen Umständen nicht mehr mit Kenntnisnahme zu rechnen war.

Schwab/Löhnig Einführung Rn. 493-496.

2. Inhalt von Willenserklärung und Vertrag; Die fehlgeschlagene Einigung

Fall 32

Dieter Dierks möchte mit seiner Frau das zweite Juni-Wochenende ohne Kinder in einem schönen Hotel an der Ostsee verbringen. Auf Anfrage erhält er vom Hotelier Ofen, dem Inhaber des 5-Sterne-Hotel „Schloss Meerblick", einen Brief, der lautet: „Sehr geehrter Herr Dierks, gerne bieten wir Ihnen ein Wellness-Wochenende für zwei Personen vom 10. Juni bis 13. Juni zum Preis von 175,– € an. Für die genaueren Einzelheiten darf ich auf beiliegenden Prospekt verweisen. Wir bitten um Bestätigung innerhalb einer Woche. Mit freundlichen Grüßen, Fritz Ofen, Hotel Meerblick". Der beiliegende Prospekt beschreibt ein Wellness-Wochenende für Paare mit drei Übernachtungen, Vollpension und verschiedensten Zusatzleistungen zum Preis von 1750,– €.

Dierks beachtet den Prospekt jedoch nicht näher und bucht brieflich „das angebotene Wellness-Wochenende zum Preis von 175,– €". Nach Erhalt des Briefes meldet sich die Hoteldirektion umgehend bei Dierks. Es müsse ein Missverständnis vorliegen, das Wochenende koste 1750,– €. Dierks besteht unter Berufung auf den Brief des Hotels auf das Angebot zu 175,– €.

Zu Recht?

Lösung:

Anspruch Dierks gegen Ofen aus Beherbergungsvertrag

Dierks hat Anspruch auf ein Wellness-Wochenende zu 175,– €, wenn ein entsprechender **Beherbergungsvertrag** (gemischter Vertrag) zwischen dem Hotelier Ofen und ihm geschlossen worden ist.

1. Der **Antrag** zum Abschluss eines solchen Vertrages könnte im **Brief** des Ofen liegen. Im Übersenden eines Angebots mit Prospekt durch ein Hotel dürfte regelmäßig kein Antrag, sondern lediglich eine **„invitatio ad offerendum"** zu sehen sein. Denn der Hotelier möchte in solchen Fällen erkennbar vermeiden, Verpflichtungen einzugehen, die seine Zimmerkapazitäten übersteigen.

Hier liegt der Fall jedoch anders. Ofen bietet dem Dierks ein Wellness-Wochenende zum gewünschten Termin an und bittet „um Bestätigung innerhalb einer Woche". Dadurch bringt der Hotelier zum Ausdruck, dass er dem Dierks das Wellness-Wochenende **verbindlich anbieten** möchte. Er trägt dem Dierks also den Abschluss eines Beherbergungsvertrages an. Zudem bestimmt der Hotelier eine Annahmefrist, was nach § 148 BGB ohne weiteres möglich ist und ihm die entsprechende Sicherheit beim Disponieren gibt.

2. Fraglich ist jedoch, welchen **Inhalt der Antrag** hat. Aus dem Wortlaut des Briefes ergeben sich eigentlich keinerlei Zweifel darüber, dass Ofen ein Wellness-Wochenende zum Preis von 175,– € anbietet. Der Hotelier Ofen verweist zur genaueren Beschreibung seines Angebots allerdings auf den beiliegenden Prospekt. Damit bezieht er den Inhalt der Prospekts in seine Willenserklärung mit ein und hat deshalb einen **widersprüchlichen Antrag** abgegeben, indem er zwei verschiedene Preise für das Wellness-Wochenende genannt hat. Eine solche „perplexe" Willenserklärung ist grundsätzlich nichtig.

Etwas anderes gilt jedoch, wenn trotz der Perplexität aus Sicht eines objektiven Dritten in der Situation des Erklärungsempfängers der Erklärung zu entnehmen ist, was der Erklärende wirklich gemeint hat, §§ 133, 157 BGB. So liegt der Fall hier, denn auf Grund der üblichen Hotelpreise kann mit Sicherheit allein der Preis von 1750,– € als zutreffend angesehen und damit die Preisangabe „175,– €" eindeutig als Tippfehler erkannt werden. Daraus ergibt sich, dass Ofen dem Dierks ein Wellness-Wochenende **zum Preis von 1750,– € angeboten** hat.

3. Im Brief des Dierks, der ausdrücklich ein Wellness-Wochenende für 175,– € buchen wollte, ist demnach **keine Annahme** dieses Antrags zu sehen, sondern vielmehr die **Ablehnung des Antrags** verbunden mit einem **neuen Antrag**, § 150 Abs. 2 BGB. Diesen Antrag hat wiederum der Hotelier Ofen in seinem Telefonanruf bei Dierks **abgelehnt**.

Ein Beherbergungsvertrag ist somit nicht zustandegekommen und Dierks hat **keinen Anspruch** auf eine billiges Wellness-Wochenende.

Schwab/Löhnig Einführung Rn. 557-566.

Fall 33

Die Cellistin Susanne Storch hat eine Anstellung bei den Bamberger Symphonikern gefunden und möchte deshalb eine Wohnung im Bamberger Mietshaus des Privatiers Theo Baumann mieten. Beide gehen gemeinsam das Formular eines Mustermietvertrages durch und füllen es nach und nach aus. Beim Punkt „Mietkaution" erklärt Baumann, dass er nach negativen Erfahrungen mit den Vormietern, die sehr viele Schäden in der Wohnung angerichtet hätten, nur bei Stellung einer Kaution von drei Monatsmieten vermieten wolle. Storch hält das für übertrieben, verweist auf ihre Haftpflichtversicherung und will allenfalls eine Monatsmiete hinterlegen. Der Punkt bleibt deshalb zunächst offen. Nachdem sie am Ende des Formulars angelangt sind, reichen sich Baumann und Storch erfreut die Hand und unterschreiben den Vertrag. Die Sache mit der Kaution haben sie vergessen.

Als Storch in die Wohnung einziehen will, verweigert Baumann die Übergabe der Schlüssel unter Hinweis auf die fehlende Vereinbarung zur Mietkaution. Storch hingegen beruft sich auf den unterschriebenen Mietvertrag und verlangt Überlassung der Wohnung.

Wie ist die Rechtslage?

Lösung:

Anspruch Storch gegen Baumann aus § 535 Abs. 1 BGB

Storch hat gegen Baumann einen **Anspruch auf Überlassung der Wohnung** aus § 535 Abs. 1 Satz 1 BGB, wenn Baumann und Storch einen **Mietvertrag** über die Wohnung geschlossen haben.

1. Baumann und Storch haben sich über die **essentialia negotii** eines Mietvertrages, nämlich Mietsache und Miethöhe, **geeinigt**. Allerdings ist eine Regelung zur Mietkaution unterblieben, obschon Baumann und Storch ursprünglich eine Regelung zu diesem Punkt hatten treffen wollen. Ihre **Einigung** ist deshalb **unvollständig** geblieben, ohne dass sie dies bemerkt hätten. Damit liegt ein **versteckter Einigungsmangel** vor, für den sich in § 155 BGB eine Regelung findet.

2. § 155 BGB stellt die Regel auf, dass der Vertrag auch ohne Einigung über den offen gebliebenen Punkt gilt, wenn die Parteien den Vertrag auch ohne Einigung über diesen Punkt geschlossen hätten. § 155 BGB verlangt also die Ermittlung des Parteiwillens, wobei alle Umstände des Einzelfalles heranzuziehen sind.

Hier wird aus den Äußerungen des Baumann bei den Vertragsverhandlungen deutlich, dass er nur bei Stellung einer Kaution in Höhe von drei Monatsmieten vermieten wollte. Andernfalls hätte er den Vertrag nicht geschlossen. Damit ist der geschlossene **Mietvertrag insgesamt unwirksam** und Storch hat keinen Anspruch auf Überlassung der Wohnung.

Schwab/Löhnig Einführung Rn. 577-579; *Wolf/Neuner* § 29 Rn. 85 ff.

Fall 34

Gregor Heldmann will an Ulrich Lehnais sein Grundstück Jena, Fl.-Nr. 424, verkaufen. Beide begeben sich zum Notar Dr. Hans Huber, der allerdings versehentlich einen Kaufvertrag über das Grundstück Jena, Fl.-Nr. 242, beurkundet, mit dem Heldmann nichts zu tun hat.

Kann Lehnais trotzdem Auflassung des Grundstücks Fl.-Nr. 424 verlangen?

Lösung:

Anspruch Lehnais gegen Heldmann aus § 433 Abs. 1 BGB

Zu prüfen ist, ob Lehnais gegen Heldmann einen **Anspruch auf Auflassung und Übergabe** des Grundstücks Fl.-Nr. 424 aus § 433 Abs. 1 BGB hat. Voraussetzung für das Bestehen eine solchen Anspruchs wäre das Vorliegen eines wirksamen **Kaufvertrages** zwischen Heldmann und Lehnais über das Grundstück Fl.-Nr. 424.

1. Der Wortlaut des Vertrages lässt eigentlich keinen Zweifel daran, dass Heldmann und Lehnais einen **Vertrag über das Grundstück Fl.-Nr. 242** geschlossen haben.

Der nach objektiven Gesichtspunkten ermittelte normative Vertragsinhalt ist jedoch dann nicht maßgeblich, wenn beide **Vertragsparteien übereinstimmend etwas anderes gewollt** haben. In diesem Fall muss nicht der objektive Empfängerhorizont als Auslegungskriterium herangezogen werden, sondern kann auf den tatsächlichen Willen der Parteien abgestellt werden, weil keine Vertragspartei des Schutzes im Wege einer Auslegung nach normativen Kriterien bedarf. Heldmann und Lehnais haben sich also über einen Verkauf des Grundstücks Fl.-Nr. 424 geeinigt.

2. Ein weiteres Problem ergibt sich in diesem Zusammenhang jedoch aus der **Formbedürftigkeit** von Verträgen über Grundstücke; sie bedürfen der notariellen Beurkundung, § 311b Abs. 1 Satz 1 BGB.

Grundsätzlich geht man bei formbedürftigen Rechtsgeschäften davon aus, dass der durch Auslegung ermittelte Parteiwille in der Urkunde wenigstens angedeutet sein muss. Hiernach könnte dem tatsächlichen Willen der Parteien Heldmann und Lehnais nicht zur Geltung verholfen werden, weil er nicht beurkundet worden ist und auch nicht wenigstens andeutungsweise zum Ausdruck kommt.

Eine Ausnahme von diesem Grundsatz kann jedoch dann gemacht werden, wenn eine Formvorschrift wie § 311b Abs. 1 Satz 1 BGB lediglich Warn- und Beweisfunktion für die Parteien und nicht Beweisfunktion gegenüber Dritten hat. In diesen Fällen muss kein Dritter geschützt werden, der auf den Inhalt der Vertragsurkunde vertraut; deshalb besteht kein Grund dafür, den wahren **Willen der Parteien** nicht auch dann **zur Geltung zu bringen**, wenn er in der Vertragsurkunde keine Andeutung gefunden hat.

Lehnais **kann** deshalb von Heldmann die **Auflassung und Übergabe** des Grundstücks Fl.-Nr. 424 aus § 433 Abs. 1 BGB **verlangen**.

BGH JA 2002, 617 (*Czeguhn*).

Fall 35

Julia Seitenberg hat sich von ihrem Liebhaber getrennt und sucht nun zum 1. Mai dringend eine neue Wohnung. Auf eine Annonce hin besichtigt sie am 28. April eine Wohnung des Vermieters Ralph Knauer, die ihr gut gefällt und erschwinglich erscheint. Einziges Manko ist eine hässliche Einbauküche, die der Vermieter Knauer gerne in der Wohnung belassen möchte, während Seitenberg eine eigene Küche installieren lassen will. Schließlich beschließen beide, „die Sache mit der Küche zu vertagen"; sie füllen einen Formularmietvertrag des Hausbesitzervereins aus und unterschreiben ihn.

Als Seitenberg am 1. Mai einziehen will, stellt sie fest, dass die Küche noch da ist. Sie ruft bei Knauer an und beschwert sich massiv. Dieser erwidert, dass von einem Abbau der Küche nie die Rede gewesen sei und Seitenberg auf Grund ihrer Unverschämtheit die Wohnung nun überhaupt nicht bekomme.

1. Kann Seitenberg Überlassung der Wohnung verlangen?
2. Wenn ja: Was hat mit der Küche zu geschehen?

Lösung:

1. Frage: Anspruch Seitenberg gegen Knauer aus § 535 Abs. 1 BGB

Seitenberg kann von Knauer **Überlassung der Wohnung** verlangen, wenn ein gültiger **Mietvertrag** besteht, § 535 Abs. 1 BGB. Knauer und Seitenberg haben sich über die **essentialia negotii** eines Mietvertrages, nämlich Mietobjekt und Mietpreis, **geeinigt**.

Die Parteien haben jedoch keine Einigkeit über „die Sache mit der Küche" erzielt, obwohl beide Parteien hierzu eine Regelung treffen wollten und sich der fehlenden Regelung zur Küche bei Unterzeichnung der Vertragsurkunde auch bewusst waren. Für diesen Fall eines **offenen Einigungsmangels** regelt § 154 Abs. 1 BGB, dass im Zweifel der Vertrag nicht geschlossen worden ist.

Auf diese Zweifelsregelung darf – wie auf alle Zweifelsregelungen im Gesetz – nur dann zurückgegriffen werden, wenn sich kein eindeutiger Parteiwille ermitteln lässt. Durch die Unterschrift unter das Vertragsformular haben Knauer und Seitenberg zum Ausdruck gebracht, dass sie auch **ohne Einigung über die Küche mietvertraglich gebunden** sein wollen. Damit kann Seitenberg von Knauer **Überlassung der Wohnung** verlangen.

Schwab/Löhnig Einführung Rn. 573-576.

2. Frage:

Bezüglich der Küche besteht allerdings nach wie vor keine Regelung. Damit gilt dispositives Recht. Hiernach hat der Vermieter dem Mieter das Mietobjekt in einem zum vertragsgemäßen Gebrauch tauglichen Zustand zu überlassen, § 535 Abs. 1 Satz 2 BGB. Bei Mietwohnungen ist also die Überlassung einer leeren Wohnung geschuldet. **Somit hat Knauer die Küche aus der Wohnung zu entfernen**.

Fall 36

Der Antiquar Karl Eichhorn hat sein Ladengeschäft aus Altersgründen geschlossen. Trotzdem handelt er von zu Hause aus weiterhin mit seiner alten Stammkundschaft. Dabei hilft ihm seine bei ihm im Haus wohnende Tochter Sabine, ohne dass ihr von ihrem Vater dafür ausdrücklich irgendwelche Vollmachten erteilt worden wären.

Am Sonntag, den 25. März, ruft Thomas Zwierlein bei Eichhorn an und fragt Sabine Eichhorn, ob sie wohl über eine Ausgabe der Kreittmayr'schen Anmerkungen zum Codex Maximilianeus Bavaricus Civilis (CMBC) verfüge. Eichhorn hat die Anmerkungen zwar nicht vorrätig, Sabine weiß jedoch, dass der Antiquar Gustav Grauer, mit dem sie in regelmäßigen Geschäftsbeziehungen steht, ein entsprechendes Exemplar zum Preis von 600,– € anbietet. Sie vereinbart daraufhin mit Zwierlein, ihm die Anmerkungen in gut erhaltenem Zustand zum Preis von 650,– € zu verschaffen; er könne sie nächste Woche abholen. Anschließend schickt sie auf einem Briefbogen des Karl Eichhorn ein Fax an Grauer, das lautet: „Ich kaufe hiermit Ihre Anmerkungen zum CMBC zum Preis von 600,– €. Sabine Eichhorn".

Am Abend des 26. März blättert Sabine Eichhorn im Katalog des Grauer und muss feststellen, dass dieser die Anmerkungen dort für nur 500,– € anbietet. Daraufhin schickt sie ein zweites Fax an Grauer; „Kaufe Ihre Anmerkungen zum CMBC freilich wie im Katalog angeboten für 500,– €. Sabine Eichhorn".

Als Grauer, dessen Antiquariat am 26. März krankheitsbedingt nicht geöffnet hatte, am nächsten Morgen in seinen Laden kommt, findet er hocherfreut das erste Fax und schickt seinerseits ein Fax an den Anschluss des Eichhorn zurück, in dem er „den Kauf der Anmerkungen bestätigt". Sabine Eichhorn freut sich, dass alles geklappt hat. Das zweite Fax findet Grauer nicht vor, weil sein Gerät dieses mangels Papier nicht mehr ausdrucken konnte; über einen geräteeigenen Speicher verfügt das altmodische Faxgerät des Grauer nicht, so dass das Fax auch nicht ausgedruckt wurde, als er wieder Papier nachlegte.

Kann Karl Eichhorn von Gustav Grauer die Anmerkungen zum Preis von 500,– € verlangen?

Lösung:

Anspruch Eichhorn gegen Grauer aus § 433 Abs. 1 BGB

Eichhorn kann von Grauer **Übereignung und Übergabe** der Anmerkungen aus § 433 Abs. 1 BGB verlangen, wenn ein entsprechender **Kaufvertrag** geschlossen worden ist.

1. Die Nennung der Anmerkungen im **Antiquariatskatalog** des Grauer kann nicht als **Antrag** zum Abschluss eines Kaufvertrages angesehen werde; Grauer möchte damit erkennbar lediglich zur Abgabe von Anträgen auffordern. Andernfalls liefe er Gefahr, nichterfüllbaren Verbindlichkeiten ausgesetzt zu sein.

2. Ein **Antrag** liegt jedoch im **ersten Fax** der Sabine Eichhorn an Grauer. Fraglich ist jedoch, ob dieser Antrag der Sabine Eichhorn unmittelbar für und gegen ihren Vater wirkt.

a) Dazu müsste Sabine Eichhorn ihren Vater **wirksam vertreten** haben, § 164 Abs. 1 BGB. Sabine Eichhorn hat auf dem Briefpapier und damit im Namen ihres Vaters eine Willenserklärung, den Antrag, abgegeben. Dazu müsste sie jedoch auch **bevollmächtigt** gewesen sein. Eichhorn hat seine Tochter zwar nicht ausdrücklich bevollmächtigt, aber er hat sie wissentlich gewähren lassen. Hierin wird eine **konkludente Bevollmächtigung** der Sabine Eichhorn zu sehen sein.

Denkbar wäre es auch, mit der Rechtsfigur der **Duldungsvollmacht** zu arbeiten, weil Eichhorn das wiederholte vollmachtslose Handeln seiner Tochter kannte und nicht verhindert hat und Grauer auf Grund seiner ständigen Geschäftsbeziehungen zu Eichhorn auf eine Bevollmächtigung vertrauen durfte. Nach beiden Lösungsvarianten wirkt das Angebot der Sabine Eichhorn unmittelbar für und gegen ihren Vater, § 164 Abs. 1 BGB.

b) Möglicherweise ist dieser Antrag jedoch durch das **zweite Fax** der Sabine Eichhorn **widerrufen** worden. Seinem Wortlaut nach handelt es sich bei dem zweiten Fax lediglich um einen (weiteren) Antrag auf Abschluss eines Kaufvertrages über die Anmerkungen. Die Auslegung der Erklärung nach dem objektiven Empfängerhorizont unter Berücksichtigung aller Umstände, §§ 133, 157 BGB, ergibt jedoch, dass Sabine Eichhorn mit dem neuen Antrag gleichzeitig ihren ersten Antrag widerrufen wollte.

Bei dem ersten Antrag handelt es sich um eine verkörperte Willenserklärung unter Abwesenden, deren Widerrufbarkeit sich nach § 130 Abs. 1 Satz 2 BGB richtet. Hiernach kann eine solche Willenserklärung nur widerrufen werden, wenn der **Widerruf** dem Erklärungsempfänger **spätestens gleichzeitig** mit der zu widerrufenden Erklärung **zugeht**. Deshalb ist der Zeitpunkt des Zugangs der beiden Faxe zu ermitteln.

c) Eine verkörperte Willenserklärung unter Abwesenden geht zu, wenn sie in den Machtbereich des Empfängers gelangt ist und unter üblichen Umständen mit Kenntnisnahme gerechnet werden kann.

Das **erste Fax** ist am Sonntag, den 25. März, abends in den Geschäftsräumen des Grauer eingetroffen und damit in seinen Machtbereich gelangt. Mit Kenntnisnahme ist bei einem Geschäftsmann freilich üblicherweise erst am nächsten Werktag morgens mit Beginn der Geschäftsstunden zu rechnen. Das erste Fax ist damit am **Montag, den 26. März**, morgens bei Grauer **zugegangen**. Dass Grauer das Fax krankheitsbedingt erst am Dienstag, den 27. März zur Kenntnis genommen hat, ändert hieran nichts.

Das **zweite Fax** hat Grauer nie erhalten, weil in seinem Faxgerät kein Papier mehr lag und das Gerät die Nachricht auch nicht speichern konnte. Fraglich ist deshalb zunächst, ob dieses Fax überhaupt zugegangen ist. Von einem Zugang ist ausgehen, wenn die Erklärung so in den Machtbereich des Empfängers gelangt ist, dass dieser unter üblichen Umständen die Möglichkeit der Kenntnisnahme hat. Für einen Zugang spricht, dass die Faxnachricht im Faxgerät des Grauar und damit in dessen Machtbereich angekommen ist und dass üblicherweise Papier in einem Fax zu liegen hat. Dagegen spricht die Tatsache, dass diese Willenserklärung aber niemals in der Weise an Grauer gelangt ist, dass dieser die Möglichkeit hatte, von ihrem Inhalt Kenntnis zu nehmen, weil die Nachricht – anders als bei einem modernen Faxgerät oder bei einem Anrufbeantworter – überhaupt nicht gespeichert wurde. Die besseren Argumente sprechen hier also gegen einen Zugang (a.A. vertretbar).

d) Die Frage kann an dieser Stelle allerdings offen bleiben. Nach oben erörterten Kriterien kann das zweite, am Abend des 26. März abgeschickte Fax – wenn überhaupt – **erst am Morgen des 27. März zugegangen sein**. Damit hätte mithilfe dieses Faxes der Antrag aus dem ersten Fax also nicht widerrufen werden können.

3. Sabine Eichhorn hat also einen Antrag über 600,– € wirksam für ihren Vater abgegeben. Eine **Annahmeerklärung** des Grauer ist in seinem Fax an Eichhorn zu sehen, in dem er „den Kauf bestätigt".

Fraglich ist, welchen **Inhalt diese Annahme** hat. Dies ist mithilfe der Auslegung nach dem objektiven Empfängerhorizont, §§ 133, 157 BGB, zu ermitteln. Aus der **Sicht eines objektiven Dritten** an Stelle der Sabine Eichhorn ist die Willenserklärung des Grauer unter der Annahme, dass Grauer beide Faxe erhalten und die Anmerkungen selbst für **500,– €** angeboten hat, zu sehen. Dann muss sich die bloße Bestätigung des Kaufes als Annahme des zweiten Angebots in Höhe von 500,– € darstellen; Grauer selbst hätte es in der Hand gehabt, durch präzisere Formulierung seiner Annahme mögliche Unklarheiten zu vermeiden.

4. Nach obigen Erörterungen sprechen die besseren Argumente dafür, dass dem Grauer der zweite Antrag des Eichhorn, vertreten durch seine Tochter, in Höhe von 500,– € niemals zugegangen ist. Damit hat Eichhorn den Kauf zu **600,– € angeboten**, Grauer hat den Verkauf zu **500,– € bestätigt**. Grauer und Eichhorn haben sich damit über ein essentiale negotii des Kaufvertrages, den Kaufpreis, **nicht geeinigt**. Damit wäre auf Grund von Totaldissens, der im Gesetz keine gesonderte Erwähnung gefunden hat, kein Kaufvertrag zustandegekommen.

Man wird jedoch erwägen können, dass dem Antrag des Eichhorn, die Anmerkungen für 600,– € zu kaufen, der Wille zu entnehmen ist, die Bücher freilich auch billiger kaufen zu wollen. Hiernach wäre ein **Vertrag** über den Verkauf der Anmerkungen von Grauer an Eichhorn zum Preis von 500,– € **zustandegekommen** und Eichhorn könnte von Grauer Übereignung und Übergabe der Anmerkungen aus § 433 Abs. 1 BGB verlangen.

5. Diesen Vertrag kann Grauer jedoch möglicherweise **anfechten** und damit vernichten, § 142 Abs. 1 BGB.

Ein **Anfechtungsgrund** ergibt sich aus § 119 Abs. 1 Alt. 1 BGB (**Inhaltsirrtum**), denn Grauer hat nach objektiven Gesichtspunkten erklärt, er wolle die „Anmerkungen" für 500,– €, verkaufen, obschon er mit seinem Fax ein Angebot zu 600,– € annehmen wollte. Grauer muss hierzu, sobald sich das Missverständnis aufklärt, **unverzüglich**, § 121 Satz 1 BGB, gegenüber seinem Vertragspartner Eichhorn die **Anfechtung des Vertrages** erklären, § 143 Abs. 1 BGB.

Nach erfolgreicher Anfechtung hat Eichhorn gegen Grauer **keinen Anspruch** auf Übergabe und Übereignung der Anmerkungen Zug um Zug gegen Zahlung von 500,– € aus § 433 Abs. 1 BGB (Nach a.A. wäre eine derartige Anfechtung treuwidrig, § 242 BGB, weil Grauer die Bücher im Katalog ursprünglich zum Preis von 500,– € angeboten hatte).

3. Die Loslösung von der rechtsgeschäftlichen Bindung

Fall 37

Der Vermieter Leist ist engagierter Katholik und möchte seine Wohnungen deshalb am liebsten nur an Mitglieder einer christlichen Kirche vermieten. Eine seiner Greifswalder Wohnungen hat er an Frau Hönsch vermietet. Vor Abschluss des Mietvertrages hat er Frau Hönsch – entgegen seinen üblichen Gepflogenheiten – versehentlich nicht zu ihrer religiösen Einstellung befragt. Deswegen ist ihm entgangen, dass Frau Hönsch der Vereinigung „Bekennende Atheisten" angehört.

Als Leist fünf Monate nach dem Einzug der Frau Hönsch zufällig von diesem Umstand erfährt, möchte er gerne von dem Vertrag loskommen. Er trägt vor, dass er den Mietvertrag mit Frau Hönsch nie geschlossen hätte, wenn er gewusst hätte, dass sie dieser Vereinigung angehöre.

Kann Leist den Vertrag anfechten?

Lösung:

Um seine Willenserklärung und damit den **Mietvertrag anfechten** und vernichten, § 142 Abs. 1 BGB, zu können, müsste Leist einen **Anfechtungsgrund** haben.

Als Anfechtungsgrund kommt hier ein **Irrtum über eine verkehrswesentliche Eigenschaft einer Person**, hier der Vertragspartnerin Hönsch, in Betracht, § 119 Abs. 2 BGB. Bei der religiösen oder weltanschaulichen Einstellung einer Person handelt es sich um eine **Eigenschaft** dieser Person, da dieses Merkmal der Person anhaftet und sie dauerhaft kennzeichnet.

Fraglich ist allerdings, ob diese Eigenschaft **verkehrswesentlich** ist. Die Verkehrswesentlichkeit einer Sache oder Person lässt sich nicht abstrakt, sondern immer nur auf das jeweilige Rechtsgeschäft bezogen bestimmen. Es kommt nämlich darauf an, ob die jeweilige Eigenschaft einen konkreten Bezug zu den Pflichten aus genau diesem Geschäft aufweist.

Ein solcher Bezug zwischen der religiösen oder weltanschaulichen Überzeugung einer Person und der Einhaltung der Pflichten aus einem Wohnungsmietvertrag besteht grundsätzlich nicht. Etwas anderes würde lediglich dann gelten, wenn der Mieter bei der Ausübung seiner Religion oder Weltanschauung das Mietobjekt zwingend beschädigen, andere Mietparteien unzumutbar belästigen oder auf andere Weise massiv gegen Regelungen aus dem Mietvertrag verstoßen würde.

Eine **Anfechtung scheidet** deshalb vorliegend **aus.**

Schwab/Löhnig Einführung Rn. 615.

Fall 38

Michaela Diekhoff hat im Bücherregal ihres Kommilitonen Roman Schlegl eine wunderschöne Erstausgabe von Keyserlings „Schwüle Tage" entdeckt, die sie sehr gerne besäße. Deshalb bittet sie Schlegl, ihr das Buch doch zu verkaufen. Schlegl ist sich nicht sicher, ob er das Buch wirklich verkaufen soll und verspricht Diekhoff, sich in der Sache demnächst bei ihr zu melden.

Einige Tage später entschließt er sich nach einigem Nachdenken, seiner Kommilitonin das Buch für 100,– € anzubieten. Deshalb schickt er ihr am 12. Oktober eine entsprechende E-Mail, in der er allerdings den Kaufpreis versehentlich mit 10,– € angibt. Bereits Tags drauf bedauert er, das Buch überhaupt zum Verkauf angeboten zu haben.

Als Diekhoff am 15. Oktober bei Schlegl vorbeikommt, um das Buch gegen Bezahlung von 10,– € abzuholen, klärt sich der Irrtum auf. Schlegl erklärt, er habe sich vertippt und das Buch eigentlich für 100,– € anbieten wollen. Deshalb könne das Geschäft nicht gelten. Insgeheim ist er froh, weil er glaubt, auf diese Weise gänzlich um den Verkauf des Buches herumzukommen.

1. Kann Diekhoff Übereignung und Übergabe des Buches gegen Bezahlung von 10,– € verlangen?
2. Wenn nicht, kann sie es wenigstens für 100,– € verlangen?

Lösung:

1. Frage: Anspruch Diekhoff gegen Schlegl aus § 433 Abs. 1 BGB

Diekhoff könnte gegen Schlegl einen **Anspruch** aus § 433 Abs. 1 BGB **auf Übereignung und Übergabe des Buches** Zug um Zug gegen Bezahlung von 10,– € haben. Dazu müsste ein entsprechender **Kaufvertrag** zwischen Schlegl und Diekhoff geschlossen worden sein.

1. Der **Antrag** zum Abschluss des Vertrages liegt in der **E-Mail** des Schlegl, in der er der Diekhoff das Buch für 10,– € anbietet. Die **Annahme des Antrags** hat Diekhoff erklärt, als sie das Buch gegen Zahlung von 10,– € abholen wollte. Deshalb ist ein **Anspruch** der Diekhoff aus § 433 Abs. 1 BGB **entstanden** und Diekhoff kann das Buch Zug um Zug gegen Zahlung von 10,– €, §§ 433 Abs. 2, 320 Abs. 1 Satz 1 BGB, verlangen.

2. Der **Anspruch** könnte allerdings **durch Anfechtung** seitens des Schlegl **erloschen** sein, § 142 Abs. 1 BGB. Schlegl hat gegenüber Diekhoff die **Anfechtung erklärt**, § 143 Abs. 1 BGB. Eine solche Erklärung muss nicht ausdrücklich den Begriff „anfechten" enthalten. Vielmehr genügt es, wenn der Anfechtende – wie hier Schlegl – deutlich macht, dass und warum er nicht an dem Vertrag festhalten möchte.

Der **Anfechtungsgrund** ergibt sich aus § 119 Abs. 1 Alt 1 BGB: Schlegl wollte eine Erklärung des Inhalts „Ich biete dir das Buch für 100,– € an" abgeben, hat aber tatsächlich eine Erklärung des Inhalts „Ich biete dir das Buch für 10,– € an" abgegeben.

Die Anfechtungserklärung erfolgte auch **rechtzeitig**, nämlich unverzüglich nach der Feststellung des Irrtums durch Schlegl, § 121 Abs. 1 BGB. Damit ist der **Anspruch** der Diekhoff **erloschen**, § 142 Abs. 1 BGB.

2. Frage:

Wenn Diekhoff allerdings dem Schlegl anbietet, das Buch auch für 100,– € zu kaufen, kann sich Schlegl seiner Verpflichtung zur Übereignung und Übergabe des Buches nicht entziehen.

Das Anfechtungsrecht gibt **kein allgemeines „Reurecht"**, sondern nur das Recht, sich unter Berufung auf bestimmte Willensmängel von einem Vertrag zu lösen. Wenn der Vertragspartner anbietet, dasjenige gelten zu lassen, was der Anfechtende wirklich wollte, dann wäre es treuwidrig, § 242 BGB, vom Anfechtungsgegner, sich der ursprünglich eigentlich gewollten vertraglichen Bindung zu entziehen.

Deshalb kann Schlegl nicht, weil er sein Buch inzwischen überhaupt nicht mehr verkaufen will, unter Berufung auf seinen Tippfehler von dem Vertrag loskommen, wenn ihm Diekhoff Zahlung von 100,– € für das Buch anbietet.

Wolf/Neuner § 36 Rn. 106 f.; *Müller* JuS 2005, 18.

Fall 39

Die Doktorandin Corinna Dankmann hat von ihrem Vater, der ihr die Arbeit erleichtern wollte, ein Notebook geschenkt bekommen. Nach dreimonatigem Gebrauch des Gerätes beschließt sie, dass ihr das Notebook einfach zu groß und schwer sei, und schafft sich ein superdünnes, leichtes Notebook an. Das andere Notebook bietet sie ihrem Kollegen Andreas Kuhn zum Kauf an. Beide sind sich bei der Gestaltung des Preises nicht recht sicher, aber insofern einig, dass auf Grund des schnellen Preisverfalls in der Computerbranche der halbe Neupreis angemessen sei.

Weil Dankmann den Neupreis nicht kennt, fragen beide telefonisch bei der Firma Nobis nach, was ein solches Gerät wohl vor drei Monaten gekostet habe. Der Angestellte gibt die Auskunft, dass das Notebook etwa 1500,– € gekostet haben werde. Im Anschluss an diese Auskunft wechselt das Notebook für 750,– € den Besitzer.

Vier Wochen später erfährt Dankmann von ihrem Vater, dass das Notebook 4500,– € gekostet hat. Außerdem ist der Vater über die Veräußerung des Notebooks ziemlich verärgert. Kann Corinna Dankmann das Geschäft rückgängig machen und das Notebook zurückverlangen?

Lösung:

I. Anspruch Dankmann gegen Kuhn aus § 346 Abs. 1 BGB

Dankmann könnte möglicherweise von dem **Vertrag zurücktreten** und anschließend Übereignung und Übergabe des Notebooks Zug um Zug gegen die Rückzahlung der 750,– € verlangen, §§ 346 Abs. 1, 348 BGB.

1. Dazu bedürfte es zunächst eines **Rücktrittsrechts** der Dankmann. Ein solches Rücktrittrecht könnte sich aus § 313 Abs. 2 und 3 Satz 1 BGB als Folge einer **Geschäftsgrundlagenstörung** ergeben.

Dankmann und Kuhn sind gemeinsam von einem Anschaffungspreis des Notebooks von 1500,– € ausgegangen und haben diesen **Preis** zur Grundlage ihrer Vertragsverhandlungen und damit zur **Geschäftsgrundlage ihres Kaufvertrages** gemacht. Diese gemeinsame Vorstellung über den Anschaffungspreis hat sich als falsch herausgestellt. Die Geschäftsgrundlage des Kaufvertrages war somit **von Anfang an gestört**, § 313 Abs. 2 BGB. Anders als ein einseitiger Kalkulationsirrtum kann der gemeinsame Kalkulationsirrtum den Bestand eines Vertrages also durchaus beeinflussen.

2. Die Geschäftsgrundlagenstörung gibt jedoch zunächst nur einen Anspruch auf **Anpassung des Vertrages**, § 313 Abs. 2 und 1 BGB. Es wäre also zu ermitteln, was die Parteien vereinbart hätten, wenn sie von einer fehlerfreien Geschäftsgrundlage ausgegangen wären (hypothetischer Parteiwille). Dankmann und Kuhn waren sich über den halben Neupreis des Notebooks als Kaufpreis einig, sodass eine Korrektur des Kaufpreises auf 2250,– € vorzunehmen wäre, § 313 Abs. 2 und 1 BGB.

Nur soweit diese erhebliche Preiserhöhung für Kuhn in concreto **unzumutbar** sein sollte, könnte Dankmann vom Vertrag **zurücktreten**, § 313 Abs. 3 Satz 1 BGB. Folge wäre, dass die ausgetauschten Leistungen zurückgewährt werden müssten. Dankmann könnte also nur in diesem Fall Zug um Zug gegen Zahlung von 750,– € Übereignung und Übergabe des Notebooks von Kuhn verlangen, §§ 346 Abs. 1, 348 BGB.

Schwab/Löhnig Einführung Rn. 616-620; 634 ff.; *Löhnig* JA 2003, 516; *Singer* JZ 1999, 342.

II. Anspruch Dankmann gegen Kuhn aus § 812 Abs. 1 Satz 1 Alt. 1 BGB

Möglicherweise kann Dankmann auch einen Anspruch aus § 812 Abs. 1 Satz 1 Alt. 1 BGB (Leistungskondiktion) geltendmachen. Voraussetzung dafür wäre, dass Kuhn etwas durch Leistung der Dankmann erlangt hat, ohne dass dafür ein rechtlicher Grund bestünde.

1. Kuhn hat **Eigentum und Besitz** an dem Notebook **erlangt**. Dies geschah durch **Leistung** seitens der Dankmann, denn sie hat dem Kuhn Eigentum und Besitz an dem Notebook verschafft, um die Schuld aus dem Kaufvertrag über das Notebook zu erfüllen.

2. Fraglich ist jedoch, ob ein **Rechtsgrund** besteht. Einen Rechtsgrund könnte der **Kaufvertrag** über das Notebook darstellen. Dankmann könnte diesen Kaufvertrag jedoch möglicherweise **anfechten und damit vernichten**, § 142 Abs. 1 BGB.

a) Als **Anfechtungsgrund** käme der **Irrtum über eine verkehrswesentliche Eigenschaft** des Notebooks nach § 119 Abs. 2 BGB in Betracht. Fraglich ist zunächst, ob der **Verkaufspreis** des Notebooks eine Eigenschaft im Sinne des § 119 Abs. 2 BGB darstellt. Eigenschaften einer Sache sind alle Beschaffenheitsmerkmale und Umweltbeziehungen dieser Sache, also sämtliche „wertbildende Faktoren". Der Wert oder Marktpreis der Sache hingegen ist keine Eigenschaft der Sache, sondern das Ergebnis einer Preisbildung durch den Mechanismus von Angebot und Nachfrage. Eine **Anfechtung wegen Eigenschaftsirrtums scheidet somit** aus.

c) Allerdings käme möglicherweise eine Anfechtung wegen „**Kalkulationsirrtums**" in Betracht, weil Dankmann bei der Berechnung des Kaufpreises von einem zu niedrigen Neupreis des Notebooks ausgegangen ist.

Streitig ist, ob ein solcher Irrtum zur Anfechtung berechtigt. Zum Teil wird angenommen, ein „offener Kalkulationsirrtum" berechtigte als **erweiterter Inhaltsirrtum** zur Anfechtung nach § 119 Abs. 1 BGB. Von einem offenen Kalkulationsirrtum spricht man, wenn die fehlerhafte Kalkulation zum Gegenstand der Vertragsverhandlungen gemacht, dem Vertragspartner also offen gelegt wurde. Die besseren Argumente sprechen jedoch dafür, den offenen Kalkulationsirrtum grundsätzlich nicht zu beachten. Es handelt sich um einen der Erklärungshandlung vorgelagerten **„Motivirrtum"**, der nur ausnahmsweise, § 119 Abs. 2 BGB, beachtet werden kann, weil der Kalkulierende auch durch Offenlegung seiner Rechnung nicht das Risiko von Kalkulationsfehlern auf den anderen Teil überbürden können soll; etwas anderes kann nur unter den Voraussetzungen des § 313 BGB gelten. Somit besteht **kein Anfechtungsgrund**.

Ein **Rechtsgrund besteht** also, sodass die Voraussetzungen eines Anspruchs aus § 812 Abs. 1 Satz 1 BGB **nicht erfüllt** sind.

BGH JA 2005, 481 (*Löhnig*).

Fall 40

Der Schreinermeister Norbert Nelle interessiert sich für einen vom Autohaus Kühn angebotenen zwei Jahre alten Opel Astra Caravan. Er erkundigt sich, weil ihm das wichtig ist, nach der Unfallfreiheit des Fahrzeugs, die ihm versichert wird von

1. Variante: Herrn Kühn, der jedoch genau weiß, dass das Fahrzeug vor sechs Monaten einen schweren Unfall hatte;
2. Variante: dem bei Kühn angestellten Verkäufer Gunther Glaubnichts, der ebenfalls genau über den Zustand des Autos Bescheid weiß.

Daraufhin schließt Nelle mit Kühn einen Vertrag über den Kauf des Fahrzeugs zum Preis von 12 000,– €.

Kann er den Vertrag jeweils anfechten?

Lösung:

Als **Anfechtungsgrund** kommt jeweils § 123 Abs. 1 BGB (**Arglistige Täuschung**) in Betracht.

1. Variante:

Zunächst ist erforderlich, dass Kühn den Nelle **getäuscht**, ihm also eine falsche Tatsache vorgespiegelt hat. Die Unfallfreiheit eines Kfz ist eine **Tatsache**; der angebotene Opel Astra war nicht unfallfrei, deshalb war die von Kühn mitgeteilte Tatsache falsch. **Durch diese Täuschung** hat Kühn bei Nelle den **Irrtum erregt**, der Opel Astra sei unfallfrei. Nelle ist gerade **durch diesen** täuschungsbedingten **Irrtum zur Abgabe seiner** auf Abschluss eines Kaufvertrages über den Opel Astra gerichteten **Willenserklärung bewegt** worden.

Kühn müsste den Nelle zudem arglistig getäuscht haben. **Arglist** bedeutet nach überwiegender Auffassung **Vorsatz**. Kühn hat dem Nelle bewusst eine falsche Tatsache mitgeteilt.

Damit kann Nelle den Vertrag in der **Jahresfrist** des § 124 Abs. 1 BGB gegenüber Kühn **anfechten**.

2. Variante:

1. Die Voraussetzungen der Anfechtung wegen Arglistiger Täuschung liegen vor, vgl. oben bei der 1. Frage. Allerdings hat nicht der Vertragspartner Kühn, sondern sein Angestellter Glaubnichts den Nelle getäuscht.

2. In Betracht kommt deshalb die Anwendung des § 123 Abs. 2 Satz 1 BGB. Hiernach ist eine Anfechtung gegenüber Kühn nur möglich, wenn Kühn die **Täuschung** seitens des Glaubnichts **kannte oder kennen musste**. Voraussetzung für die Anwendung des § 123 Abs. 2 Satz 1 BGB ist allerdings zunächst, dass Glaubnichts überhaupt „**Dritter**" ist. Dritte im Sinne des § 123 Abs. 2 Satz 1 BGB sind nur am Geschäft **nicht beteiligte Personen**, also Personen, deren Verhalten dem Geschäftspartner nicht nach § 278 BGB zuzurechnen ist.

Der **Verkäufer** Glaubnichts ist jedoch **Verhandlungsgehilfe** des Kühn, weil dieser ihn bewusst zur Abwicklung des Autoverkaufs in seinem Betrieb eingesetzt hat. Kühn muss sich deshalb das Handeln des Glaubnichts **ohne weiteres zurechnen** lassen, § 278 Satz 1 BGB. Auf § 123 Abs. 2 Satz 1 BGB kommt es hier also nicht an. Nelle **kann** den Vertrag somit in der Frist des § 124 Abs. 1 BGB gegenüber Kühn **anfechten**.

Medicus BGB AT Rn. 801; *BGH* JA 2001, 353 (*Löhnig*).

Fall 41

Der Zahnarzt Wolfgang Werner möchte beim Autohaus Hochsprung einen Audi A4 Jahreswagen kaufen. Auf seine Frage hin, ob der Wagen denn auch wirklich den allerneuesten europäischen Abgasnormen entspreche und deshalb steuerfrei sei, weiß die Geschäftsführerin Heike Hochsprung keine Antwort. Trotzdem hält sie es für vorteilhaft, einfach zu behaupten: „Aber selbstverständlich!", weil Werner deutlich macht, dass er den Wagen andernfalls nicht kaufen werde. Die Behauptung stellt sich einige Tage nach Vertragsschluss und Übergabe des Audi als falsch heraus.

Kann Werner den Vertrag anfechten?

Lösung:

I. Anfechtung nach § 123 Abs. 1 Alt. 1 BGB

In Betracht kommt eine **Anfechtung** des Kaufvertrages wegen **arglistiger Täuschung**, § 123 Abs. 1 Alt. 1 BGB. Hochsprung hat Werner eine **falsche Auskunft** über die Tatsache der Steuerfreiheit des Audi gegeben und bei Werner damit einen **Irrtum** über diesen Umstand **erregt**, der **mitursächlich für den Erwerb** des Audi war.

Fraglich ist jedoch, ob Hochsprung arglistig gehandelt hat, obschon sie selbst nicht genau wusste, ob der Audi A 4 die Abgasnormen erfüllt oder nicht. Unter Arglist versteht man nach überwiegender Auffassung Vorsatz; es genügt also insbesondere auch **bedingter Vorsatz**, das bewusste in Kauf nehmen einer Falschauskunft.

So lag es hier: Hochsprung hat sich **bewusst über ihre Zweifel hinweggesetzt**, um den Werner zum Vertragsschluss zu bewegen, und hat „ins Blaue hinein" dem Werner eine letztlich falsche Auskunft gegeben, ohne auf ihre Zweifel aufmerksam zu machen. Dabei war es ihr gleichgültig, dass sie möglicherweise eine falsche Auskunft geben würde.

Damit ist der Anfechtungsgrund des § 123 Abs. 1 Alt. 1 BGB gegeben und Werner **kann** den Vertrag in offener Frist, § 124 Abs. 1 BGB, durch Erklärung gegenüber Hochsprung, § 143 Abs. 1 BGB, **anfechten**.

Schwab/Löhnig Einführung Rn. 628; *Faust* § 22 Rn. 1 ff.; *BGH JA* 2005, 673 (*Löhnig*).

II. Anfechtung nach § 119 Abs. 2 BGB

Ein **weiterer Anfechtungsgrund** könnte sich aus § 119 Abs. 2 BGB ergeben.

1. Dazu müsste es sich bei der technischen Ausstattung des Autos, die zur Einhaltung der Abgasnormen führt, um eine **Eigenschaft** des Fahrzeugs handeln. Eigenschaften sind alle Beschaffenheitsmerkmale einer Sache, die auf deren Bewertung im Rechtsverkehr Einfluss haben. Die technische Ausstattung der Abgasanlage ist ein Beschaffenheitsmerkmal, das auf den Marktpreis eines Autos Einfluss hat. Damit handelt es sich um eine Eigenschaft des Wagens.

Diese Eigenschaft müsste zudem auch **verkehrswesentlich** sein. Die Verkehrswesentlichkeit einer Sache lässt sich nicht abstrakt, sondern immer nur auf das jeweilige Rechtsgeschäft bezogen bestimmen. Die technische Ausstattung eines Fahrzeugs ist bei einem Vertrag über den Erwerb dieses Fahrzeugs in der Tat wesentlich, weil sie maßgeblichen Einfluss auf die Folgekosten des Erwerbs (Steuerfreiheit) hat.

2. Die **Anfechtung nach § 119 Abs. 2 BGB** könnte jedoch im Falle der Anwendbarkeit des Gewährleistungsrechts beim Kauf, §§ 434 ff. BGB, **ausgeschlossen** sein. Ein solcher Vorrang wird deshalb angenommen, weil andernfalls das Recht des Verkäufers zur zweiten Andienung einer mangelfreien Kaufsache, § 437 Nr. 1 BGB, und die kurzen Gewährleistungsfristen ausgehebelt würden. Diese Ausschlusswirkung des Kaufrechts reicht jedoch nur soweit, als tatsächlich ein Mangel der Kaufsache, § 434 BGB, vorliegt, denn ein solches „Aushebeln" kann nur stattfinden, wenn die §§ 434 ff. BGB überhaupt greifen (a.A. vertretbar).

Zu prüfen ist deshalb, ob der verkaufte Audi **mangelhaft** war. Das wäre dann der Fall, wenn es zu einer vertraglichen Vereinbarung bezüglich der Einhaltung der Abgasnormen gekommen sein sollte, § 434 Abs. 1 Satz 1 BGB. Davon wird man vorliegend auszugehen haben. Werner hat deutlich gemacht, dass er den Wagen nur bei Einhaltung der Abgasnormen kaufen werde und Hochsprung hat ihm daraufhin versichert, dass dies selbstverständlich der Fall sei. Damit ist der Weg ins Mängelgewährleistungsrecht, § 437 BGB, eröffnet. Eine **Anfechtung** nach § 119 Abs. 2 BGB **scheidet deshalb aus**.

Löhnig JA 2003, 516.

Fall 42

Die Jurastudentin Steffi Steuber begibt sich am Mittwoch in die exklusive Boutique „Estelle", weil ihr Angebeteter Erik am Samstag Geburtstag hat und sie sich auf der Feier wirkungsvoll in Szene setzen will. Das erzählt sie der Inhaberin der Boutique, Frau Behninger, mit der sie daraufhin ein absolut „tödliches" Outfit zum Preis von 830,– € zusammenstellt. Siegessicher trägt Steffi ihre Einkäufe nach Hause. Am Freitag muss sie jedoch erfahren, dass Erik eine neue Freundin hat, mit der er seinen Geburtstag in trauter Zweisamkeit begehen möchte.

Steuber begibt sich daraufhin zu Frau Behninger, setzt ihr unter Tränen die Sachlage auseinander und will die Kleidung gegen Rückzahlung des Kaufpreises zurückgeben. Frau Behninger verweigert dies.

Kann Steuber auf Rückabwicklung des Vertrages bestehen?

Lösung:

Behninger und Steuber haben einen **Kaufvertrag**, § 433 BGB, über die Kleidung **geschlossen und erfüllt**. Steuber muss also versuchen, die Gültigkeit dieses Kaufvertrages anzugreifen, um eine **Rückabwicklung** der ausgetauschten Leistungen zu erreichen.

1. Möglicherweise haben Steuber und Behninger den Vertrag unter der **Bedingung**, § 158 Abs. 1 BGB, geschlossen, dass Steuber die Kleidung tatsächlich für ihren „Auftritt" auf der Feier benutzen kann. Dann wäre der Vertrag, weil die Feier nicht wie erwartet stattgefunden hat, unwirksam und deshalb nach §§ 812 ff. BGB rückabzuwickeln.

Es ist jedoch **nicht davon auszugehen**, dass Behninger und Steuber eine solche Bedingung vereinbart haben. Auch wenn Steuber die Kleidung möglicherweise von Anfang an nur unter dieser Bedingung kaufen wollte, ist aus den Umständen nicht zu entnehmen, dass Behninger mit der Vereinbarung einer solchen Bedingung einverstanden gewesen wäre.

2. Der „Auftritt" der Steuber auf der Geburtstagsfeier des Erik könnte jedoch **Geschäftsgrundlage** des Kaufvertrages geworden sein. Durch das Ausfallen der Feier wäre diese Geschäftsgrundlage dann entfallen, § 313 Abs. 1 BGB, und Steuber hätte möglicherweise ein Rücktrittsrecht, § 313 Abs. 3 Satz 1 BGB.

Zur Geschäftsgrundlage gehören nach üblicher Auffassung alle Parteivorstellungen über das Vorhandensein oder Eintreten bestimmter Umstände, die so wichtig sind, dass sie Einfluss auf die Abwicklung des Rechtsgeschäfts haben sollen. Das können gemeinsame Vorstellungen der Parteien sein oder Vorstellungen einer Partei, auf die sich die andere Partei nach Treu und Glauben, § 242 BGB, einlassen musste.

Für Behninger war der Umstand, dass Steuber tatsächlich die Geburtstagsfeier des Erik würde besuchen können, jedoch **nicht so wichtig, dass sie den Bestand des Vertrages davon abhängig machen wollte**. Sie musste sich nach Treu und Glauben auch nicht auf entsprechende Vorstellungen der Steuber einlassen, weil die Verwendbarkeit von gekauften Gegenständen grundsätzlich in die **Risikosphäre des Käufers** fällt. Die Geschäftsgrundlage des Kaufvertrages zwischen Behninger und Steuber ist damit nicht gestört.

3. Denkbar wäre schließlich noch eine **Anfechtung** des Vertrages. Folge wäre Vertragsnichtigkeit, § 142 Abs. 1 BGB, und Rückabwicklung nach §§ 812 ff. BGB.

Erforderlich wäre zunächst, dass Steuber einen **Anfechtungsgrund** hat. Ein solcher Grund ist jedoch nicht ersichtlich. Bei der irrigen Annahme der Steuber, auf einer Geburtstagsfeier des Erik eingeladen zu sein, handelt sich um einen bloßen „**Motivirrtum**" der Steuber, also eine Fehleinschätzung der Umstände, die Steuber zum Abschluss des Kaufvertrages bewogen haben. Derlei Irrtümer hält das BGB für irrelevant, weil jeder Vertragspartner selbst die Gefahr für das Fehlgehen seiner rechtlichen Motivation trägt; eine Ausnahme von diesem Grundsatz findet sich nach überwiegender Auffassung lediglich in § 119 Abs. 2 BGB (Eigenschaftsirrtum).

Steuber hat also **keine Möglichkeit**, Rückzahlung des Kaufpreises gegen Rückgabe der Kleidung zu verlangen.

Medicus BGB AT Rn. 862-864; *Schwab/Löhnig* Einführung Rn. 597.

Fall 43

Der Architekt Jörn Deffner geht eines Abends nach Geschäftsschluss am Schaufenster des Antiquariats Missbach in Darmstadt vorbei und entdeckt in der Auslage eine mehrbändige Ausgabe mit Werken von Sartre zum Preis von 100,– €. An der Ladentür befindet sich ein Inhaberschild mit Telefonnummer. Weil Deffner die Bücher unbedingt haben will, wählt er die Nummer gleich mit dem Handy an. Er trifft den Antiquar Missbach tatsächlich an und erklärt ihm, er wolle die Sartre-Bücher aus dem Schaufenster kaufen. Missbach ist einverstanden und notiert Name, Adresse und Kreditkartennummer des Deffner. Beide vereinbaren schließlich noch, dass Deffner die Bücher im Verlaufe des nächsten Tages abholen werde.

Am nächsten Tag besucht Deffner einen Bücher-Flohmarkt in der Innenstadt und entdeckt dort die gleiche Sartre-Ausgabe in ähnlichem Zustand für 130,– €. Er ist begeistert, welches Schnäppchen er gestern Abend gemacht hat.

Als er dann abends kurz vor Ladenschluss im Antiquariat Missbach vorbeigeht, um seine Bücher abzuholen, überreicht ihm der Antiquar die schon verpackten Bände und bittet um Zahlung von 200,– €. Deffner protestiert unter dem Hinweis auf das Preisschild im Schaufenster. Missbach erklärt, da habe er wohl einen Fehler gemacht und ein falsches Preisschild ins Fenster gestellt, aber diese Sartre-Ausgabe in diesem Zustand könne er beim besten Willen nicht für 100,– € hergeben. Nach vergeblichem Insistieren verlässt Deffner verärgert den Laden.

Weil Deffner sich die Sartre-Ausgabe nun endgültig in den Kopf gesetzt hat und er leider auch den Büchertrödler nicht mehr ausfindig machen kann, bestellt er die Bücher beim Zentralantiquariat im Internet, wo der Sartre allerdings 220,– € kostet.

Welche Ansprüche hat Deffner gegen Missbach?

Lösung:

I. Anspruch Deffner gegen Missbach aus § 433 Abs. 1 BGB

Deffner kann von Missbach **Übereignung und Übergabe** der Sartre-Ausgabe verlangen, § 433 Abs. 1 BGB, wenn ein entsprechender **Kaufvertrag** geschlossen wurde. Dazu sind Antrag und Annahme erforderlich.

1. Bei der **Schaufensterauslage** handelt es sich um eine bloße **invitatio ad offerendum**; Missbach liefe andernfalls Gefahr, sich vertraglichen Bindungen auszusetzen, die er nicht erfüllen kann. Den **Antrag** auf Abschluss eines Kaufvertrages hat vielmehr Deffner dem Missbach **am Telefon** gemacht, als er sagte, er wolle die Sartre-Bände kaufen.

Fraglich ist, welchen **Inhalt dieses Angebot** hatte. Missbach, der davon ausging, dass er die Bücher im Schaufenster mit der Preisangabe 200,– € ausgestellt habe, hat den Antrag des Deffner so verstanden, dass Deffner die Bücher für 200,– € kaufen wolle. Bei der Auslegung von Willenserklärungen nach §§ 133, 157 BGB kommt es jedoch regelmäßig nicht darauf an, wie der Erklärungsempfänger die Erklärung tatsächlich verstanden hat, sondern wie ein beliebiger **Dritter an Stelle des Erklärungsempfängers die Erklärung verstehen durfte**.

Angesichts der Preisangabe „100,– €" im Schaufenster konnte ein beliebiger Dritter den Antrag des Deffner nur dahingehend verstehen, dass Deffner die Bücher **für 100,– € kaufen möchte**.

2. Missbach hat im gleichen Telefongespräch die **Annahme** dieses Antrags erklärt, indem er sich einverstanden erklärte. Er wollte damit einen Kaufvertrag über die Bücher zum Preis von 200,– € schließen; ein objektiver Dritter an Stelle des Erklärungsempfängers konnte die Erklärung hingegen nur so verstehen, wie Deffner sie auch verstanden hat: Als **Annahme des Antrags mit dem Inhalt „100,– €"**.

Damit haben Missbach und Deffner einen **Vertrag** über den Verkauf der Sartre-Ausgabe zum Preis von 100,– € **geschlossen**.

3. Missbach hat den Vertrag jedoch **angefochten** und könnte dadurch die Nichtigkeitsfolge des § 142 Abs. 1 BGB ausgelöst haben. Zunächst bedürfte es hierfür eines **Anfechtungsgrundes**.

Missbach hat sich beim Anbringen des Preisschilds im Schaufenster vergriffen und ist deshalb davon ausgegangen, dass er die Sartre-Ausgabe für 200,– € angeboten habe. Deshalb war er der Auffassung, dass sein Einverständnis auf das Angebot des Deffner den Inhalt „In Ordnung, ich verkaufe Ihnen die Bücher für 200,– €" hatte. Tatsächlich hatte die Erklärung den Inhalt „In Ordnung, ich verkaufe Ihnen die Bücher für 100,– €". Missbach ist deshalb einem **Inhaltsirrtum** nach § 119 Abs. 1 Alt. 1 BGB unterlegen.

Unverzüglich nach Entdeckung dieses Irrtums hat Missbach gegenüber Deffner unter Berufung auf seinen Fehler erklärt, er könne die Bücher zu diesem Preis nicht verkaufen, und damit den **Vertrag angefochten**, §§ 121 Abs. 1, 143 Abs. 1, 142 Abs. 1 BGB.

Ein **Anspruch** des Deffner gegen Missbach aus § 433 Abs. 1 BGB **besteht also nicht**.

Medicus BGB AT Rn. 745; *Schwab/Löhnig* Einführung Rn. 600.

II. Anspruch Deffner gegen Missbach aus § 122 Abs. 1 BGB

Als Folge der Anfechtung könnte Deffner gegen Missbach einen **Anspruch auf Schadensersatz** von 120,– € aus § 122 Abs. 1 BGB haben, weil er 220,– € statt 100,– € aufwenden musste, um die gewünschte Sartre-Ausgabe zu erhalten.

1. § 122 Abs. 1 BGB in Verbindung mit § 249 Abs. 1 BGB gewährt dem Anfechtungsgegner nach einer Anfechtung gemäß § 119 BGB einen Anspruch auf Ersatz des **Vertrauensschadens**. Er ist also so zu stellen, wie er stünde, wenn er nie auf die Wirksamkeit der angefochtenen Willenserklärung und damit des Vertrages vertraut hätte.

In diesem Fall hätte Deffner die Sartreausgabe auf dem Bücher-Flohmarkt für 130,– € erworben. Für die Bemessung des Vertrauensschadens kommt es hier also auf die Differenz zwischen der entgangenen Gelegenheit und dem tatsächlich aufgewendeten Geldbetrag an. Deffner kann deshalb allenfalls 90,– € und nicht 120,– € Schadenersatz verlangen.

2. Des Weiteren muss sich Deffner entgegenhalten lassen, dass es günstiger gewesen wäre, die Bücher bei Missbach statt beim Zentralantiquariat zu kaufen. Der Geschädigte hat nämlich die **Obliegenheit, den Schaden möglichst gering zu halten**, § 254 Abs. 2 Satz 1 BGB.

Verstößt er gegen diese Obliegenheit, verringert sich die Anspruchshöhe entsprechend. Hier kommt es also auf die Differenz zwischen der infolge des enttäuschten Vertrauens entgangenen Gelegenheit (130,– €) und dem Geschäft an, dessen Wahrnehmung dem geschädigten Deffner auf Grund seiner Schadensminderungspflicht oblag (Erwerb für 200,– € bei Missbach). Sie beläuft sich auf 70,– €.

Deffner hat also gegen Missbach einen **Anspruch auf Zahlung von 70,– €** aus §§ 122 Abs. 1, 249 Abs. 1 BGB.

Faust § 23 Rn. 13. ff.

III. Anspruch Deffner gegen Missbach aus §§ 311 Abs. 2, 241 Abs. 2, 280 Abs. 1 BGB

Ein **Schadensersatzanspruch** des Deffner könnte sich auch aus §§ 311 Abs. 2, 241 Abs. 2, 280 Abs. 1 BGB ergeben.

1. Dem könnte jedoch der **Vorrang des § 122 BGB** entgegenstehen. § 122 BGB schützt das Vertrauen des Empfängers auf die Gültigkeit einer Willenserklärung, der Anspruch aus §§ 311 Abs. 2, 241 Abs. 2, 280 Abs. 1 BGB sanktioniert das schuldhafte sorgfaltwidrige Verhalten einer Partei bei der Vertragsanbahnung. Beide Ansprüche regeln damit unterschiedliche Sachverhalte und können auf diese Weise **nebeneinander** bestehen (a.A. gut vertretbar).

2. Voraussetzung eines Anspruchs aus §§ 311 Abs. 2, 241 Abs. 2, 280 Abs. 1 BGB ist zunächst das Bestehen eines **gesetzlichen Schuldverhältnisses** nach § 311 Abs. 2 BGB. Hier sind durch das Ausstellen von Büchern in einem Schaufenster, das den Deffner zur Kontaktaufnahme mit Missbach bewogen hat, Vertragsverhandlungen im Sinne des § 311 Abs. 2 Nr. 1 BGB aufgenommen worden.

Im Rahmen dieses Schuldverhältnisses müsste Missbach eine **Pflichtverletzung** begangen haben. Die Verhandlungen zwischen Deffner und Missbach sind auf Grundlage unzutreffender Preisvorstellungen des Missbach geführt worden, was seine Ursache in der Vertauschung der Preisschilder durch Missbach hat. Auf diese Weise hat Missbach eine Pflichtverletzung im Rahmen des gesetzlichen Schuldverhältnisses begangen, indem er die Ursache dafür gesetzt hat, dass lediglich ein anfechtbarer Vertrag zu Stande gekommen ist und so die Vermögensinteressen des Deffner verletzt worden sind, § 241 Abs. 2 BGB. Das **Vertretenmüssen** des Missbach ist mangels genauerer Angaben **zu vermuten**, § 280 Abs. 1 Satz 2 BGB.

Er **schuldet deshalb Schadensersatz** in Höhe von 70,– €, § 249 Abs. 2 Satz 1 BGB, vgl. oben (II.).

4. Bedingte und befristete Rechtsgeschäfte

Fall 44

Die Abiturientin Anne Zech darf sich zum Abitur von ihren Eltern ein Auto wünschen. Deshalb besichtigt sie im Autohaus Regenfuß in der Mittagszeit des 18. Oktober einen himmelblauen Ford Fiesta Vorführwagen zum Preis von 9999,– €. Zech und der Inhaber des Autohauses, Alois Regenfuß, kommen in Vertragsverhandlungen und einigen sich darauf, dass Zech noch einen Satz Winterreifen zum Auto hinzubekommt.

Schließlich erklärt Zech, sie wolle das Auto kaufen, müsse das ganze zur Sicherheit aber nochmals mit ihren Eltern absprechen. Sie werde sich aber spätestens um 19.00 Uhr melden. Regenfuß ist einverstanden und sagt: „Dann sind wir uns einig. Wenn Sie sich bis 19.00 Uhr melden, dann gilt unser Handel! Danach allerdings nicht mehr.“. Zech und Regenfuß reichen sich die Hände. Anschließend nimmt Regenfuß das Preisschild aus dem Auto weg und legt stattdessen ein Schild mit der Aufschrift „Verkauft!“ hinter die Windschutzscheibe.

Um 18.00 Uhr kommt der Ingenieur Jörg Bauer im Autohaus Regenfuß vorbei, der ein Auto für seine Frau sucht. Er ist von dem Fiesta begeistert und fragt nach dem Preis. Alois Regenfuß sagt: „10 500,– €, aber wie Sie sehen habe ich ihn eigentlich schon verkauft“. Bauer überzeugt Regenfuß jedoch ohne größere Mühe davon, dass sich Anne Zech sowieso nicht mehr melden werde. Schließlich verkauft Regenfuß den Fiesta an Bauer, der bar bezahlt, das Auto gleich mitnimmt und seiner Frau schenkt.

Zwischen 18.30 und 19.00 Uhr klingelt ständig das Telefon des Autohauses, Alois Regenfuß nimmt jedoch nicht ab. Erst als Zech um 19.05 Uhr erneut anruft, nimmt Regenfuß den Hörer ab und erklärt, dass es jetzt zu spät sei. Er habe das Auto soeben anderweitig verkauft, der Vertrag gelte nicht mehr. Eine Rückfrage bei Bauer ergibt, dass dieser den Fiesta keinesfalls wieder hergeben möchte.

Welche Ansprüche hat Zech gegen Regenfuß?

Lösung:

I. Anspruch Zech gegen Regenfuß aus § 433 Abs. 1 BGB

1. Zech könnte gegen Regenfuß einen Anspruch aus § 433 Abs. 1 BGB auf **Übereignung und Übergabe** des Ford Fiesta haben. Dazu müsste zwischen Regenfuß und Zech ein entsprechender **Kaufvertrag** geschlossen worden sein.

Am Mittag des 18. Oktober sind sich Regenfuß und Zech über den Kauf des Autos **einig geworden**. Nachdem Zech nochmals mit ihren Eltern sprechen wollte, haben Regenfuß und Zech vereinbart, der Handel gelte, wenn Zech sich bis 19.00 Uhr melde. Fraglich ist, wie diese Verabredung zu verstehen ist. Zech wollte sich mittags noch nicht binden, sondern erst Rücksprache nehmen. Regenfuß hat ihr daraufhin die Möglichkeit eingeräumt, bis 19.00 Uhr **einseitig eine vertragliche Bindung herbeizuführen**. Damit haben Zech und Regenfuß einen Vertrag geschlossen, der nur bei **Bedingungseintritt** (Nachricht der Zech bis 19.00 Uhr) Gültigkeit erlangen sollte. Es handelt sich also um einen aufschiebend bedingten Vertragsschluss, § 158 Abs. 1 BGB.

2. Die **Wirksamkeitsbedingung** ist jedoch **nicht eingetreten**, weil Zech den Regenfuß erst um 19.05 Uhr benachrichtigt hat. Damit bestünde zwischen Regenfuß und Zech kein wirksamer Kaufvertrag.

Zu bedenken ist jedoch, dass Regenfuß durch Nichtabnehmen des Telefons **verhindert hat**, dass Zech ihn rechtzeitig benachrichtigen konnte. Wird der Bedingungseintritt auf solche Weise treuwidrig verhindert, so **gilt die Bedingung gleichwohl als eingetreten**, § 162 Abs. 1 BGB. Ein Kaufvertrag zwischen Regenfuß und Zech besteht also doch. Damit ist ein **Anspruch** der Zech gegen Regenfuß auf Übereignung und Übergabe des Ford Fiesta **entstanden**, § 433 Abs. 1 BGB.

3. Dieser **Anspruch** könnte jedoch **erloschen** sein, weil Regenfuß das Auto bereits an Bauer, der das Auto unbedingt behalten möchte, übereignet hat und deswegen zur **Übereignung** an Zech **außer Stande ist**, § 275 Abs. 1 BGB.

Möglicherweise greift hier jedoch § 161 Abs. 1 Satz 1 BGB. Hat jemand über einen Gegenstand unter aufschiebender Bedingung verfügt, so ist nach dieser Norm jede weitere **Verfügung**, die er über den Gegenstand **während der Schwebezeit** trifft, im Falle des Bedingungseintritts **unwirksam**, soweit sie die von der Bedingung abhängige Wirkung vereiteln oder beeinträchtigen würde. Hier könnte man daran denken, dass die Übereignung, § 929 Satz 1 BGB, des Fiesta an Bauer (nicht bereits durch den Kaufvertragsschluss mit Bauer!) den Eigentumsübergang auf Zech nach Bedingungseintritt vereitelt haben könnte.

Dazu müssten Regenfuß und Zech zuvor jedoch nicht nur einen aufschiebend bedingten Kaufvertrag geschlossen, sondern auch eine **aufschiebend bedingte Übereignung** vorgenommen haben. Davon ist jedoch nicht auszugehen, denn Regenfuß wird das Auto nicht bereits mit Wirksamwerden der kaufvertraglichen Einigung durch Bedingungseintritt, sondern erst nach Erhalt des Kaufpreises an Zech übereignen wollen. § 161 Abs. 1 Satz 1 BGB greift deshalb nicht, auf die Frage der Gutgläubigkeit des Bauer, vgl. § 161 Abs. 3 BGB, kommt es also nicht an.

Damit greift § 275 Abs. 1 BGB und Zech hat somit **keinen Anspruch auf Übereignung und Übergabe** des Ford Fiesta aus § 433 Abs. 1 BGB gegen Regenfuß.

Medicus BGB AT Rn. 834-835; *Schwab/Löhnig* Einführung Rn. 656-657.

▶ **Hinweis:** Auch der Anspruch des Regenfuß gegen Zech auf Zahlung des Kaufpreises ist erloschen, § 326 Abs. 1 Satz 1 BGB.

II. Anspruch Zech gegen Regenfuß aus §§ 280 Abs. 1 und Abs. 3, 283 Satz 1 BGB

Zech könnte gegen Regenfuß jedoch einen Anspruch auf **Schadensersatz statt der Leistung** aus §§ 280 Abs. 1 und 3, 283 Satz 1 BGB haben. Regenfuß hat sich die Erbringung seiner Leistung an Zech **unmöglich** gemacht und damit eine **Pflichtverletzung** im Rahmen des Kaufvertrages zwischen ihm und Zech begangen. Diese Pflichtverletzung hat er **vorsätzlich** begangen, indem er den Fiesta bewusst an einen anderen Kunden übereignet hat. Auf die Vermutung des § 280 Abs. 1 Satz 2 BGB kommt es also insoweit nicht an.

Wenn der Schuldner – wie oben erörtert – nach § 275 Abs. 1 BGB von seiner Leistungspflicht frei geworden ist, bedarf es für den Anspruch auf Schadensersatz statt der Leistung **keiner weiteren Voraussetzungen**, §§ 280 Abs. 3, 283 BGB. Würde Zech also ein gleichwertiges Fahrzeug nur zu einem höheren Kaufpreis erwerben können, so hätte Regenfuß die Differenz zu erstatten.

III. Anspruch Zech gegen Regenfuß aus § 285 BGB

Zech könnte gegen Regenfuß auch einen Anspruch aus § 285 BGB auf **Herausgabe des Ersatzes** haben.

Regenfuß ist von seiner Leistungspflicht nach § 275 Abs. 1 BGB frei geworden. Zech kann deshalb von ihm Herausgabe „des als Ersatz Empfangenen" verlangen. Hierunter ist auch das durch **Rechtsgeschäft** vom Schuldner **erzielte Entgelt** zu verstehen. Damit kann Zech die 10 500,– €, die Regenfuß von Bauer erhalten hat, herausverlangen.

▶ **Hinweis:** In diesem Fall bleibt Zech freilich zur Erbringung der Gegenleistung verpflichtet, § 326 Abs. 3 Satz 1 BGB. Beide Geldansprüche können im Wege der Aufrechnung, §§ 387 ff. BGB, zum Erlöschen gebracht werden, soweit sie sich decken. Vom Kaufpreis in Höhe von 9999,– € wäre noch der Rabatt abzuziehen, den sich Zech dadurch ausgehandelt hat, dass sie noch einen Satz Winterreifen bekommen hätte.

5. Das missbilligte Rechtsgeschäft

Fall 45

Der Wirt Hannes Humpen ist drogenabhängig. Deshalb wird ihm vom städtischen Ordnungsamt die Konzession zum Betrieb seiner Gaststätte „Zur blauen Schildkröte" entzogen. Daraufhin vereinbart er mit seinem Freund Stefan Ernstlich, dass dieser eine Konzession zum Betrieb der blauen Schildkröte beantragen und ihn, Humpen, als Geschäftsführer anstellen solle.

Wäre der Anstellungsvertrag wirksam?

Hinweis: Bei der Lösung des Falles sind die nachstehend abgedruckten Vorschriften des Gaststättengesetzes in der Fassung vom 24.8.2002 zu beachten.

§ 4

(1) Die Erlaubnis ist zu versagen, wenn

1. Tatsachen die Annahme rechtfertigen, dass der Antragsteller die für den Gewerbebetrieb erforderliche Zuverlässigkeit nicht besitzt, insbesondere dem Trunke ergeben ist oder befürchten lässt, dass er Unerfahrene, Leichtsinnige oder Willensschwache ausbeuten wird oder dem Alkoholmissbrauch, verbotenem Glücksspiel, der Hehlerei oder der Unsittlichkeit Vorschub leisten wird oder die Vorschriften des Gesundheits- oder Lebensmittelrechts, des Arbeits- oder Jugendschutzes nicht einhalten wird, [...]

§ 15

(1) Die Erlaubnis zum Betrieb eines Gaststättengewerbes ist zurückzunehmen, wenn bekannt wird, dass bei ihrer Erteilung Versagungsgründe nach § 4 Abs. 1 Nr. 1 vorlagen.

(2) Die Erlaubnis ist zu widerrufen, wenn nachträglich Tatsachen eintreten, die die Versagung der Erlaubnis nach § 4 Abs. 1 Nr. 1 rechtfertigen würden.

[...]

Lösung:

Der **Wirksamkeit** eines von Ernstlich und Humpen geschlossenen **Anstellungsvertrages**, §§ 611 ff. BGB, könnte ein **gesetzliches Verbot** entgegenstehen. Infolgedessen könnte der Vertrag nichtig sein, § 134 BGB.

1. Als gesetzliches Verbot kommen hier **gaststättenrechtliche Vorschriften** in Betracht. Das Ordnungsamt hat dem Humpen die Konzession zum Betrieb seiner Gaststätte nach §§ 15 Abs. 2, 4 Abs. 1 Nr. 1 GastG entzogen, weil ein drogenabhängiger Wirt mangels gaststättenrechtlicher Zuverlässigkeit keine Gaststätte führen darf.

Bei diesen gaststättenrechtlichen Vorschriften handelt es sich auch um **Verbotsgesetze** im Sinne des § 134 BGB. §§ 4, 15 GastG wollen zwingend zum Schutz der Allgemeinheit verhindern, dass ungeeignete Personen eine Erlaubnis zum Betrieb einer Gaststätte erhalten. Dieses Ziel ist nur dann zu erreichen, wenn auch sämtliche zivilrechtliche Abreden, die zu einem solchen erlaubniswidrigen Gaststättenbetrieb führen, nichtig sind.

2. Wenn Humpen als Angestellter des Konzessionärs Ernstlich die Gaststätte weiterführen würde, wäre dadurch genau der Zustand, den das Ordnungsamt durch sein die gaststättenrechtlichen Normen konkretisierendes Verbot verhindern wollte, **auf anderem Wege erreicht**. Humpen wäre zwar nicht Erlaubnisinhaber, würde die Gaststätte aber wie der Inhaber einer gaststättenrechtlichen Erlaubnis betreiben.

Auch Geschäfte, die einen derartigen verbotenen Erfolg auf anderem als direktem Wege erreichen wollen, sind deshalb als **„Umgehungsgeschäfte"** nach § 134 BGB **nichtig**.

Schwab/Löhnig Einführung Rn. 660-666; *Faust* § 9 Rn. 1 ff.

Fall 46

Der in Mühlbach vor dem Wald wohnhafte Pensionär Reiner Karg ist schwer alkoholabhängig. Um ihn zu kurieren, hat seine Frau mit sämtlichen Lebensmittelhändlern am Ort vereinbart, dass diese dem Karg keine Alkoholika mehr verkaufen. Karg, der bei seinem nächsten Einkauf tatsächlich von allen Händlern zurückgewiesen wird, läuft konsterniert durch den Ort, weil ihm nun seine abendliche „Ration" fehlt. Agnes Vollbier wittert ein gutes Geschäft und bietet dem Karg drei Flaschen billigen Schnaps zum Preis von 300,– € an. Karg geht darauf ein.

Ist das Geschäft wirksam?

Lösung:

1. Vollbier und Karg haben sich darüber **geeinigt**, dass Vollbier dem Karg drei Flaschen Schnaps zum Preis von 300,– € verkauft.

Die Willenserklärung des Karg könnte jedoch wegen einer **vorübergehenden Störung der Geistestätigkeit** des Karg **nichtig** sein, § 105 Abs. 2 BGB. Es ist allerdings nicht ersichtlich, dass Karg zum Zeitpunkt der Abgabe seiner Willenserklärung an einer solchen Störung der Geistestätigkeit gelitten hätte. Er hatte insbesondere zu diesem Zeitpunkt noch **keine Entzugserscheinungen**.

2. In Betracht kommt jedoch die **Nichtigkeit des Vertrages** nach § 138 Abs. 2 BGB. Hierfür müsste zwischen Leistung – drei Flaschen billiger Schnaps – und Gegenleistung – 300,– € – ein **auffälliges Missverhältnis** bestehen. Von einem solchen Missverhältnis ist jedenfalls dann auszugehen, wenn die Gegenleistung den Marktpreis der Leistung um mindestens 100% übersteigt. Der Marktpreis für drei Flaschen billigen Schnapses liegt sicherlich unter 150,– €, sodass ein derartiges Missverhältnis gegeben ist.

Außerdem müsste sich Karg bei Vertragsschluss in einem **Zustand erheblicher Willensschwäche** befunden haben. Davon ist auszugehen, weil seine Willenssteuerung hinsichtlich der Erlangung von Alkoholika auf Grund der von ihm befürchteten Entzugserscheinungen bereits stark beschränkt war.

Vollbier müsste schließlich die **Willensschwäche** des Karg **ausgebeutet** haben. Dafür genügt es bereits, wenn sich Vollbier diese Willensschwäche bewusst zu Nutze macht und Kenntnis von dem erheblichen Missverhältnis zwischen Leistung und Gegenleistung hat. Vollbier war die Lage des Karg bekannt; auch ist davon auszugehen, dass ihr der Marktpreis des billigen Schnapses bekannt war. Damit hat Vollbier die Willensschwäche des K ausgebeutet. Das **Geschäft** ist also **nichtig**, § 138 Abs. 2 BGB.

Medicus BGB AT Rn. 707-711.

6. Fehlende und beschränkte Geschäftsfähigkeit

Fall 47

Stefan Sauer hat die Klausur zum kleinen BGB-Schein bestanden, was er abends mit Freunden in der Kneipe feiert. Dabei fließt erheblich Alkohol. Im Laufe des Abends wird sich Sauer mit seiner Kommilitonin Cornelia Heydebrand einig, deren Auto für 5000,– € zu kaufen.

Als sich Heydebrand am nächsten Tag mit dem Auto unter Hinweis auf die Verabredung vom Vortag bei Sauer einfindet, will dieser von dem Geschäft nichts mehr wissen; er sei doch am Vorabend bereits „völlig dicht" gewesen. Heydebrand entgegnet, Sauer sei zwar angeheitert, aber ansonsten sehr wohl bei klarem Verstand gewesen.

Kann Heydebrand von Sauer Bezahlung und Abnahme des Autos verlangen?

Lösung:

Anspruch Heydebrand gegen Sauer aus § 433 Abs. 2 BGB

Heydebrand könnte einen **Anspruch** gegen Sauer auf **Zahlung** des Kaufpreises von 5000,– € **und Abnahme** des Autos aus § 433 Abs. 2 BGB haben

1. Dazu müsste zwischen Heydebrand und Sauer ein entsprechender **Kaufvertrag** bestehen. Heydebrand und Sauer haben eine dahingehende **Willenseinigung** erzielt.

Es bestehen jedoch Bedenken gegen die **Wirksamkeit der Willenserklärung** des Sauer, weil dieser bei Abgabe seiner Willenserklärung alkoholisiert war. Starke Trunkenheit kann zu einer **vorübergehenden Störung der Geistestätigkeit** führen; Willenserklärungen, die in diesem Zustand abgegeben werden, sind nichtig, § 105 Abs. 2 BGB.

2. Hier ist zwischen Heydebrand und Sauer streitig, ob sich Sauer bei Abgabe seiner Willenserklärung in einem solchen Zustand befand oder nur angeheitert war. Darlegungs- und **Beweispflichtig** für das Vorliegen der Störung der Geistestätigkeit im Sinne des § 105 Abs. 2 BGB ist derjenige, der sich darauf beruft, hier also Sauer. Gelingt dem Sauer dieser Beweis, so besteht kein gültiger Kaufvertrag zwischen ihm und Heydebrand; misslingt der Beweis, so ist der Vertrag gültig und Heydebrand hat einen Anspruch gegen Sauer aus § 433 Abs. 2 BGB.

Fall 48

Der siebzehnjährige Schüler Markus Sichert, ein passionierter Läufer, ist in der Stadt unterwegs. Im Schaufenster des „Sporttreff Fritz" sieht er ein Plakat, auf dem ein bestimmtes Modell von Laufschuhen, um das er schon seit längerer Zeit „herumschleicht" und das er auch schon mehrfach anprobiert hat, zum äußerst günstigen Preis von 79,– € angeboten wird. Er betritt das Geschäft, muss dort aber leider erfahren, dass die Schuhe gerade in seiner Größe nicht mehr vorrätig sind.

Stefan Fritz, der Inhaber des Sporttreffs, erklärt sich jedoch bereit, die Schuhe nachzubestellen, wenn Sichert sie dann auch wirklich abnehme. Sichert ist damit einverstanden. Er sei sich sicher, dass die Schuhe ihm auch passen. Als er zu Hause seinen Eltern von diesem Schnäppchen erzählt, erklären diese ihrem Sohn, er habe bereits vor drei Monaten neue Laufschuhe gekauft, es genüge jetzt mit dem Laufwahnsinn.

Kann Fritz von Sichert Zahlung und Abnahme der inzwischen eingetroffenen Schuhe verlangen?

Lösung:

Anspruch Fritz gegen Sichert aus § 433 Abs. 2 BGB

Fritz hat gegen Sichert einen **Anspruch** aus § 433 Abs. 2 BGB auf **Zahlung** des Kaufpreises von 79,– € **und Abnahme** der Schuhe, wenn zwischen Fritz und Sichert ein entsprechender **Kaufvertrag** geschlossen wurde.

1. Dazu müsste zunächst eine entsprechende **Willenseinigung** zwischen Fritz und Sichert stattgefunden haben. Fraglich ist vorliegend insbesondere, ob Sichert sich tatsächlich insoweit rechtsgeschäftlich binden wollte, dass er die Schuhe jedenfalls unbesehen kauft. Davon wird man bei der Bestellung eines Kleidungsstücks nach einer Größenangabe nicht ohne weiteres ausgehen können, weil unsicher ist, ob das Kleidungsstück auch tatsächlich passt. Deswegen wird in solchen Fällen regelmäßig von einer bloßen „**Bestellung zur Ansicht**" auszugehen sein.

Hier liegt der Fall jedoch anders. Sichert hat geäußert, er wisse sicher, dass ihm die Schuhe passen. Damit ist davon auszugehen, dass Sichert sich bereits **zu diesem Zeitpunkt zum Kauf der Schuhe verpflichten** wollte. Auch Fritz wollte nur unter diesen Umständen die Schuhe bestellen.

2. Fraglich ist allerdings, ob die **Willenserklärung** des Sichert **wirksam** war. Ein Minderjähriger bedarf zu jeder Willenserklärung, die ihm nicht ausschließlich einen rechtlichen Vorteil bringt, der **Einwilligung seines gesetzlichen Vertreters**, § 107 BGB, also seiner Eltern, §§ 1626 Abs. 1, 1629 Abs. 1 BGB.

Hier brächte die Willenserklärung des Sichert den rechtlichen **Nachteil** mit sich, dass Sichert mit dieser Erklärung einen Kaufvertrag schließen würde und dadurch einem Anspruch auf Zahlung von 79,– € aus § 433 Abs. 2 BGB ausgesetzt wäre. Unerheblich bei der Ermittlung des Nachteils ist, dass der Kauf der Laufschuhe aus wirtschaftlicher Sicht vorteilhaft für Sichert wäre, weil er die Schuhe von Fritz zu einem besonders günstigen Preis kaufen könnte.

Die Eltern des Sichert haben die für das rechtlich nachteilige Geschäft erforderliche **Genehmigung** jedoch **verweigert**, indem sie gegenüber Sichert erklärt haben, es genüge jetzt mit dem Laufwahnsinn; Sichert ist tauglicher Erklärungsempfänger, § 182 Abs. 1 BGB. Deshalb ist die **Willenserklärung** des Sichert **unwirksam**, § 108 Abs. 1 BGB, und ein Vertrag zwischen Fritz und Sichert ist nicht zu Stande gekommen. Fritz hat deshalb **keinen Anspruch** gegen Sichert aus § 433 Abs. 2 BGB.

Schwab/Löhnig Einführung Rn. 711-713; *Brauer* JuS 2004, 472.

Fall 49

Mit Einverständnis seiner Eltern verkaufte der siebzehnjährige Schüler Moritz Baumgartner sein Mofa für 500,– € an seinen achtzehnjährigen Schulkameraden Daniel Kreutzer, der den Kaufpreis allerdings nicht sofort bezahlen konnte. Einige Tage später trafen sich die beiden in der Stadt und Kreutzer erklärte dem Baumgartner, er könne jetzt bezahlen. Beide gingen zu einem Geldautomaten, an dem Kreutzer 500,– € abhob und dem Baumgartner die Scheine in die Hand drückte, der das Geld in seinen Geldbeutel steckte.

Als Moritz Baumgartner nach Erledigung seiner Besorgungen zwei Stunden später zu Hause ankam, stellte er fest, dass er seinen Geldbeutel verloren hatte. Baumgartner erzählte seinen Eltern von dem Malheur, die daraufhin bei Kreutzer anriefen und im Namen ihres Sohnes Zahlung des Kaufpreis von 500,– € für das Mofa verlangten. Kreutzer entgegnete, er habe bereits bezahlt.

Besteht ein solcher Zahlungsanspruch?

Lösung:

Anspruch Baumgartner gegen Kreutzer aus § 433 Abs. 2 BGB

Baumgartner kann, vertreten durch seine Eltern, §§ 1626 Abs. 1, 1629 Abs. 1 BGB, von Kreutzer **Zahlung des Kaufpreises** in Höhe von 500,– € aus § 433 Abs. 2 BGB verlangen, wenn zwischen Baumgartner und Kreutzer ein entsprechender **Kaufvertrag geschlossen** und der Anspruch noch nicht erfüllt wurde.

1. Baumgartner und Kreutzer haben sich über den Verkauf des Mofas **geeinigt**. Fraglich ist jedoch, ob die Willenserklärung des Baumgartner wirksam war. Davon kann vorliegend jedoch ausgegangen werden, weil er den Vertrag mit **Einverständnis seiner Eltern** geschlossen hat, §§ 107, 108 Abs. 1 BGB. Ein **Anspruch** aus § 433 Abs. 2 BGB ist deshalb **entstanden**.

2. Dieser Anspruch könnte jedoch durch **Erfüllung** seitens des Kreutzer erloschen sein, § 362 Abs. 1 BGB. Zur Erfüllung eines Anspruchs ist die **Erbringung der geschuldeten Leistung** an den Gläubiger erforderlich. Vorliegend ist also Übergabe und Übereignung von Banknoten im Wert von 500,– € an Baumgartner geschuldet.

a) Fraglich ist jedoch, ob Kreutzer dem minderjährigen Baumgartner die Geldscheine **übereignen** konnte. Die dingliche Einigung zwischen Kreutzer und Baumgartner, § 929 BGB, brachte dem Baumgartner lediglich einen **rechtlichen Vorteil**, nämlich das Eigentum an den Banknoten, und war damit ohne Mitwirkung der Eltern des Baumgartner wirksam, § 107 BGB. Auch eine **Übergabe** der Banknoten hat stattgefunden, § 929 Satz 1 BGB. Damit wäre der Anspruch des Baumgartner aus § 433 Abs. 2 BGB wegen Erfüllung, § 362 Abs. 1 BGB, erloschen.

b) An diesem Ergebnis lässt sich aus Gesichtspunkten des Minderjährigenschutzes jedoch zweifeln, denn nicht durch die Übereignung als solche, wohl aber durch die **Erfüllung seines Anspruchs** trifft den minderjährigen Baumgartner auch ein **rechtlicher Nachteil**: Er verliert diesen Anspruch.

Deshalb kann aus dem Gedanken des § 107 BGB heraus eine Forderung an einen Minderjährigen nur mit Einwilligung des gesetzlichen Vertreters erfüllt werden, dem Minderjährigen fehlt die „**Empfangszuständigkeit**". Es hat zwar wohl eine Übereignung, mangels Einwilligung der Eltern aber keine Erfüllung stattgefunden.

Kreutzer ist zur **erneuten Zahlung** von 500,– € an die Eltern des Baumgartner als dessen gesetzliche Vertreter **verpflichtet**, § 433 Abs. 2 BGB.

Medicus BGB AT Rn. 566.

▶ **Hinweis:** Die bereits übereigneten 500,– € Bargeld kann Kreutzer von Baumgartner kondizieren. Es besteht kein Rechtsgrund, der Baumgartner das Behaltendürfen des Geldes gestatten würde, weil durch die Übereignung des Geldes die Kaufpreisforderung des Baumgartner gerade nicht getilgt werden konnte. Baumgartner wird sich jedoch auf den Entreicherungseinwand berufen können, § 818 Abs. 3 BGB.

Fall 50

Der achtzehnjährige Schüler Bernd möchte Musik nur noch von CD hören und hat sich deshalb mit seinem siebzehnjährigen Schulfreund Arndt darauf geeinigt, dass dieser seine sämtlichen Schallplatten für 100,– € kauft.

Noch vor der Übergabe der Schallplatten an Arndt erfährt Bernd, dass einige der Platten einen ganz erheblichen Sammlerwert haben. Er erklärt dem Arndt daraufhin, dass er sich das Ganze anders überlegt habe und die Platten nun doch nicht hergeben möchte.

Arndt ruft sogleich mit seinem Handy bei seinen Eltern an und berät sich mit ihnen. Die Eltern ermutigen Arndt, auf sein Recht zu pochen und die Platten von Bernd zu verlangen.

Zu Recht?

Lösung:

Anspruch Arndt gegen Bernd aus § 433 Abs. 1 BGB

1. Arndt kann **Übereignung** und **Übergabe** der Schallplatten aus § 433 Abs. 1 BGB von Bernd verlangen, wenn ein wirksamer **Kaufvertrag** zwischen Bernd und Arndt geschlossen wurde.

a) Bernd und Arndt haben sich entsprechend **geeinigt**. Allerdings bestehen im Hinblick auf § 108 Abs. 1 BGB Zweifel an der Wirksamkeit des Vertrages. Der siebzehnjährige Arndt ist nur **beschränkt geschäftsfähig**, §§ 2, 104 Nr. 1 BGB. Der Abschluss eines Kaufvertrags mit Bernd würde Arndt zur Zahlung des Kaufpreises an Bernd verpflichten; deshalb handelt es sich bei dem Kaufvertrag um ein Rechtsgeschäft, das dem Arndt **nicht lediglich einen rechtlichen Vorteil** bringt und zur Gültigkeit der Einwilligung der Eltern des Arndt (gesetzliche Vertreter) bedarf, § 107 BGB. Der **ohne Einwilligung** der

Eltern des Arndt geschlossene Vertrag ist somit **schwebend unwirksam** und kann nur durch Genehmigung der Eltern wirksam werden, § 108 Abs. 1 BGB.

Eine solche **Genehmigung** ist in der Ermunterung des Arndt durch seine Eltern zu sehen, auf seine Rechte zu pochen. Dadurch bringen die Eltern des Arndt zum Ausdruck, dass sie mit dem Geschäft einverstanden sind. Hiernach bestünde ein wirksamer Kaufvertrag und also ein Anspruch des Arndt aus § 433 Abs. 1 BGB.

b) Etwas anderes könnte sich jedoch aus einer **Anwendung des § 109 BGB** ergeben. Solange ein Rechtsgeschäft eines Minderjährigen mangels Genehmigung des gesetzlichen Vertreters schwebend unwirksam ist, kann der Vertragspartner des Minderjährigen dieses Geschäft widerrufen, § 109 Abs. 1 BGB. Dieses **Widerrufsrecht** soll dem Vertragspartner die Möglichkeit geben, den unsicheren Schwebezustand zu beenden. Ein solcher Widerruf des Bernd ist in seiner Äußerung zu sehen, er wolle seine Platten nun doch nicht hergeben. Damit wäre der Vertrag bereits vor Genehmigung durch die Eltern des Arndt endgültig unwirksam geworden, sodass die Genehmigung ins Leere gegangen wäre.

Der Widerruf des Bernd diente jedoch nicht der Beseitigung des Schwebezustands, sondern erfolgte deshalb, weil Bernd den Verkauf seiner Schallplatten plötzlich bereute. Einen **solchermaßen motivierten Widerruf** will § 109 Abs. 1 BGB nicht ermöglichen. Deshalb konnte Bernd den Vertrag vor der Genehmigung seitens der Eltern des Arndt nicht durch Widerruf vernichten (a.A. vertretbar).

Der Vertrag ist somit tatsächlich durch die Genehmigung seitens der Eltern des Arndt wirksam geworden, sodass Arndt gegen Bernd einen **Anspruch auf Übergabe und Übereignung** der Schallplatten hat, § 433 Abs. 1 BGB. Auf die Frage, ob Bernd die Minderjährigkeit des Arndt möglicherweise kannte, § 109 Abs. 2 BGB, und deshalb kein Widerrufsrecht hatte, kommt es also nicht an.

2. Möglicherweise könnte sich Bernd jedoch im Wege der **Anfechtung** von dem Vertrag mit Arndt lösen, § 142 Abs. 1 BGB. In Betracht käme eine Anfechtung nach § 119 Abs. 2 BGB, weil Bernd sich über den **Wert** der verkauften Schallplatten geirrt hat.

Bei dem Wert müsste es sich also um eine **verkehrswesentliche Eigenschaft** der Platten handeln. Der Wert ist jedoch gerade keine Eigenschaft, sondern vielmehr das **Resultat einer Bewertung** der Sacheigenschaften. Eine Anfechtung muss deshalb ausscheiden, der **Anspruch** des Arndt aus § 433 Abs. 1 BGB **bleibt somit bestehen**.

Kaiser Jura 1982, 77.

Fall 51

Anne Aumiller (geboren am 5. Februar 1985) hat im Januar 2002 mit Einverständnis ihrer unverheiratet zusammenlebenden Eltern eine Ausbildung begonnen. Sie verdient 400,– € pro Monat, außerdem zahlen die Eltern die Miete für Annes Appartement.

Am 22. November 2002 entdeckte Anne bei der Fahrradmanufaktur Hagel ein wunderschönes Fahrrad Typ „Holland de luxe" zum Preis von 1000,– €, das sie unbedingt haben wollte. Weil Hagel ihr nicht das in seinem Laden stehende Vorführmodell, sondern ein ganz neues Fahrrad verkaufen wollte, füllte er ein entsprechendes Bestellformular aus, das Anne unterschrieb.

Am 17. Dezember 2002 traf das bestellte Fahrrad bei Anne ein. Beigefügt war eine Gebrauchsanleitung sowie eine Rechnung über 1000,– €. Anne konnte diese Rechnung jedoch nicht bezahlen, weil sie sich mit der Anschaffung des teuren Fahrrades letztlich übernommen hatte. Deshalb rief sie am 4. Januar 2003 zu Hause an und bat ihren Vater um Hilfe. Annes Vater ließ sich erweichen und sagte schließlich: „Gut, einverstanden, dein altes Fahrrad war sowieso nicht mehr gut in Schuss, wir werden dir das Fahrrad bezahlen. Schick uns die Rechnung."

Am 10. Januar 2003 heirateten Annes Eltern standesamtlich. Am Rande der Feier erklärte Frau Aumiller ihrer Tochter, dass sie mit dem Kauf des Fahrrades überhaupt nicht einverstanden sei. Anne habe erst teure Weihnachtsgeschenke bekommen und werde deshalb auch keine finanzielle Hilfe für den Fahrradkauf erhalten. Anne beschloss, einstweilen nichts zu unternehmen und abzuwarten; ihr Vater würde sich schon irgendwie durchsetzen. Tatsächlich zahlten die Eltern das Fahrrad jedoch nicht.

Am 1. Februar 2003 schickte Hagel eine Zahlungserinnerung an Anne Aumiller. Daraufhin erbat Anne bei der Sparkasse Regensburg am 9. Februar 2003 erfolgreich die Einräumung eines Kontokorrentkredites in Höhe von 1000,– € auf ihrem Girokonto und überwies die 1000,– € an die Fahrradmanufaktur.

Mitte Juni 2003 wurde Anne Aumiller klar, dass sie ihr Girokonto nie würde ausgleichen können. Sie wandte sich daraufhin am 25. Juni 2003 brieflich an die Fahrradmanufaktur Hagel und erklärte, dass sie das Fahrrad gekauft habe, als sie noch nicht achtzehn Jahre alt gewesen sei. Deswegen sei das ganze Geschäft ungültig. Außerdem hafte man sowieso nicht für die Schulden, die man als Minderjähriger gemacht habe. Sie wolle deshalb ihr Geld zurück. In einem Antwortschreiben vom 2. Juli 2003 lehnte Hagel dieses Ansinnen ab.

Kann Anne von Hagel Rückzahlung der 1000,– € verlangen?

Lösung:

Anspruch Anne gegen Hagel aus § 812 Abs. 1 Satz 1 Alt. 1 BGB

Anne verlangt unter Berufung auf die angebliche minderjährigkeitsbedingte Unwirksamkeit des Kaufvertrages von Hagel Rückzahlung des Kaufpreises in Höhe von 1000,– €. In Betracht kommt deshalb ein Anspruch aus § 812 Abs. 1 Satz 1 Alt. 1 (**Leistungskondiktion**).

1. Voraussetzung dafür wäre, dass Hagel etwas durch Leistung der Anne erlangt hat, ohne dass dafür ein rechtlicher Grund bestünde. Hagel hat durch die Überweisung der Anne einen **Auszahlungsanspruch** in Höhe von 1000,– € gegen sein kontoführendes Bankinstitut **erlangt**. Anne hat die Überweisung, die dem Hagel einen Auszahlungsanspruch gegen seine Bank verschafft hat, zur Erfüllung seiner Kaufpreisschuld vorgenommen; deshalb liegt eine **Leistung** der Anne an Hagel vor.

2. Fraglich ist allerdings das Bestehen eines **Rechtsgrundes**. Hagel und Anne haben sich über den **Kauf** eines Fahrrades „Holland de luxe" zum Preis von 1000,– € geeinigt.

Fraglich ist dabei jedoch, ob die **Willenserklärung der Anne wirksam** war, denn Anne war zum Zeitpunkt des Vertragsschlusses siebzehn Jahre alt und damit nur **beschränkt geschäftsfähig**, §§ 2, 104 Nr. 1 BGB.

a) Das hängt davon ab, ob der Abschluss des Vertrages für Anne lediglich einen **rechtlichen Vorteil** bringt, § 107 BGB, oder nicht. Der Abschluss eines Kaufvertrages bringt für Anne den rechtlichen Nachteil, zur Zahlung des Kaufpreises verpflichtet zu sein. Deshalb handelt es sich um ein Geschäft, das nur durch die **Zustimmung des gesetzlichen Vertreters** der Anne wirksam werden kann, § 107 BGB. Mangels vorheriger Einwilligung kommt lediglich eine nachträgliche **Genehmigung** in Betracht, um dem **schwebend unwirksamen Kaufvertrag** zur Wirksamkeit zu verhelfen, § 108 Abs. 1 BGB.

b) Am 4. Januar 2003 hat der Vater der Anne erklärt, er werde das Fahrrad bezahlen. Darin liegt eine Billigung des Fahrradkaufs. Fraglich ist jedoch, ob der Vater überhaupt zu einer solchen **Genehmigung befugt** war. Das hängt davon ab, ob er gesetzlicher Vertreter der Anne war.

Die Eltern der Anne waren zu diesem Zeitpunkt nicht verheiratet. Deshalb hatte lediglich die **Mutter das Sorgerecht** für Anne, § 1626a Abs. 2 BGB, und war **alleinige gesetzliche Vertreterin** ihrer Tochter, § 1629 Abs. 1 Satz 2 BGB. Der Vater konnte also keine wirksame Genehmigung erteilen.

c) Nach der standesamtlichen Hochzeit am 10. Januar 2003 erklärte die Mutter der Anne, sie sei gegen den Fahrradkauf. Damit hat sie dem Geschäft die **Genehmigung verweigert**. Eine solche Verweigerung hat zur Folge, dass das Geschäft vom Zustand der schwebenden Unwirksamkeit in den Zustand der endgültigen Unwirksamkeit versetzt wird.

Fraglich ist jedoch auch hier, ob der Mutter die **Befugnis zur Verweigerung** der Genehmigung zustand. Die Eltern der Anne waren inzwischen verheiratet und damit **gemeinsam sorgeberechtigt**, § 1626a Abs. 1 Nr. 2 BGB. Sie vertreten Anne damit auch gemeinschaftlich, § 1629 Abs. 1 Satz 2 BGB. Die Mutter allein konnte also die Genehmigung nicht wirksam verweigern; es ist auch nicht von einem dahingehenden Einverständnis des Vaters auszugehen, der in dieser Frage anderer Meinung ist.

d) Anne könnte das Geschäft jedoch **selbst genehmigt** haben. Am 9. Februar 2003, vier Tage nach ihrem achtzehnten Geburtstag, überwies Anne den Kaufpreis von 1000,– € an Hagel. Sie machte damit deutlich, dass sie an dem Geschäft festhalten will und hat das Geschäft folglich selbst genehmigt, § 108 Abs. 3 BGB.

Der **Vertrag ist damit wirksam**, ein **Rechtsgrund** im Sinne des § 812 BGB **besteht**, sodass ein **Kondiktionsanspruch ausscheiden** muss.

3. Etwas anderes könnte gelten, wenn die Aussage der Anne zutrifft, dass man sowieso nicht für die Schulden hafte, die man als Minderjähriger gemacht habe.

Anne spielt hier auf die in **§ 1629a BGB normierte Haftungsbeschränkung** an. Diese gilt jedoch nur für Geschäfte, die der Minderjährige selbst mit Zustimmung seines gesetzlichen Vertreters oder der gesetzliche Vertreter selbst im Namen des minderjährigen geschlossen hat, § 1629a Abs. 1 BGB. Hier hat zwar Anne den Kaufvertrag im Alter von siebzehn Jahren geschlossen, ihn aber nach Eintritt der Volljährigkeit selbst genehmigt. Damit ist § 1629a BGB nicht anwendbar, sodass sich am gefundenen Ergebnis **nichts ändert**.

Schwab Familienrecht Rn. 522-536; *Habersack* FamRZ 1999, 1 ff.

Fall 52

Der fünfunddreißigjährige Berg ist auf Grund einer erheblichen geistigen Behinderung geschäftsunfähig. Er lebt in einer betreuten Wohngruppe. Der Zivildienstleistende der Wohngruppe hat Berg, der sich im Imbiss Kasburger gerne eine Tüte Pommes Frites kaufen möchte, zu diesem Zweck 1,50 € ausgehändigt. Daraufhin begibt sich Berg zum Imbiss und erwirbt eine Portion hausgemachter Eiscreme. Kasburger legt die 1,50 € in seine Kasse. Das Eis ist verdorben, sodass Berg sich eine Magenerkrankung zuzieht, deren Heilung Behandlungskosten von 150,– € erfordert.

1. Ist der Vertrag zwischen Berg und Karl Kasburger, dem Inhaber des Imbiss, wirksam?
2. Welche Rechte stehen Berg wegen der Magenerkrankung zu?

▶ **Hinweis:** Die Vorschriften des ProdHaftG sollen bei der Lösung außer Betracht bleiben.

Lösung:

1. Frage

1. Berg ist **geschäftsunfähig**, § 104 Nr. 2 BGB, kann deshalb keine gültigen Willenserklärungen abgeben, § 105 Abs. 1 BGB, und somit auch **keine gültigen Verträge** schließen.

2. Trotzdem könnte zwischen Berg und Kasburger ein **wirksamer Kaufvertrag** über die Portion Eis zu Stande gekommen sein, wenn die Voraussetzungen des § 105a Satz 1 BGB erfüllt sind. § 105a Satz 1 BGB ordnet nämlich an, dass der Vertrag, den ein volljähriger Geschäftsunfähiger schließt, nach Bewirkung von Leistung und Gegenleistung in Ansehung von Leistung und Gegenleistung als wirksam gilt, wenn es sich um ein Geschäft des täglichen Lebens handelt, das mit geringwertigen Mitteln bewirkt werden kann.

a) Bei dem Kauf einer Portion Eis für 1,50 € müsste es sich also um ein **Geschäft des täglichen Lebens** handeln. Geschäfte des täglichen Lebens sind Geschäfte, die nach der allgemeinen Verkehrsauffassung völlig alltäglich sind. Das trifft für den Kauf einer Portion Eis zu. Außerdem müsste das Geschäft mit **geringwertigen Mitteln** bewirkt werden können. Hier hat sich noch kein konkreter Betrag als Obergrenze herausgebildet, bei 1,50 € wird man aber sicher von Geringwertigkeit ausgehen können. Darauf, dass Berg eigentlich Pommes kaufen sollte, dann aber Eis erworben hat, kommt es nicht an.

b) Weitere Voraussetzung ist die **Bewirkung von Leistung und Gegenleistung**. Unter „Bewirken" wird die Herbeiführung des Leistungserfolges verstanden, vgl. § 362 Abs. 1 BGB.

Vorliegend besteht jedoch zunächst das Problem, dass auf Grund der Nichtigkeit des Vertrages (noch liegen die Voraussetzungen des § 105a BGB ja nicht vor!) bislang überhaupt keine Leistungen geschuldet werden, die bewirkt werden können. Dem lässt sich jedoch – ähnlich wie bei § 110 BGB – dadurch begegnen, dass man auf die Leistung abstellt, die geschuldet wäre, wenn der Vertrag wirksam geschlossen hätte werden können.

Geld und Eis müssten außerdem jeweils **übergeben** und **wirksam übereignet** worden sein. Ein Geschäftsunfähiger kann jedoch keine wirksame dingliche Einigung nach § 929 Satz 1 BGB vornehmen. Die Fiktionswirkung des § 105a BGB könnte also bei alltäglichen Kaufverträgen niemals eintreten. Deshalb wird vorgeschlagen, für das „bewirken" in § 105a Satz 1 BGB die **rein tatsächliche Erbringung von Leistung und Gegenleistung** ausreichen zu lassen (a.A. vertretbar).

c) Folgt man dem, so wird der Vertrag mit Bewirkung jedoch gleichwohl **nicht vollumfänglich wirksam**, sondern er gilt lediglich in Ansehung von Leistung und Gegenleistung als wirksam. Das hat zur Folge, dass Leistungs- und Gegenleistungsgegenstand nicht nach § 985 BGB oder § 812 BGB herausverlangt werden können, weil insoweit ein Recht zum Besitz, § 986 Abs. 1 BGB, beziehungsweise ein Rechtsgrund, § 812 BGB, besteht.

Vorliegend hat zwar Berg seine Leistung bewirkt, nicht jedoch Kasburger, weil er dem Berg nicht eine einwandfreie Portion Eis ausgehändigt hat, obschon er als Verkäufer zur Lieferung einer mangelfreien Kaufsache verpflichtet ist, § 433 Abs. 1 Satz 2 BGB. Damit ist auch die **Fiktion des § 105a Satz 1 BGB nicht eingetreten**.

2. Frage

I. Anspruch Berg gegen Kasburger aus § 280 Abs. 1 BGB

Berg könnte gegen Kasburger einen Anspruch auf **Schadensersatz** aus § 280 Abs. 1 BGB haben. Voraussetzung wäre zunächst das Vorliegen eines gültigen **Kaufvertrages**, § 433 BGB.

Ein solcher Vertrag liegt jedoch nicht vor und käme auch dann nicht zu Stande wenn die Fiktionswirkung des § 105a BGB greifen würde, weil die Fiktion nur „in Ansehung von Leistung und Gegenleistung" erfolgt, jedoch keinerlei vertragliche Ansprüche erzeugt. Mangels Vorliegen eines wirksamen Kaufvertrages besteht also kein **Schadensersatzanspruch** aus § 280 Abs. 1 BGB auf Ersatz der Behandlungskosten.

II. Anspruch Berg gegen Kasburger aus §§ 311 Abs. 2, 241 Abs. 2, 280 Abs. 1 BGB

Berg könnte jedoch einen Anspruch aus §§ 311 Abs. 2, 241 Abs. 2, 280 Abs. 1 BGB gegen Kasburger haben. Ein **Schuldverhältnis** zwischen Berg und Kasburger bestand zwar nicht in Form eines Kaufvertrages, Berg und Kasburger haben jedoch **Vertragsverhandlungen** aufgenommen, sodass von Gesetzes wegen ein Schuldverhältnis zwischen ihnen zu Stande gekommen ist, § 311 Abs. 2 Nr. 1 BGB. Vom Bestehen eines solchen Schuldverhältnisses ist auch dann auszugehen, wenn der beabsichtigte Vertragsschluss fehlgeschlagen ist. Auch das Entstehen eines derartigen Schuldverhältnisses könnte jedoch an der **Geschäftsunfähigkeit** der Berg scheitern, denn andernfalls entstünden auch in der Person des schutzwürdigen Geschäftsunfähigen Pflichten nach § 241 Abs. 2 BGB. Zum Schutz nicht voll Geschäftsfähiger, die ihrerseits in den Genuss der Pflichten des anderen Teils aus § 241 Abs. 2 BGB kommen sollen, wird jedoch anzunehmen sein, dass das **Schuldverhältnis** nach § 311 Abs. 2 BGB **zu Stande kommt** und lediglich keine Pflichten des nicht voll Geschäftsfähigen erzeugt.

Kasburger hat vorliegend seine **Pflicht zur Rücksichtnahme** auf die körperliche Unversehrtheit des Berg **verletzt**, indem er ihm verdorbenes Eis ausgehändigt hat. Es wird vermutet, dass Kasburger diese Pflichtverletzung auch zu **vertreten** hat, § 280 Abs. 1 Satz 2 BGB.

Damit hat Berg einen **Anspruch** aus §§ 311 Abs. 2, 241 Abs. 2, 280 Abs. 1 BGB **auf Ersatz seiner Behandlungskosten**, § 249 Abs. 2 Satz 1 BGB.

III. Anspruch Berg gegen Kasburger aus § 823 Abs. 1 BGB

Berg könnte zudem einen Anspruch aus § 823 Abs. 1 BGB wegen **Gesundheitsverletzung** gegen Kasburger haben.

1. Berg hat sich den Magen verdorben. Die **Verletzungshandlung** des Kasburger liegt im Aushändigen der Portion Eis. Das Aushändigen war auch **kausal** für den Eintritt der Gesundheitsverletzung. Der Zusammenhang zwischen Aushändigen der Portion Eis und der Magenerkrankung wird insbesondere nicht dadurch unterbrochen, dass die Gesundheitsverletzung erst vermittelt durch das Verspeisen eingetreten ist, weil mit einem solchen Handeln des Berg zu rechnen war. Die Verletzung geschah auch **rechtswidrig**.

2. Ob Kasburger **schuldhaft**, § 276 BGB, gehandelt hat, lässt sich dem Sachverhalt nicht entnehmen. Grundsätzlich müsste der Anspruchsteller Berg das Verschulden des Kasburger darlegen und beweisen. Hier könnten jedoch die Grundsätze der **Produzentenhaftung** greifen, die insoweit zu einer **Beweislastumkehr** führen. Diese Beweislastumkehr wird deshalb angeordnet, weil der Geschädigte keinen Einblick in den internen Produktionsprozess des Schädigers hat und deshalb ein Verschulden seines Anspruchsgegners regelmäßig kaum beweisen können wird.

Produkte sind Erzeugnisse aller Art, insbesondere also auch Nahrungsmittel. Kasburger ist der Hersteller des Produktes, denn er hat hausgemachtes Eis verkauft. Unter einem Hersteller ist nämlich nicht nur der industrielle Großunternehmer, sondern auch jeder handwerkliche Kleinbetrieb oder Gastwirt zu verstehen. Kasburger haftet also, soweit er nicht seinerseits darlegen und beweisen kann, dass er nicht schuldhaft gehandelt hat.

3. Damit hat Berg einen **Anspruch** aus § 823 Abs. 1 BGB auf **Ersatz der Behandlungskosten** in Höhe von 150,– €, § 249 Abs. 2 Satz 1 BGB.

7. Handeln für andere

Fall 53

Der in einer Düsseldorfer Großkanzlei viel beschäftigte Rechtsanwalt Tilo Zehe möchte endlich seine langjährige Freundin Amelie Adams heiraten. Als Hochzeitsgeschenk hat er ihr ein Hausgrundstück mit schöner Villa geschenkt. Dieses Grundstück muss jedoch noch an Adams aufgelassen werden. Deshalb hat Zehe über seine Sekretärin einen Notartermin am 12. August um 9.00 Uhr bestellt. Der Termin beim Standesamt Düsseldorf ist für den 12. August um 9.30 Uhr vereinbart.

Als Zehe am 11. August gegen 23.30 die Kanzlei verlassen möchte teilt man ihm mit, er werde am nächsten Morgen dringend für Vertragsverhandlungen in Barcelona benötigt, der Flug sei für 6.30 Uhr gebucht. Deshalb ruft Zehe gleich anschließend bei seiner Bekannten Kirstin Thoms an, und bittet sie, die Angelegenheiten in Düsseldorf vertretungsweise für ihn zu erledigen.

Wird Kirstin Thoms dieser Bitte nachkommen können?

Lösung:

Zehe hat Thoms **bevollmächtigt**, in seinem Namen die Ehe mit Adams zu schließen und ihr ein Grundstück aufzulassen; damit stünde einer Vertretung des Zehe durch Thoms eigentlich nichts im Wege. Fraglich ist jedoch, ob für solche Geschäfte nicht die **Stellvertretung ausgeschlossen** ist.

1. Zur Eheschließung ist die **gleichzeitige und persönliche Anwesenheit** der Brautleute vor dem Standesbeamten erforderlich, § 1311 BGB. Eine Stellvertretung ist deshalb **ausgeschlossen**.

2. Zur Auflassung eines Grundstücks bedarf es einer dinglichen Einigung zwischen Veräußerer und Erwerber, § 873 Abs. 1 BGB, in der Form des § 925 Abs. 1 BGB (Auflassung).

§ 925 Abs. 1 BGB ordnet an, dass die Einigung zwischen Veräußerer und Erwerber bei **gleichzeitiger Anwesenheit** vor dem Notar erfolgen muss. Zehe als Veräußerer wäre jedoch nicht anwesend, sondern möchte sich vertreten lassen. Das ist möglich, weil § 925 Abs. 1 BGB gerade **nicht die persönliche Anwesenheit** verlangt. Es ist also sogar denkbar, dass nur eine Person vor dem Notar erscheint, die beide Parteien vertritt, oder der Erwerber vom Veräußerer bevollmächtigt wird, mit sich selbst zu kontrahieren, vgl. §§ 164 Abs. 1, 181 BGB.

Damit kann Thoms der Bitte des Zehe nur bezüglich des Grundstücks nachkommen.

Schwab/Löhnig Einführung Rn. 765.

Fall 54

Roswitha Tratsch arbeitet als Kassiererin in einer Filiale der EWS-Supermärkte-GmbH. Sie arbeitet sehr langsam und führt überdies während der Arbeitszeit des Öfteren Privatgespräche mit ihr bekannten Kunden. Das verärgert den Filialleiter Ewald Blitzig dermaßen, dass er ihr eines Tages nach Geschäftsschluss erklärt, sie brauche „ab dem nächsten Ersten nicht mehr zu erscheinen"; gleichzeitig übergibt er ihr ein entsprechendes Kündigungsschreiben auf einem Briefbogen der EWS-GmbH. Den zuständigen Personalleiter hat Blitzig zuvor nicht informiert, weil er sich dessen Einverständnis sicher glaubte.

Frau Tratsch verwahrt sich gegen Blitzig und erklärt ihm, das sei ja wohl nicht seine Angelegenheit, er solle mal lieber darauf achten, dass ausreichend Ware in den Regalen stehe. Am nächsten Morgen informiert Blitzig den Personalleiter Weber, der wie erwartet sein Einverständnis mit der Kündigung erklärt.

Ist die Kündigung wirksam?

Lösung:

1. Bei einer **Kündigung** handelt es sich um eine **einseitige, empfangsbedürftige Willenserklärung**, die der **Schriftform** bedarf, § 623 BGB. Sie ist der Tratsch als Adressatin mit Aushändigung des Kündigungsschreibens zugegangen.

2. Fraglich ist jedoch, ob Blitzig das Arbeitsverhältnis der Tratsch mit der EWS-GmbH kündigen konnte. Dazu müssten die Voraussetzungen des § 164 Abs. 1 BGB erfüllt sein. Blitzig hat zwar die Kündigungserklärung ersichtlich **im Namen der EWS-GmbH** abgegeben, weil er entsprechendes Briefpapier benutzt hat. Allerdings war er zur Abgabe einer solchen Erklärung von der EWS-GmbH **nicht bevollmächtigt** worden; die EWS-GmbH beschäftigt vielmehr einen Personalleiter, der Vollmacht für alle die Arbeitsverhältnisse betreffenden Fragen hat.

3. Blitzig hat bei Abgabe seiner Kündigungserklärung demnach als vollmachtsloser Vertreter gehandelt, sodass die **Kündigung unwirksam** ist.

Daran könnte jedoch das **nachträgliche Einverständnis** des Personalleiters etwas geändert haben. Genehmigt der Vertretene nämlich das Geschäft eines vollmachtslosen Vertreters, so wird dieses Geschäft wirksam, § 177 Abs. 1 BGB. Die Genehmigung kann dabei sowohl dem Vertreter als auch dessen Geschäftspartner gegenüber erteilt werden, § 182 Abs. 1 BGB.

Hier hat zwar nicht die EWS-GmbH selbst durch eines ihrer Organe, wohl aber der von der EWS-GmbH für Personalfragen bevollmächtigte Personalleiter eine Genehmigung ausgesprochen, wozu er auf Grund seiner Vollmachten auch in der Lage war. Damit wäre die Kündigungserklärung eigentlich wirksam geworden.

§ 180 Satz 1 BGB bestimmt jedoch, dass **Vertretung ohne Vertretungsmacht bei einseitigen Rechtsgeschäften unzulässig** ist. Die Regelung des § 177 BGB findet nur dann Anwendung, wenn der Geschäftspartner das vollmachtslose Handeln nicht sogleich beanstandet, § 180 Satz 2 BGB. Eine solche **Beanstandung** ist in der Bemerkung der Tratsch gegenüber Blitzig, das sei ja wohl nicht seine Angelegenheit, zu sehen.

Deshalb ist die **Kündigung unwirksam** und das Arbeitsverhältnis zwischen der EWS-GmbH und Tratsch besteht fort.

Wolf/Neuner § 49 Rn. 15 ff.; BGH JuS 2011, 1030 (*Faust*)

Fall 55

Andrea Scheuber, die in Modefragen bewandert ist, kauft immer wieder Kleidung für ihren Lebensgefährten Emil Reich ein, der als Rechtsanwalt in einer großen Kanzlei viel zu tun und deswegen kaum Zeit hat, sich um solche Dinge zu kümmern. Reich bemerkt zum Teil gar nicht, dass Scheuber beispielsweise immer wieder einmal weiße oder blaue Hemden „ausmustert" und durch neue Stücke ersetzt. Scheubers Einkäufe im Modehaus „Britta" (Inhaberin Britta Weist) laufen immer so ab, dass Scheuber Kleidung aussucht und gleich mitnimmt und das Modehaus Britta den Geldbetrag vom Girokonto des Reich, zu dem auch Scheuber Zugriff hat, einzieht.

Am 30. April trennt sich Scheuber von Reich, weil Reich ein Verhältnis mit einer in der Kanzlei arbeitenden Rechtsreferendarin begonnen hat. Zwei Wochen später begibt sich Scheuber aus Rache ins Modehaus Britta, sucht Kleidung im Wert von 1200,– € für ihren neuen Liebhaber aus und bittet um das „übliche Prozedere".

Reich, der sich nun selbst um seine Angelegenheiten zu kümmern beginnt, ahnt, dass es derartige Schwierigkeiten mit seiner „Ex" geben könnte, unternimmt aber trotzdem nichts. Erst Anfang August wendet er sich an das Modehaus Britta und verlangt umgehend Rückzahlung der von seinem Konto unter dem Verwendungszweck „Kleidungskauf Scheuber 12. Mai" abgebuchten 1200,– €.

Zu Recht?

Lösung:

Anspruch Reich gegen Britta aus § 812 Abs. 1 Satz 1 Alt. 2 BGB

Reich könnte gegen Britta einen **Anspruch** auf Zahlung von 1200,– € aus § 812 Abs. 1 Alt. 2 BGB (**Nichtleistungskondiktion**) haben. Dazu müsste Britta auf Kosten des Reich etwas ohne rechtlichen Grund erlangt haben, ohne dass eine Leistung erfolgt wäre.

1. Britta hat im Wege des Bankeinzugs Buchgeld, also einen **Auszahlungsanspruch** gegen ihre Bank, in Höhe von 1200,– € **erlangt**. Dies geschah nicht durch Leistung, also bewusste, zweckgerichtete Vermögensmehrung seitens des Reich, sondern durch Zugriff der Britta im Wege der Einziehung, **also auf sonstige Weise**. Die Bereicherung der Britta geschah auch **auf Kosten** des Reich, denn ihm ist das Geld auf seinem Girokonto von Rechts wegen zugewiesen.

2. Schließlich müsste es im Verhältnis zwischen Reich und Britta an einem **Rechtsgrund** für diese Vermögensverschiebung **fehlen**.

a) Ein Rechtsgrund ergibt sich **nicht** schon aus einer Mitverpflichtung des Reich im Wege des **§ 1357 BGB**, weil Reich und Scheuber nicht verheiratet waren und § 1357 BGB auf nicht eheliche Lebensgemeinschaften auch nicht analog angewendet werden kann.

b) Möglicherweise bildet jedoch ein **Kaufvertrag** zwischen Britta und Reich einen solchen Rechtsgrund. Einen solchen Kaufvertrag könnte Scheuber in **Vertretung** des Reich mit Britta geschlossen haben. Dazu müsste Scheuber ihren Antrag auf Abschluss eines Kaufvertrages über die von ihr ausgewählten Kleidungsstücke im Namen des Reich und mit Vertretungsmacht abgegeben haben, § 164 Abs. 1 BGB.

Scheuber hat bei der Abgabe ihrer kaufvertraglichen Willenserklärung nicht ausdrücklich erwähnt, dass sie **im Namen des Reich** handle. Aus den Umständen jedoch („übliches Prozedere") ergab sich für Britta jedoch eindeutig, dass Scheuber wie immer Herrenkleidung im Namen des Reich kaufte. Reich hat Scheuber allerdings weder ausdrücklich noch konkludent eine Vollmacht für solche Geschäfte erteilt. Möglicherweise besteht aber der **Rechtsschein einer Vollmacht** in Form einer **Duldungsvollmacht**. Voraussetzung wäre, dass Reich wusste und duldete, dass Scheuber in seinem Namen Rechtsgeschäfte tätigt, und Britta auf Grund des Verhaltens der Scheuber von einer Bevollmächtigung ausgehen durfte.

Reich hat zumindest des Öfteren bemerkt, dass Scheuber für ihn regelmäßig Kleidung einkauft und auch geahnt, dass es in dieser Hinsicht nach der Trennung Probleme geben könnte. Dieses Handeln der Scheuber hätte Reich ohne weiteres, etwa durch ein kurzes Telefongespräch mit Britta, unterbinden können. Nachdem bereits eine Anzahl von Kleiderkäufen nach dem „üblichen Prozedere" reibungslos verlaufen war, durfte Britta auch bei dem letzten Kleidungskauf der Scheuber darauf vertrauen, dass Scheuber entsprechend bevollmächtigt sei.

Damit konnte Scheuber den Reich **wirksam verpflichten**, es besteht ein Kaufvertrag zwischen Britta und Reich über die Kleidungsstücke und damit ein **Rechtsgrund** für die Vermögensverschiebung zwischen Reich und Britta. Reich hat deshalb **keinen Anspruch** gegen Britta aus § 812 Abs. 1 Satz 1 Alt. 2 BGB.

Medicus BGB AT Rn. 930; *Schwab/Löhnig* Einführung Rn. 763-764.

▶ **Hinweis:** Reich wird sich bezüglich der 1200,– € an Scheuber halten müssen. Es dürfte jedenfalls ein Anspruch aus § 826 BGB bestehen, weil Scheuber dem Reich aus Rache einen Schaden zufügen wollte.

Fall 56

Helmut Pergel ist seit 1. April als Chefeinkäufer bei der Firma Cinque GmbH beschäftigt. Durch Rundschreiben vom 2. April hat der Geschäftsführer der GmbH, Schmitt, deshalb den Geschäftspartnern mitgeteilt, dass Pergel nunmehr zuständiger Verhandlungspartner im Einkauf sei.

Bereits am 10. Juli wird Pergel jedoch fristlos entlassen, weil er mehrfach von Lieferanten erhebliche Geldsummen als Schmiergeld entgegengenommen hatte. Pergel ist darüber sehr verärgert, er versteht nicht, was so schlimm an ein „paar kleinen Geldgeschenken" sein soll. Aus Rache bestellt er auf einem Briefbogen der Cinque GmbH, den er noch zu Hause hat, wahllos eine große Menge Stoff beim Stoffgroßhandel Sprotte in Hamburg, einem guten Geschäftspartner der GmbH.

Sprotte lässt den Stoff bei der GmbH anliefern und verlangt einen Kaufpreis von 70 000,– €. Schmitt verweigert die Zahlung und bietet Sprotte an, den Stoff wieder abzuholen.

Wer hat Recht?

Lösung:

Anspruch Sprotte gegen Cinque-GmbH aus § 433 Abs. 2 BGB

Sprotte könnte von der Cinque-GmbH **Zahlung** von 70 000,– € aus § 433 Abs. 2 BGB verlangen, wenn ein entsprechender **Kaufvertrag** geschlossen worden wäre. Der Antrag zum Abschluss eines Kaufvertrages ist jedoch nicht von einem Organ der Cinque-GmbH, sondern von Pergel ausgegangen. Er kann nur unter den Voraussetzungen des **§ 164 Abs. 1 BGB** unmittelbar für und gegen die Cinque-GmbH wirken.

1. Pergel hat den Antrag auf Abschluss eines Kaufvertrages **im Namen** der Cinque-GmbH abgegeben, indem er deren Briefpapier verwendet hat. Fraglich ist jedoch, ob er entsprechende **Vollmachten** hatte.

Mit der Einstellung als Chefeinkäufer der Cinque-GmbH wurde dem Pergel konkludent gleichzeitig eine Vollmacht zum Abschluss entsprechender Verträge erteilt (**Innenvollmacht**, § 167 Abs. 1 Alt. 1 BGB). Diese Vollmacht ist jedoch mit **Beendigung des Arbeitsverhältnisses** durch außerordentliche Kündigung **erloschen**, § 168 Satz 1 BGB.

2. Die Cinque-GmbH hat jedoch durch Rundbrief ihre Geschäftspartner über die Vollmachten des Pergel unterrichtet und damit die bereits erteilte **Vollmacht nach außen hin bekannt** gegeben. Hierdurch wird, wie sich aus § 171 Abs. 1 BGB ergibt, die Vollmacht nach außen nochmals selbstständig begründet. Diese Vollmacht im Wege besonderer Mitteilung an Dritte bleibt solange bestehen, bis sie auf die gleiche Weise, vorliegend also brieflich, widerrufen wird, § 171 Abs. 2 BGB.

Ein solcher **Widerruf** seitens der Cinque-GmbH ist **nicht erfolgt**. Damit konnte Pergel für die Cinque-GmbH einen **wirksamen Antrag** auf Abschluss eines Kaufvertrages an Sprotte richten. Sprotte hat diesen **Antrag** durch Anlieferung der Ware **angenommen**.

Die Cinque-GmbH ist damit zur **Zahlung des Kaufpreises verpflichtet**, § 433 Abs. 2 BGB.

Medicus BGB AT Rn. 940-942; *Faust* § 26 Rn. 17 ff.

Fall 57

Der Biologe Stefan Luschnig hält sich zu Forschungszwecken in den USA auf. Als sein Stipendium um weitere zwei Jahre verlängert wird, schreibt er an seine Bekannte Anja Ulkig einen Brief, in dem er sie bittet, seinen VW Golf bestmöglich zu verkaufen. Schlüssel und Papiere solle Ulkig bei seinen Eltern abholen. Außerdem liegt dem Brief ein Schreiben bei, das lautet: „Ich bevollmächtige hiermit Frau Anja Ulkig zum Verkauf meines VW Golf, Fahrgestellnummer SL-07011971. Luschnig".

Ulkig setzt daraufhin ein Inserat in die Abendzeitung: „Verkaufe VW Golf [...] Preis VB". Verschiedene Interessenten melden sich, darunter auch der Student Michael Sachs, der nach eingehender Besichtigung 4000,– € für den Golf bietet. Als sich aber auch Karin Neidiger, eine alte Bekannte von Ulkig, für das Fahrzeug interessiert und 3800,– € bietet, verkauft Ulkig ihr den Golf unter Vorlage ihrer Vollmacht und sagt dem Sachs telefonisch ab.

1. Ist zwischen Luschnig und Neidiger ein Vertrag über den Verkauf des VW Golf zustandegekommen?
2. Wie wäre es, wenn Luschnig in seinem Brief Ulkig gebeten hätte, das Auto nicht unter 3600,– € zu verkaufen?

Lösung:

1. Frage

Ulkig hat sich mit Neidiger über den Verkauf des VW Golf des Luschnig zum Preis von 3800,– € **geeinigt**. Fraglich ist, ob diese Einigung **unmittelbar für und gegen** Luschnig wirkt, § 164 Abs. 1 Satz 1 BGB. Dazu müsste Ulkig den Luschnig **wirksam vertreten** haben.

1. Ulkig hat ihre Willenserklärung im Rahmen der rechtsgeschäftlichen Einigung zwischen Ulkig und Neidiger **im Namen** des Luschnig abgegeben, was sie durch Vorweisen der Vollmachtsurkunde deutlich gemacht hat. Sie hat auch **mit Vertretungsmacht** gehandelt, die Luschnig ihr ausdrücklich erteilt hatte, § 167 Abs. 1 Alt. 1 BGB.

Allerdings hat Ulkig den Interessen des Luschnig nicht optimal gedient, indem sie den Golf 200,– € billiger verkauft hat, als dies möglich gewesen wäre. Ulkig war jedoch aus dem der Vollmacht zu Grunde liegenden Auftragsverhältnis, § 662 BGB, verpflichtet, den Golf bestmöglich zu verkaufen. Damit hat Ulkig ihre **Vollmacht missbraucht**. Zu prüfen ist deshalb, welchen Einfluss dies auf das Zustandekommen eines Kaufvertrages zwischen Luschnig und Neidiger hat.

2. Grundsätzlich trägt der Vertretene das Risiko eines Vollmachtsmissbrauchs. Er hat den Vertreter ausgewählt. Außerdem muss sich der Geschäftspartner – hier Neidiger – nicht um die Interna zwischen Vertretenem und Vertreter kümmern. Etwas anders gilt nur dann, wenn der Vollmachtsmissbrauch für den Geschäftspartner mindestens evident war. Davon ist hier nicht auszugehen.

Deshalb ist vorliegend ein **Kaufvertrag** zwischen Luschnig und Neidiger über den Verkauf des VW Golf zum Kaufpreis von 3800,– € **zustandegekommen**.

▶ **Hinweis:** Luschnig muss sich an Ulkig halten, die er wegen Pflichtverletzung im Rahmen des Auftragsverhältnisses auf Schadensersatz in Höhe von 200,– € in Anspruch nehmen kann, §§ 662, 280 Abs. 1 BGB.

2. Frage

Hier ändert sich an der Lösung nichts. Luschnig hat mit 3600,– € lediglich eine Untergrenze für den Kaufpreis festgelegt. Das entbindet Ulkig nicht von der Pflicht, trotzdem zu den für Luschnig günstigsten Bedingungen abzuschließen.

Fall 58

(Abwandlung zu Fall 57): Wie wäre es in **Fall 57**, wenn Ulkig in Gegenwart der Neidiger bei Sachs anruft und diesem wahrheitswidrig erklärt, es habe sich gerade ein Interessent gefunden, der 4300,– € biete; deshalb sei er, Sachs, „aus dem Rennen"?

Lösung:

Ulkig hat sich mit Neidiger über den Verkauf des VW Golf des Luschnig zum Preis von 3800,– € **geeinigt**. Fraglich ist, ob diese Einigung **unmittelbar für und gegen** Luschnig wirkt, § 164 Abs. 1 Satz 1 BGB. Dazu müsste Ulkig den Luschnig **wirksam vertreten** haben.

1. Ulkig hat ihre Willenserklärung im Rahmen der rechtsgeschäftlichen Einigung zwischen Ulkig und Neidiger **im Namen** des Luschnig abgegeben, was sie durch Vorweisen der Vollmachtsurkunde deutlich gemacht hat. Sie hat auch mit **Vertretungsmacht** gehandelt, die Luschnig ihr erteilt hatte, § 167 Abs. 1 Alt. 1 BGB.

Allerdings hat Ulkig den Interessen des Luschnig nicht optimal gedient, indem sie den Golf 200,– € billiger verkauft hat, als dies möglich gewesen wäre. Ulkig war jedoch aus dem der Vollmacht zu Grunde liegenden Auftragsverhältnis, § 662 BGB, verpflichtet, den Golf bestmöglich zu verkaufen. Damit hat Ulkig ihre **Vollmacht missbraucht**. Zu prüfen ist deshalb, welchen Einfluss dies auf das Zustandekommen eines Kaufvertrages zwischen Luschnig und Neidiger hat.

2. Grundsätzlich trägt der Vertretene das Risiko eines Vollmachtsmissbrauchs, vgl. oben Fall 57. Etwas anderes gilt nur dann, wenn der Vollmachtsmissbrauch für den Geschäftspartner **evident** war.

Ulkig hat in Gegenwart der Neidiger gegenüber Sachs wahrheitswidrig behauptet, ein anderer Interessent habe 4300,– € geboten, deshalb sei Sachs aus dem Rennen. Gleichzeitig wusste Neidiger, dass sie selbst nur 3800,– € geboten hatte. Hier ist der Vollmachtsmissbrauch für Neidiger evident, weil sich ihr Anhaltspunkte für einen Vollmachtsmissbrauch durch Ulkig geradezu aufdrängen.

3. Folge ist, dass Ulkig als **Vertreter ohne Vertretungsmacht** zu behandeln und der **Kaufvertrag** zwischen Luschnig und Neidiger **schwebend unwirksam** ist, § 177 Abs. 1 BGB. Das weitere Schicksal des Vertrages hängt von der Genehmigung oder Verweigerung der Genehmigung durch Luschnig ab.

Medicus BGB AT Rn. 965-968; *Wolf/Neuner* § 46 Rn. 141 ff.

Fall 59

Dieter Luber ist für den Fahrzeugpark der Südpol OHG zuständig. Am 13. März begibt er sich zum Autohaus Günther und bestellt dort einen Mercedes A-Klasse zum Preis von 27 500,– €. Den Bestellschein unterschreibt er mit „Luber". Als das Fahrzeug vier Wochen später eingetroffen ist, erhält er vom Autohaus Günther eine Benachrichtigung mit Rechnung. Luber leitet Benachrichtigung und Rechnung an die Geschäftsführung der Südpol OHG weiter. Der Geschäftsführer ist jedoch überhaupt nicht begeistert, dass Luber einen Mercedes für den Fahrzeugpark angeschafft hat. Bei anderen Marken bekomme man die gleiche Leistung für 5000,– € weniger.

Als das Auto im Mai immer noch bei Günther steht, ruft dieser bei Luber an und fragt nach, warum er das Auto nicht abhole. Luber erklärt, dass das Auto für die Südpol OHG bestimmt gewesen sei, die das Auto allerdings nicht benötige. Günther erwidert daraufhin, dass er mit einer Südpol OHG nichts zu tun habe und Abholung und Bezahlung innerhalb der nächsten Woche erwarte.

Zu Recht?

Lösung:

Anspruch Günther gegen Luber aus § 433 Abs. 2 BGB

Günther kann von Luber **Zahlung und Abnahme** aus § 433 Abs. 2 BGB verlangen, wenn ein entsprechender **Kaufvertrag** besteht.

1. Günther und Luber haben sich über den Verkauf eines Mercedes A-Klasse **geeinigt**. Dieser Vertragsschluss zwischen Luber und Günther wirkt **unmittelbar für und gegen** die Südpol-OHG, wenn Luber die Südpol-OHG **wirksam vertreten** hat.

Dazu müsste er seine Willenserklärung **im Namen** der Südpol-OHG abgegeben haben (Offenkundigkeit). Ausdrücklich ist dies nicht geschehen; auch aus den Umständen ist **nicht ersichtlich**, dass Luber irgendwie deutlich gemacht hätte, für die Südpol-OHG zu handeln. Deshalb sind Günther und Luber Partner des Kaufvertrages über den Mercedes geworden.

2. Luber wollte den Mercedes freilich für die Südpol-OHG kaufen und nicht für sich selbst, auch wenn er es versäumt hat, dies nach außen entsprechend deutlich zu machen. Er kann den Kaufvertrag deshalb möglicherweise **anfechten** und damit vernichten, § 142 Abs. 1 BGB.

Dazu bedürfte es zunächst **eines Anfechtungsgrundes**. In Betracht kommt hier ein **Inhaltsirrtum**, § 119 Abs. 1 BGB. Ein solcher läge vor, wenn Luber dachte, er habe deutlich gemacht, für die Südpol-OHG zu handeln, obschon er tatsächlich im eigenen Namen gehandelt hat. Ob Luber tatsächlich einem solchen Irrtum unterlegen ist, lässt sich dem Sachverhalt nicht entnehmen.

Die Frage kann jedoch offen bleiben. § 164 Abs. 2 BGB bestimmt nämlich ausdrücklich, dass der **Mangel des Willens in eigenem Namen zu handeln, nicht in Betracht** komme. Hierdurch wird eine **Anfechtung** nach § 119 Abs. 1 BGB in solchen Fällen **ausgeschlossen**.

Damit besteht ein gültiger Kaufvertrag und Luber ist zu **Zahlung und Abnahme** des Mercedes **verpflichtet**, § 433 Abs. 2 BGB.

Schwab/Löhnig Einführung Rn. 737.

Fall 60

Die Jurastudentin Nele Neuwald möchte ihrer Nachbarin Marie Dölfel einen Streich spielen. Deshalb wählt sie sich an der Uni in den Internetzugang der Dölfel ein und bestellt bei der Buchhandlung Schweitzer ein 40-bändiges Lexikon zum Preis von 7000,– €. Das Passwort ihrer Nachbarin konnte Nele Neuwald mithilfe eines einschlägigen Computerprogramms ermitteln. Der Buchhändler Ulrich Schweitzer liefert das Lexikon zwei Tage später bei Dölfel an, die die Bücher entsetzt zurückweist. Es entsteht ein Disput vor dem Haus, in den sich Neuwald mit der Bemerkung, da sei ihr wohl ein guter Scherz gelungen, einklinkt.

Kann Schweitzer von Dölfel oder Neuwald Bezahlung des Lexikons verlangen?

Lösung:

I. Anspruch Schweitzer gegen Dölfel aus § 433 Abs. 2 BGB

Schweitzer könnte gegen Dölfel einen **Anspruch auf Bezahlung und Abnahme** des Lexikons haben, § 433 Abs. 2 BGB, wenn zwischen beiden ein **Kaufvertrag** geschlossen worden ist.

1. Dölfel selbst hat keine dahingehende Willenserklärung abgegeben, könnte aber durch Neuwald wirksam verpflichtet worden sein. Neuwald hat sich des Internetzugangs der Dölfel bedient und sich im Internet also als Dölfel ausgegeben. Sie hat somit **unter fremdem Namen gehandelt**. Fraglich ist, wie ein solches Handeln rechtlich zu würdigen ist; das Gesetz hält insoweit keine Regelung bereit.

Neuwald wollte durch das Handeln unter fremdem Namen die Wirkungen ihres Handelns auf Dölfel abschieben. Ein solches Abschieben sollte nur möglich sein, wenn Dölfel damit einverstanden ist. Die Interessenlage entspricht also jener beim Handeln in fremdem Namen, sodass es sich anbietet, die **Stellvertretungsregeln** auch beim Handeln unter fremdem Namen anzuwenden. Neuwald hat also eine Willenserklärung unter dem Namen der Dölfel abgegeben, ohne von Dölfel entsprechend bevollmächtigt zu sein.

2. Möglicherweise muss sich Dölfel jedoch so behandeln lassen, als ob sie Neuwald bevollmächtigt hätte, weil für Schweitzer der **Rechtsschein** entstanden ist, es mit Dölfel zu tun zu haben; dann müsste sich Dölfel das rechtsgeschäftliche Auftreten Neuwalds zurechnen lassen. Hierfür spricht, dass jeder Internetzugang durch ein Passwort gesichert ist und der fremde Name deshalb nicht – wie sonst beim Handeln unter fremdem Namen – von jedermann ohne weiteres benutzt werden kann. Deshalb konnte Schweitzer darauf vertrauen, tatsächlich mit Dölfel zu kontrahieren.

Dieser **Rechtsscheinstatbestand**, auf den Schweitzer vertraute, müsste der Dölfel jedoch **zuzurechnen** sein. Sie müsste ihn also zumindest fahrlässig gesetzt haben. Dölfel konnte jedoch nicht wissen, dass Neuwald ihren Internetzugang hacken würde und hat sich auch ansonsten sorgfaltsgerecht mit ihrem Internetzugang verhalten. Etwas anderes würde etwa gelten, wenn Dölfel sich nicht ordnungsgemäß abgemeldet hätte, nachdem sie an einem öffentlichen Terminal gearbeitet hat oder ihrer Nachbarin das Passwort verraten hätte.

Damit hat Neuwald **vollmachtlos** gehandelt und **konnte** Dölfel **nicht verpflichten**. Ein Anspruch des Schweitzer aus § 433 Abs. 2 BGB gegen Dölfel **besteht nicht**.

II. Anspruch Schweitzer gegen Neuwald aus § 179 Abs. 1 BGB

Schweitzer könnte jedoch einen **Anspruch** gegen Neuwald **aus § 179 Abs. 1 BGB** haben.

Neuwald ist wie eine **Vertreterin ohne Vertretungsmacht** zu behandeln, vgl. oben (I.). Sie hat den Mangel ihrer Vertretungsmacht, oder besser ihre **fehlende Befugnis** zum Handeln unter dem Namen der Dölfel, auch **gekannt**. Neuwald haftet dem Schweitzer deshalb auf das **Erfüllungsinteresse**, vgl. § 179 Abs. 2 BGB. Schweitzer kann also von Neuwald **Zahlung von 7000,– €** verlangen, allerdings lediglich Zug um Zug gegen Übereignung und Übergabe des Lexikons, § 320 Abs. 1 Satz 1 BGB. Wenn der vollmachtslose Vertreter von seinem Geschäftspartner auf Erfüllung in Anspruch genommen wird, so hat er nämlich seinerseits alle Rechte aus dem Vertrag.

Schwab/Löhnig Einführung Rn. 775-776; *Wolf/Neuner* § 49 Rn. 17 ff.; *BGH* JA 2011, 627 (*Stadler*).

Fall 61

Der Rentner Julius Stenzel hat seine Schwiegertochter Nina Gastroh mit dem Kauf eines gebrauchten Faltbootes zu einem Höchstpreis von 1000,– € beauftragt, weil er im Sommer auf der Isar einige Bootstouren unternehmen möchte. Selbst ist es ihm zu riskant, ein gebrauchtes Boot zu kaufen, weil ihm die notwendigen Fachkenntnisse fehlen. Gastroh hält er als Inhaberin eines Segelscheins hingegen – zu Unrecht – für kompetent in allen Fragen Boote betreffend.

Gastroh erwirbt bald von Ralf Röhl im Namen des Stenzel ein Faltboot zum Preis von 900,– €. Röhl hatte dabei ausdrücklich darauf hingewiesen, dass an dem Boot „einiges abgedichtet werden müsse", was Gastroh ihrerseits mit einem Fachkunde heuchelnden „Ja klar, natürlich" quittiert hatte. Daraufhin hatte sie, wie mit Stenzel zuvor abgesprochen, bar bezahlt und das Boot gleich mitgenommen.

Als sich Stenzel mit dem Boot auf seiner ersten Bootstour befindet, läuft das Boot plötzlich mit Wasser voll und sinkt. Stenzel muss ans Ufer schwimmen und das Boot von der Wasserwacht bergen lassen. Es stellt sich heraus, dass das Boot zwei reparable undichte Stellen hat, die ein Fachmann ohne weiteres hätte bemerken können. Stenzel will, weil er sich über die Fachkunde der Gastroh getäuscht habe, „alles rückgängig machen". Er erkundigt sich bei Rechtsanwalt Till Tischler, ob er sein Geld zurückverlangen könne.

Besteht diese Möglichkeit?

Lösung:

I. Anspruch Stenzel gegen Röhl aus §§ 437 Nr. 2 Alt. 1, 323, 346 Abs. 1 BGB

1. Stenzel, vertreten durch Gastroh, § 164 Abs. 1 BGB, und Röhl haben einen **wirksamen Kaufvertrag** über das Faltboot geschlossen. Möglicherweise könnte Stenzel von diesem Vertrag **zurücktreten**. Das hätte zur Folge, dass die bereits erbrachten Leistungen zurückgewährt werden müssen. Stenzel könnte also Zug um Zug gegen Rückübereignung und Rückgabe des Bootes Rückzahlung der 900,– € verlangen, §§ 346 Abs. 1, 348 BGB.

2. Dafür müsste dem Stenzel jedoch ein **Rücktrittsrecht** zustehen. Ein solches könnte sich aus § 437 Nr. 2 Alt. 1 BGB ergeben. Voraussetzung hierfür wäre, dass das gekaufte **Boot mangelhaft** im Sinne des § 434 BGB ist.

Ein Mangel könnte in den undichten Stellen zu sehen sein. Auf diese Stellen hat Röhl jedoch ausdrücklich hingewiesen. Deshalb war lediglich ein Boot geschuldet, an dem „noch einiges abgedichtet werden muss", vgl. § 434 Abs. 1 Satz 1 BGB. Ein solches Boot hat Röhl jedoch übereignet und übergeben. Damit fehlt es bereits an einem Sachmangel, sodass ein **Rücktrittsrecht** nach § 437 Nr. 2 BGB **nicht besteht**.

Ein **Anspruch** des Stenzel aus §§ 437 Nr. 2 Alt. 1, 323, 346 Abs. 1 BGB **scheidet** damit also **aus**.

II. Anspruch Stenzel gegen Röhl aus § 812 Abs. 1 Satz 1 Alt. 1 BGB

Möglicherweise könnte Stenzel jedoch einen Anspruch aus § 812 Abs. 1 Satz 1 Alt. 1 BGB (**Leistungskondiktion**) auf Zahlung von 900,– € gegen Röhl haben. Voraussetzung dafür wäre, dass Röhl etwas durch Leistung des Stenzel erlangt hat, ohne dass dafür ein rechtlicher Grund bestünde.

1. Röhl hat **Eigentum und Besitz** an den Geldscheinen **erlangt**. Dies müsste durch **Leistung**, also bewusste und zweckgerichtete Vermögensmehrung, seitens des Stenzel geschehen sein. Stenzel wollte durch die Zahlung an Röhl, zu der er Gastroh angewiesen hatte, seine Kaufpreisschuld aus dem Kaufvertrag über das Faltboot tilgen. Auch wenn das Geld durch die Stellvertreterin Gastroh übereignet und übergeben wurde, stellt sich die Zahlung als Leistung des Stenzel, in dessen Namen Gastroh aufgetreten ist, dar.

Schließlich müsste es an einem **rechtlichen Grund** für die Bereicherung des Röhl **fehlen**. Ein solcher Grund liegt jedoch in dem zwischen ihm und Stenzel bestehenden **Kaufvertrag**.

2. Denkbar wäre jedoch, dass Stenzel die **Bevollmächtigung** der Gastroh wegen eines Irrtums über eine verkehrswesentliche Eigenschaft der Gastroh, nämlich ihre Sachkunde Faltboote betreffend, **anficht**, § 119 Abs. 2 BGB.

Folge der Anfechtung wäre die **rückwirkende Vernichtung der Vollmachtserteilung** an Gastroh, § 142 Abs. 1 BGB. Weitere Folge wäre, dass Gastroh bei dem Vertragsschluss mit Röhl **Vertreterin ohne Vertretungsmacht** gewesen wäre, der Kaufvertrag zwischen Röhl und Stenzel also schwebend unwirksam wäre, § 177 Abs. 1 BGB, und durch die Verweigerung der entsprechenden Genehmigung seitens des Stenzel, die in der Anfechtung zu sehen wäre, endgültig vernichtet würde.

a) Voraussetzung für eine wirksame Anfechtung wäre zunächst, dass Stenzel über eine **verkehrswesentliche Eigenschaft** der Gastroh **geirrt** hat. Eigenschaft ist jedes Beschaffenheitsmerkmal einer Person, das diese Person kennzeichnet. Bei den Fachkenntnissen einer Person handelt es sich demnach um ein solches Beschaffenheitsmerkmal.

Diese Eigenschaft müsste außerdem **verkehrswesentlich** sein. Das ist sie dann, wenn sie von Bedeutung für das konkrete Rechtsgeschäft ist, vorliegend also einen konkreten Bezug zu der ordnungsgemäßen Ausführung des Auftrags und Ausübung der Vollmacht aufweist. Davon ist hier auszugehen, denn Stenzel hat gerade deshalb eine Vertreterin bestellt, um sich fremder Sachkunde zu bedienen.

Eine Vollmacht kann als einseitiges Rechtsgeschäft grundsätzlich auch angefochten werden. Damit könnte die Vollmacht vernichtet werden, § 142 Abs. 1 BGB, was die oben erörterten Auswirkungen auf den Kaufvertrag hätte.

b) Dieses Ergebnis erscheint jedoch insofern fragwürdig, als damit Fehler aus dem Verhältnis zwischen Vertretenem und Vertreter gleichzeitig auch das Vertretergeschäft beeinflussen könnten und der Dritte (hier: Röhl) schutzlos gestellt würde. Deshalb wird die Auffassung vertreten, die bereits **ausgeübte Innenvollmacht könne nicht mehr angefochten** werden.

Nach überwiegender Auffassung wird ein Schutz des Dritten jedoch dadurch erreicht, dass die Anfechtung nicht nur dem Vertreter, § 143 Abs. 3 Satz 1 BGB, sondern auch dem Dritten gegenüber zu erklären ist, weil letztlich das Vertretergeschäft getroffen werden soll. Außerdem wird dem Dritten ein Anspruch auf **Ersatz des Vertrauensschadens aus § 122 Abs. 1 BGB** gegen den Vertretenen eingeräumt.

3. Damit **besteht** nach wirksamer Anfechtung ein **Anspruch** des Stenzel gegen Röhl auf Zahlung von 900,– €, §§ 812 Abs. 1 Satz 1 Alt. 1, 818 Abs. 2 BGB. Rechtsanwalt Tischler wird dem Stenzel also die Auskunft geben, dass Stenzel durch Anfechtung der Bevollmächtigung der Gastroh gegenüber Gastroh und Röhl den Kaufvertrag über das Faltboot vernichten kann.

Medicus BGB AT Rn. 944-945; *Wolf/Neuner* § 47 Rn. 33 ff.; *BGH* JA 2009, 541 (*Stadler*).

Fall 62

Die reiche Kathi Schweitzer hat ihrem Lebensgefährten Thomas Berg eine schriftliche Vollmacht erteilt, nach der Berg zum Verkauf ihrer Wertpapiere befugt war, und ihm gleichzeitig einen Schlüssel für ein Bankschließfach, in dem sich die Papiere befinden, ausgehändigt. Mit der Bank hat sie eine Zugangsberechtigung des Berg zu ihrem Schließfach vereinbart. Berg sollte die Wertpapiere zu einem günstigen Zeitpunkt verkaufen und den Erlös auf ein Girokonto der Schweitzer überweisen.

Weil Schweitzer der Verdacht beschlich, dass Berg Wertpapiere auf eigene Rechnung verkauft und das Geld in den Erwerb eines alten Alfa Romeo Spider gesteckt hat, verlangte sie von ihm einige Wochen später Schlüssel und Vollmacht zurück und versteckte beides zwischen den Dessous in ihrem Wäscheschrank. Außerdem ließ sie sich von Berg auch den Schlüssel zu ihrer Wohnung zurückgeben. Ihrer Bank machte sie davon keine Mitteilung.

Berg, der dringend einige italienische Anzüge benötigte, fand nach langem Suchen Schlüssel und Urkunde, nachdem er sich zuvor mit einem vor längerer Zeit ohne Wissen der Schweitzer angefertigten Zweitschlüssel Zutritt zur Wohnung verschafft hatte, holte auf den Namen seiner Lebensgefährtin lautende Wertpapiere im Wert von 8000,– € aus dem Bankschließfach und verkaufte sie unter Vorlage der Vollmachtsurkunde an die Frankfurter Bank.

Ist ein Kaufvertrag über die Papiere zwischen Schweitzer und der Frankfurter Bank zustandegekommen?

Lösung:

1. Ein Kaufvertrag zwischen Schweitzer und der Frankfurter Bank wäre dann zustandegekommen, wenn Berg die Schweitzer bei **Abschluss des Vertrages wirksam vertreten** hätte, § 164 Abs. 1 BGB. Berg hat seine Willenserklärung im Rahmen des vertraglichen Konsenses unter Vorlage der Vollmachtsurkunde und damit ersichtlich **im Namen** der Schweitzer abgegeben.

Fraglich ist allein, ob er die entsprechende **Vertretungsmacht** besaß. Ursprünglich hatte Schweitzer dem Berg entsprechende **Vollmacht eingeräumt**, diese Vollmacht aber **später widerrufen**, indem sie die Vollmachtsurkunde zurückverlangt hat, § 172 Abs. 2 BGB. Durch das Entwenden der Vollmachtsurkunde seitens Berg ist die Vollmacht nicht erneut zustandegekommen, denn dazu wäre nach § 172 Abs. 1 BGB erforderlich, dass dem Vertreter die Vollmachtsurkunde vom Vertretenen ausgehändigt worden ist.

2. Möglicherweise darf sich die Frankfurter Bank jedoch auf den **Rechtsschein einer Bevollmächtigung** des Berg durch Schweitzer verlassen, weil Berg die von Schweitzer unterschriebene Vollmachtsurkunde vorgelegt hat.

An einem **Rechtsscheinstatbestand** muss sich jedoch nur festhalten lassen, wer diesen Tatbestand **zurechenbar**, also zumindest fahrlässig gesetzt hat. Die Vollmachtsurkunde ist Schweitzer jedoch abhanden gekommen, obschon sie diese gut gesichert hatte. Schweitzer hat den Rechtsscheintatbestand einer Bevollmächtigung des Berg also nicht zurechenbar gesetzt (vgl. die parallele Wertung im Rahmen des gutgläubigen Eigentumserwerbs in § 935 Abs. 1 BGB; a.A. vertretbar).

Damit konnte Berg die Schweitzer **nicht wirksam vertreten**, der Vertrag ist schwebend unwirksam, § 177 Abs. 1 BGB.

Faust § 26 Rn. 17 ff.; *BGH* JA 2002, 913 (*Löhnig*).

Fall 63

Carl Christel, der sich seit Jahren intensiv mit der Geschichte der Familie Mann beschäftigt, hat erfahren, dass Gert Glaubnichts eine wertvolle signierte Erstausgabe von Heinrich Manns „Der Untertan" für 800,– € verkaufen möchte. Christel weiß, dass Glaubnichts sich das Buch unter einem Vorwand von seinem Bekannten Ernst Schulze geliehen hat. Weil Christel ahnt, dass er wohl kaum Eigentum an dem Buch würde erwerben können, heckt er einen cleveren Plan aus.

Tags drauf erzählt er seinem Bekannten Tom Kühn, dass Gert Glaubnichts ein wunderschönes Buch von Heinrich Mann aus seiner Bibliothek verkaufen wolle. Er, Christel, habe aber leider keine Zeit, am Abend bei Glaubnichts vorbeizugehen und das Buch zu kaufen. Deshalb bitte er ihn, Kühn, dieses Geschäft für ihn zu erledigen. Kühn ist einverstanden, Christel händigt ihm daraufhin 800,– € aus. Am Abend kauft Kühn wie geplant das Buch „für meinen Freund Christel" und bringt es am nächsten Morgen sogleich bei Christel vorbei.

Kann Schulze das Buch von Christel herausverlangen?

Lösung:

Anspruch Schulze gegen Christel aus § 985 BGB

Schulze könnte gegen Christel einen **Anspruch** aus § 985 BGB **auf Herausgabe des Buches** haben. Dazu müsste Schulze Eigentümer und Christel Besitzer des Buches ohne Besitzrecht gegenüber Schulze sein.

1. Ursprünglich war Schulze **Eigentümer** des Buches. Er hat sein Eigentum auch nicht verloren, als er das Buch an Glaubnichts verliehen hat, denn der Entleiher erwirbt kein Eigentum an den entliehenen Gegenständen, § 598 BGB.

2. a) Denkbar wäre jedoch, dass er das **Eigentum** durch Übereignung des Glaubnichts an Christel **verloren** hat, § 929 Satz 1 BGB. Glaubnichts und Christel, vertreten durch Kühn, haben sich dinglich **geeinigt**. Eine **Übergabe** des Buches an Christel hat, vermittelt durch Kühn als Besitzdiener, § 855 BGB, ebenfalls stattgefunden.

Glaubnichts war jedoch **nicht** zur Übereignung des Buches **berechtigt**, weil er weder Eigentümer war, noch vom Eigentümer Schulze nach § 185 BGB zur Übereignung des Buches ermächtigt worden ist.

b) In Betracht kommt jedoch möglicherweise ein **Eigentumserwerb vom Nichtberechtigten**. Ein solcher Erwerb ist möglich, es sei denn der Erwerber ist nicht in gutem Glauben bezüglich der Eigentümerstellung des Veräußerers. Der Erwerber ist gutgläubig, es sei denn ihm war bekannt oder infolge grober Fahrlässigkeit unbekannt, dass die Sache nicht dem Veräußerer gehört, § 932 Abs. 2 BGB.

Fraglich ist vorliegend allerdings, auf **wessen guten Glauben** es auf Erwerberseite ankommt, denn Kühn durfte mangels entgegenstehender Anzeichen davon ausgehen, dass Glaubnichts Eigentümer des Buches ist, Christel hingegen wusste, dass Glaubnichts nicht Eigentümer ist. § 166 Abs. 1 BGB bestimmt, dass es für die Frage der Kenntnis oder des Kennenmüssens gewisser Umstände auf die **Person des Vertreters** ankomme. Hiernach wäre also ein Eigentumserwerb des Christel möglich, weil sein Stellvertreter gutgläubig war.

Etwas anderes gilt jedoch, wenn der Vertreter nach bestimmten **Weisungen des Vollmachtgebers** gehandelt hat, § 166 Abs. 2 BGB. Dann kommt es auf den **Kenntnisstand des Vertretenen** an. Der Begriff der Weisung ist sehr weit auszulegen, weil verhindert werden soll, dass ein Bösgläubiger einfach einen gutgläubigen Stellvertreter vorschieben und so die Regelungen der §§ 932 ff. BGB umgehen kann. Von einer „Weisung" ist nach überwiegender Auffassung deshalb schon immer dann auszugehen, wenn der Geschäftsherr – wie vorliegend – von dem vorzunehmenden Geschäft weiß, also jedenfalls bei sämtlichen Einzelvollmachten.

3. Mangels Gutgläubigkeit konnte Christel, der um die Eigentumsverhältnisse an dem Buch wusste, also kein Eigentum an dem Buch erwerben, sodass Schulze **Eigentümer** des Buches **geblieben** ist. Er kann das Buch von dem Besitzer Christel herausverlangen, der gegenüber Schulze **keinerlei Besitzberechtigung** hat.

Medicus BGB AT Rn. 899-902.

Fall 64

(Abwandlung zu Fall 63): Wie wäre es in **Fall 63**, wenn Christel seinem Bekannten Kühn das Märchen erzählt, Glaubnichts wolle das Buch von Heinrich Mann verkaufen, jedoch nicht an ihn, Christel, weil er mit Glaubnichts auf schlechtem Fuß stehe. Er bitte deshalb Kühn um den Freundesdienst, das Buch zu kaufen und dabei kein Wort darüber verlauten zu lassen, dass das Buch eigentlich für ihn, Christel, bestimmt sei.

Inwiefern unterscheidet sich die Lösung der Abwandlung von der Lösung des Ausgangsfalles?

Lösung:

1. Die Variante unterscheidet sich vom Ausgangsfall dadurch, dass Kühn gegenüber Glaubnichts nicht verlauten lässt, dass er das Buch für Christel kaufen wolle. Man könnte also davon ausgehen, dass Glaubnichts das Buch an Kühn übereignet hat und Kühn dann wiederum an Christel.

Kühn hätte infolge seiner Gutgläubigkeit Eigentum an dem Buch erwerben, §§ 929 Satz 1, 932 BGB, und dieses Eigentum an Christel übertragen, § 929 Satz 1 BGB, können. Dabei wäre es auf den guten Glauben des Christel nicht mehr angekommen, weil Kühn als Eigentümer des Buches ohne weiteres zur Eigentumsübertragung befugt gewesen wäre.

2. Dabei bliebe jedoch die Rechtsfigur das **Handelns für den, den es angeht**, außer Betracht. Nach dieser Figur muss das Handeln für einen anderen entgegen § 164 Abs. 1 BGB nicht für den Geschäftspartner erkennbar sein, wenn es dem Geschäftspartner gleichgültig sein kann, für wen der Erklärende handelt. Davon ist bei Bargeschäften regelmäßig auszugehen. Kühn hat damit also, trotz fehlender Offenkundigkeit, als Stellvertreter gehandelt, sodass sich die Lösung der Variante von jener des Ausgangsfalls **nicht unterscheidet**.

Schwab/Löhnig Einführung Rn. 740-744.

Fall 65

Der Altphilologe Dr. Heldberg bittet seinen Bekannten, den Autohändler Menzel, seinen alten Fiat für ihn günstig zu verkaufen, übergibt ihm Wagen und Papiere und stellt ihm eine entsprechende Vollmachtsurkunde aus. Der Pkw hat einen Marktwert von etwa 2000,– €.

Menzel muss nicht lange nach einem Käufer suchen, weil er selbst Interesse am Erwerb des Pkw hat. Er verkauft sich das Auto daraufhin für 1000,– € und überweist das Geld an Heldberg.

Als Heldberg von dem Sachverhalt erfährt, ist er empört und will sein Auto zurück.

Zu Recht?

Lösung:

Anspruch Heldberg gegen Menzel aus § 985 BGB

Heldberg könnte gegen Menzel einen **Anspruch** aus § 985 BGB **auf Rückgabe** des Fiat haben. Voraussetzung dafür wäre, dass Heldberg Eigentümer des Fiat und Menzel Besitzer des Fiat ohne Besitzrecht gegenüber Heldberg ist, §§ 985, 986 BGB.

1. a) Ursprünglich war Heldberg **Eigentümer** des Fiat. Er könnte sein **Eigentum** jedoch an Menzel **verloren** haben, indem er den Fiat an Menzel übereignet hat. Dafür wäre lediglich eine dingliche **Einigung** zwischen Heldberg und Menzel erforderlich, weil Menzel bereits Besitzer des Fiat war, § 929 S. 2 BGB. Heldberg persönlich und Menzel haben sich nicht geeinigt, jedoch könnte Heldberg bei der dinglichen Einigung von Menzel vertreten worden sein, § 164 Abs. 1 BGB, sodass sich Menzel mit sich selbst geeinigt hat.

Fraglich ist jedoch, ob ein solches Geschäft zulässig ist. § 181 BGB regelt, dass ein Vertreter im Namen des Vertretenen mit sich in eigenem Namen grundsätzlich kein Rechtsgeschäft vornehmen kann. Eine Ausnahme gilt jedoch dann, wenn das Geschäft ausschließlich der **Erfüllung einer Verbindlichkeit** dient, § 181 a.E. BGB.

b) Deshalb ist zu prüfen, ob zwischen Heldberg und Menzel eine entsprechende **Verbindlichkeit bestand**, zu deren Erfüllung die Übereignung des Fiat dient.

In Betracht käme ein **Kaufvertrag** zwischen Heldberg und Menzel, der einen Anspruch des Menzel auf Übereignung des Fiat schaffen würde, § 433 Abs. 1 BGB. Nachdem Heldberg auch hier nicht selbst gehandelt hat, kann ein solcher Kaufvertrag wiederum nur zwischen Heldberg, vertreten durch Menzel, und Menzel selbst zu Stande gekommen sein. Ein solches Rechtsgeschäft unterfällt jedoch seinerseits dem Verbot des Selbstkontrahierens aus § 181 BGB und ist deshalb **unwirksam**.

Damit besteht **keine Verbindlichkeit**, zu deren Erfüllung Menzel den Fiat im Wege des Insichgeschäfts an sich selbst übereignen konnte.

2. Heldberg ist also Eigentümer des Fiat geblieben. Menzel ist **Besitzer** des Fiat, vgl. § 854 Abs. 1 BGB. Möglicherweise hat er jedoch ein **Recht zum Besitz** des Fahrzeugs, das den Anspruch aus § 985 BGB ausschließen würde. Heldberg hat dem Menzel den Fiat übergeben und ihn mit dem Verkauf des Wagens beauftragt. Aus diesem Auftragsverhältnis zwischen Heldberg und Menzel, § 662 BGB, ergibt sich auch ein Recht des Menzel zum Besitz des Fiat.

Mit der Rückforderung des Fiat hat Heldberg den **Auftrag** jedoch wirksam **widerrufen**, wozu er jederzeit berechtigt ist, § 671 Abs. 1 BGB. Damit ist auch das durch das Bestehen des Auftragsverhältnisses vermittelte Recht zum Besitz seitens des Menzel erloschen. Damit muss Menzel den Fiat an Heldberg **herausgeben**.

Schwab/Löhnig Einführung Rn. 766-767; *Wolf/Neuner* § 46 Rn. 116 ff.; *Petersen* Jura 2007, 418 ff.

8. Die allgemeinen Geschäftsbedingungen

Fall 66

Der Unternehmensberater und Weinkenner Schlegl möchte zum privaten Gebrauch beim Ökowinzer Hannes Hagel, der seine Weine auch per Internet anbietet, einige Kisten Rotwein kaufen. Er begibt sich deshalb auf die Homepage des Winzers, füllt die entsprechende Bestellmaske aus und klickt auf den Button „Bestellung abschicken".

Über diesem Button befindet sich ein weiterer Button in Signalrot mit der Aufschrift: „Hier geht's zum Kleingedruckten". Klickt man auf diesen Button, kommt man auf eine Seite, die im Umfang von etwa zwei Bildschirmseiten verschiedenste Vertragsbestimmungen enthält. Für diesen Button interessiert sich Schlegl allerdings nicht weiter.

Der Weinlieferung, die einige Tage später bei Schlegl eintrifft, liegt eine Rechnung über 312,– € bei, 300,– € für den Wein und 12,– € Verpackungskosten. Empört über die hohen Verpackungskosten ruft Schlegl bei dem Winzer an und erhält die Auskunft, unter Ziffer 5.3 des Kleingedruckten sei eine Klausel enthalten, die eine Überbürdung der tatsächlich angefallenen Verpackungskosten auf den Käufer vorsehe. Es sei also schon alles rechtens. Schlegl erklärt, er finde das überhaupt nicht rechtens, schließlich habe er die Geschäftsbedingungen nie gesehen. Er will den guten Wein auf jeden Fall behalten, die Spesen aber nicht bezahlen und überweist dem Hagel nur 300,– €.

Hannes Hagel verlangt von Schlegl die Zahlung weiterer 12,– €. Zu Recht?

Lösung:

I. Anspruch Hagel gegen Schlegl aus § 448 Abs. 1 BGB

Hagel kann die 12,– € von Schlegl verlangen, wenn eine entsprechende Verpflichtung des Schlegl besteht. Möglicherweise ergibt sich eine **Kostentragungspflicht** des Schlegl bereits **aus Gesetz**. Hagel und Schlegl haben vorliegend einen **Versendungskauf** vereinbart, weil Hagel auf Verlangen des Schlegl den Wein an einen anderen Ort als den Erfüllungsort (vorliegend: Niederlassung des Hagel, § 269 Abs. 2 BGB) versenden soll. § 448 Abs. 1 BGB ordnet die Kostentragung der Parteien für diesen Fall an. Hiernach hat der **Verkäufer die Kosten der Übergabe** der Sache zu tragen, der Käufer die Kosten der Abnahme und Versendung. Zu den Kosten der Übergabe gehören auch die Verpackungskosten. Ein **Anspruch** des Hagel gegen Schlegl aus § 448 Abs. 1 BGB **besteht also nicht**.

II. Anspruch Hagel gegen Schlegl aus Ziffer 5.3 des Kaufvertrages

Etwas anderes würde jedoch dann gelten, wenn sich Hagel und Schlegl darauf **geeinigt** haben, dass Schlegl dem Hagel 12,– € Verpackungskosten bezahlt.

1. Eine derartige Abrede ist möglich, denn **§ 448 BGB** ist – auch beim Verbrauchsgüterkauf, § 474 BGB, – **abdingbar**. Ob eine vertragliche Einigung zustandegekommen ist, richtet sich grundsätzlich nach §§ 145 ff. BGB. Hier sind jedoch, weil sich die Versandkosten aus dem „Kleingedruckten" ergeben, möglicherweise die speziellen §§ 305 ff. BGB einschlägig.

a) Voraussetzung dafür wäre, dass es sich bei dem „Kleingedruckten" um **Allgemeine Geschäftsbedingungen** im Sinne des § 305 Abs. 1 BGB handelt. Das „Kleingedruckte" enthält Vertragsbedingungen, die für eine **Vielzahl** von Weinlieferungsverträgen des Hagel gelten sollen, entsprechend **vorformuliert** worden sind und von Hagel einseitig ins Vertragsgeschehen eingeführt – also **gestellt** – wurden. Somit handelt es sich um AGB.

b) Diese AGB müssten Vertragsbestandteil geworden sein, damit Hagel aus ihrer Ziffer 5.3 einen Anspruch gegen Schlegl auf Zahlung von 12,– € herleiten kann. Das richtet sich nach § 305 Abs. 2 BGB. Hagel hat auf die AGB **ausdrücklich hingewiesen**, indem er einen signalroten Button auf seiner Homepage angebracht hat. Dass dieser die Aufschrift „Kleingedrucktes" enthielt, ist nicht schädlich, denn unter dieser Bezeichnung sind AGB gemeinhin bekannt. Der ausdrückliche Hinweis ist bei Vertragsschluss, nämlich unmittelbar bevor Schlegl seine Bestellung abgeschickt hat, erfolgt.

Schlegl hatte die **Möglichkeit der Kenntnisnahme** der AGB, denn er musste nur auf den Button klicken und hätte die AGB anschließend lesen oder ausdrucken können. Diese Möglichkeit der Kenntnisnahme ist auf Grund der geringen Länge der AGB (2 Bildschirmseiten) auch zumutbar. Schließt der Kunde unter diesen Voraussetzungen einen Vertrag, dann ist auch von seinem **Einverständnis** mit den AGB auszugehen, die damit Vertragsbestandteil geworden sind und folglich gelten.

2. Damit Schlegl zur Zahlung der 12,– € verpflichtet ist, müsste die Klausel 5.3 schließlich noch einer **Inhaltskontrolle** nach Maßgabe der §§ 307 ff. BGB standhalten.

Ein besonderes Klauselverbot hinsichtlich der Überbürdung von Übergabekosten auf den Käufer ist in §§ 308, 309 BGB nicht geregelt. In Betracht kommt jedoch **unangemessene Benachteiligung** des Schlegl entgegen den Geboten von Treu und Glauben, § 307 Abs. 1 BGB. In der Überbürdung der tatsächlich angefallenen Verpackungskosten auf den Käufer wird man zwar eine Benachteiligung, jedoch auf Grund der geringen Kosten keine unangemessene Benachteiligung sehen können (a.A. vertretbar). Schlegl **muss** deshalb die 12,– € **bezahlen**.

3. Möglicherweise kann Schlegl sich jedoch im Wege der **Anfechtung** von der Zahlungsverpflichtung lösen. In Betracht käme hier eine Anfechtung nach § 119 Abs. 1 Alt. 1 BGB. Schlegl ist davon ausgegangen, eine Willenserklärung mit dem Inhalt abzugeben, dass er eine bestimmte Menge Weines zum Preis von 300,– € erwerben wolle, hat jedoch dem objektiven Erklärungsgehalt nach eine Willenserklärung mit dem Inhalt abgegeben, dass er diesen Wein zum Preis von 300,– € plus Verpackungskosten kaufen wolle. Er unterlag damit einem **Inhaltsirrtum**.

Im Wege der Anfechtung kann Schlegl jedoch allenfalls den **gesamten Kaufvertrag vernichten**, § 142 Abs. 1 BGB, sich aber nicht isoliert von der Pflicht zur Zahlung der Verpackungskosten befreien. Das entspricht allerdings nicht seinen Vorstellungen, denn er möchte den Wein jedenfalls behalten. Überdies müsste Schlegl auch nach Anfechtung des Vertrages für die Verpackungskosten aufkommen, die Hagel über § 122 Abs. 1 BGB ersetzt verlangen könnte.

Schwab/Löhnig Einführung Rn. 791-793; *Löhnig* NJW 1997, 1688; *Löhnig/Gietl*, Grundfälle zum Recht der Allgemeinen Geschäftsbedingungen, JuS 2012, 393 und 494.

Fall 67

Der Physikstudent Holger Hupfer hat sich beim Computerspezialisten Sven Bastrup ein neues Notebook gekauft. Für den Vertragsschluss wurde ein von Bastrup immer für solche Geschäfte benutztes Vertragsformular verwendet, auf dessen Vorderseite sich auch AGB befanden.

Vier Monate nach dem Kauf des Gerätes erhält Hupfer von Bastrup eine Mahnung, er möge innerhalb einer Frist von 14 Tagen den für das abgelaufene Quartal angefallenen Beitrag von 50,– € für den 24-Stunden-Reparatursofortdienst zahlen. Hupfer hat das Notebook zwar im Hinblick darauf bei Bastrup gekauft, dass dieser den Sofortdienst anbietet. Neu ist ihm aber, dass der Dienst auch ohne Inanspruchnahme kostenpflichtig ist. Ein Anruf bei Bastrup bringt Klärung: in Ziffer 4.2.4. der AGB ist eine solche Kostentragungspflicht enthalten.

Hupfer findet das gesetzwidrig und verweigert die Zahlung. Bastrup hingegen besteht auf seinem Anspruch. Zu Recht?

Lösung:

Anspruch Bastrup gegen Hupfer aus Ziffer 4.2.4 des Kaufvertrages

1. Die **Zahlungspflicht** für den Sofortdienst müsste zwischen Hupfer und Bastrup **wirksam vereinbart** worden sein. Diese Zahlungspflicht war in Ziffer 4.2.4 der AGB des Bastrup geregelt, so dass sich die Geltung dieser Ziffer nach § 305 Abs. 2 BGB bemisst.

Dazu wäre zunächst ein **ausdrücklicher Hinweis** des Bastrup auf die AGB erforderlich, § 305 Abs. 2 Nr. 1 Alt. 1 BGB. Ein solcher Hinweis ist vorliegend allerdings nicht erfolgt. Er ist nach allgemeiner Auffassung jedoch überflüssig, wenn sich die AGB deutlich **sichtbar auf der Vertragsurkunde** befinden. Durch den Abdruck der AGB auf dem Vertragsformular hatte Hupfer auch die **Möglichkeit**, zumutbar von den AGB **Kenntnis zu nehmen**, vgl. § 305 Abs. 2 Nr. 2 BGB. Schließlich hat Hupfer durch die Unterzeichnung des Vertrages sein **Einverständnis** mit der Geltung der AGB erklärt, vgl. § 305 Abs. 2 Nr. 2 a.E. BGB. Von einer Einbeziehung der AGB in den Vertrag nach Maßgabe des § 305 Abs. 2 BGB kann also ausgegangen werden.

2. Möglicherweise handelt es sich bei Ziffer 4.2.4. der AGB jedoch um eine **überraschende Klausel** gemäß § 305c Abs. 1 BGB. Dann wäre diese Klausel nicht Vertragsbestandteil geworden und eine Zahlungspflicht des Hupfer bestünde nicht.

Ungewöhnlich ist eine Klausel, mit der ein Vertragspartner des Verwenders, hier also Hupfer, nach allen Umständen nicht rechnen muss. Das ist hier der Fall: Wer einen Gegenstand zu einem Festpreis kauft, muss nicht damit rechnen, dass ein mitangebotener 24-Stunden-Service pauschal, also unabhängig von der Inanspruchnahme, über den Festpreis hinaus kostenpflichtig ist.

Die Klausel 4.2.4. ist also **nicht Vertragsbestandteil** geworden; Hupfer muss deshalb die 50,– € **nicht bezahlen**.

Wolf/Neuner § 43 Rn. 25 ff.

9. Vertragsschluss im Zeichen des Verbraucherschutzes

Fall 68

Die Rentnerin Korinthenberg findet am 1. August in ihrem Briefkasten einen Werbezettel für eine kostenlose Ausflugsfahrt in die Oberpfalz am 7. August. Als Veranstalter stellt sich die Bierbichler-Elektrogeräte-GmbH vor, die gleichzeitig die Möglichkeit der Teilnahme an einer Verkaufsveranstaltung anbietet.

Korinthenberg, die ziemlich einsam ist, entschließt sich zur Teilnahme an der Ausflugsfahrt. Bei der Verkaufsveranstaltung lässt sie sich zum Erwerb einer Luxus-Heizdecke bewegen, deren Vorzüge ein sympathischer junger Mann eloquent anpreist. Sie unterschreibt gleich nach der Präsentation der Heizdecke einen entsprechenden Kaufvertrag und erhält daraufhin am 10. August ein Paket mit der mangelfreien Heizdecke und einer Rechnung über 200,– €. Das Geld überweist sie am 12. August auf das Konto der Bierbichler-Elektrogeräte-GmbH.

Am 11. September erhält Frau Korinthenberg Besuch von ihrer Tochter Juliane. Diese ist der Auffassung, ihre Mutter sei hereingelegt worden und könne alles rückgängig machen.

Besteht die Möglichkeit für Frau Korinthenberg, ihr Geld zurückzuverlangen?

Lösung:

Anspruch Korinthenberg gegen Bierbichler-GmbH aus §§ 312 Abs. 1, 355 Abs. 1 Satz 1, 357 Abs. 1 Satz 1, 346 Abs. 1 BGB

Frau Korinthenberg könnte ihr Geld **zurückverlangen**, § 346 Abs. 1 BGB, wenn sie von dem Kaufvertrag mit der Bierbichler-GmbH **zurücktreten** könnte.

1. Ein **Rücktrittsrecht** ist vorliegend nicht ersichtlich, möglicherweise besteht jedoch ein **Widerrufsrecht**, dessen Ausübung Frau Korinthenberg ebenfalls in den Genusss eines Anspruchs aus § 346 Abs. 1 BGB bringen würde, § 357 Abs. 1 Satz 1 BGB.

Ein Widerrufsrecht könnte sich aus § 312 Abs. 1 Satz 1 BGB ergeben. Voraussetzung dafür wäre, dass es sich bei dem Kaufvertrag zwischen der Bierbichler-GmbH und Korinthenberg um ein so genanntes **Haustürgeschäft** handelt. Darunter versteht man Verträge zwischen einem Unternehmer und einem Verbraucher, die eine entgeltliche Leistung zum Gegenstand haben und zu deren Abschluss der Verbraucher in bestimmten, die freie Willensbestimmung beeinträchtigenden Situationen (§ 312 Abs. 1 Satz 1 Nr. 1-3 BGB) bestimmt worden ist, § 312 Abs. 1 Satz 1 BGB.

Der Vertrag über den Kauf einer Heizdecke bezieht sich auf eine **entgeltliche Leistung,** Korinthenberg ist **Verbraucher** im Sinne des § 13 BGB, die Bierbichler-GmbH **Unternehmer** im Sinne des § 14 BGB. Der Vertrag wurde während der Ausflugsfahrt, also anlässlich einer vom Unternehmer durchgeführten **Freizeitveranstaltung**, § 312 Abs. 1 Satz 1 Nr. 2 BGB, geschlossen. Gerade diese besondere Situation hat Korinthenberg auch zum Vertragsschluss verleitet.

2. Damit steht Korinthenberg ein **Widerrufsrecht** nach Maßgabe des § 355 Abs. 1 Satz 1 BGB zu. Zur Ausübung dieses Widerrufsrechts müsste Korinthenberg in **Textform**, § 126b BGB, den Rücktritt erklären oder die Heizdecke an die Bierbichler-GmbH **zurücksenden**, § 355 Abs. 1 Satz 2 BGB.

Einer wirksamen Ausübung des Widerrufsrechts könnte jedoch der Ablauf der zweiwöchigen **Widerrufsfrist** aus § 355 Abs. 1 Satz 2 BGB entgegenstehen. Diese Frist beginnt mit **Belehrung** des Verbrauchers über sein Widerrufsrecht. Ein solche Belehrung der Korinthenberg ist jedoch nie erfolgt. Deshalb bemisst sich die Widerrufsfrist vorliegend nach § 355 Abs. 3 BGB. Hiernach **erlischt** das **Widerrufsrecht** des nicht belehrten Verbrauchers **nicht**, § 355 Abs. 3 Satz 3 BGB.

Damit **kann** Korinthenberg den Vertrag **widerrufen beziehungsweise** die Decke **zurückschicken** und aus §§ 357 Abs. 1 Satz 1, 346 Abs. 1 BGB ihr **Geld** von der Bierbichler-GmbH **zurückverlangen**.

Schwab/Löhnig Einführung Rn. 819-823; *Faust* § 16 Rn. 8 ff.

III. Die Abwicklung von Schuldverhältnissen

1. Erfüllung und Erfüllungssurrogate

Fall 69

Christine schuldet Harald 4000,– € aus einem Darlehen. Weil sie nicht in der Lage ist, die Forderung zu begleichen, bietet sie Harald dafür ihren sieben Jahre alten VW Golf an, der einen Verkehrswert von etwa 4000,– € hat. Harald ist einverstanden und sagt zu Christine: „Damit sind wir quitt!".

Er verkauft den Golf einige Tage später für 4300,– € an Roman.

Welche Ansprüche bestehen zwischen Harald und Christine?

Lösung:

I. Anspruch Harald gegen Christine aus § 488 Abs. 1 BGB

Harald könnte gegen Christine einen Anspruch auf Zahlung von 4000,– € aus § 488 Abs. 1 BGB haben. Der **Anspruch** ist **entstanden**, fraglich ist allein, ob er inzwischen **erloschen** ist. Ein Anspruch erlischt regelmäßig durch **Erfüllung**, § 362 Abs. 1 BGB. Erfüllung bedeutet die **Herbeiführung des geschuldeten Leistungserfolges**, hier also

Übereignung und Übergabe von Banknoten im Wert von 4000,– € durch Christine an Harald. Daran fehlt es vorliegend.

Vorliegend waren sich Harald und Christine jedoch darüber einig, dass sie „quitt" sind, wenn Christine dem Harald ihren **VW Golf übereignet und übergibt**. Dadurch haben sie den Vertragsinhalt des Darlehensvertrages insoweit abgeändert, als Christine berechtigt sein sollte, ihre Schuld auch durch Übereignung und Übergabe des VW Golf zu tilgen (**Leistung an Erfüllungs statt**, § 364 Abs. 1 BGB).

Diese Leistung hat Christine erbracht, der Anspruch des Harald aus § 488 Abs. 1 BGB ist damit erloschen.

II. Anspruch Christine gegen Harald aus § 812 Abs. 1 Satz 1 Alt. 1 BGB

Christine könnte ihrerseits einen Anspruch auf Zahlung von 300,– € haben, die Harald beim Verkauf des VW Golf als über die geschuldeten 4000,– € hinausgehenden Mehrerlös erwirtschaftet hat. In Betracht kommt ein Anspruch aus § 812 Abs. 1 Satz 1 Alt. 1 BGB (**Leistungskondiktion**).

Vorliegend besteht jedoch zwischen Harald und Christine ein **Rechtsgrund** für das Behaltendürfen auch des über den geschuldeten Betrag hinausgehenden Erlöses. Bei der **Leistung an Erfüllungs statt** trägt nämlich der Gläubiger (hier: Harald) die Gefahr der Werthaltigkeit der akzeptierten Ersatzleistung. Ist sie weniger als die geschuldete Leistung wert, so kann er keine weiteren Ansprüche gegen seinen Schuldner (hier: Christine) geltend machen, weil die **Forderung durch Annahme** der Ersatzleistung an Erfüllungs statt **erloschen** ist. Ist die Ersatzleistung hingegen mehr wert, so kann der Gläubiger umgekehrt den **Mehrwert behalten**, weil im Rahmen der Abrede der Leistung an Erfüllungs statt zwischen den Parteien ein entsprechender Rechtsgrund geschaffen worden ist.

Fall 70

Christine schuldet Harald 4000,– €. Weil sie nicht in der Lage ist, die Forderung zu begleichen, bietet sie Harald dafür ihren sieben Jahre alten VW Golf an. Harald ist einverstanden und will versuchen, „das Auto zu Geld zu machen".

Er verkauft den Golf tatsächlich einige Tage später für 3800,– € an Roman.

Welche Ansprüche bestehen zwischen Harald und Christine?

Lösung:

Anspruch Harald gegen Christine aus § 488 Abs. 1 BGB

Harald könnte gegen Christine einen Anspruch auf Zahlung von 4000,– € aus § 488 Abs. 1 BGB haben.

1. Der Anspruch ist **entstanden**. Fraglich ist allein, ob er inzwischen **erloschen** ist. Christine hat den Anspruch nicht erfüllt, § 362 Abs. 1 BGB, denn Erfüllung würde die

Herbeiführung des geschuldeten Leistungserfolges, hier also Übereignung und Übergabe von Banknoten im Wert von 4000,– € durch Christine an Harald bedeuten.

2. Harald hat allerdings den VW Golf akzeptiert. Es bleibt jedoch zu klären, ob Harald damit tatsächlich die Schuld der Christine getilgt sehen wollte. Akzeptiert der Gläubiger eine **andere als die geschuldete Leistung**, so kommen nämlich zwei Gestaltungsmöglichkeiten der Parteien in Betracht.

a) Der Gläubiger kann die ersatzweise erbrachte Leistung an Stelle der geschuldeten Leistung als Leistung an Erfüllungs statt akzeptieren. Dann ist die Schuld getilgt und das Schuldverhältnis wie nach einer Erfüllung erloschen, § 364 Abs. 1 BGB, vgl. oben Fall 69.

Die andere Möglichkeit besteht darin, dass der Gläubiger die ersatzweise erbrachte **Leistung** nur **Erfüllungs halber** akzeptiert. In diesem Fall bliebe die Schuld zunächst unverändert bestehen und würde nur insoweit erlöschen, als der Gläubiger sich aus einer ordnungsgemäßen Verwertung des ersatzweise geleisteten Gegenstands befriedigen konnte. Der Gläubiger erhielte in diesem Fall also nur eine **zusätzliche Befriedigungsmöglichkeit**.

Allein aus der Bemerkung des Harald, er werde versuchen, das Auto zu Geld zu machen, ist kein sicherer Rückschluss darauf möglich, welche der beiden Möglichkeiten die Parteien vereinbart haben.

b) Im **Zweifelsfall** ist über den Wortlaut des § 364 Abs. 2 BGB hinaus, der nur neue Verbindlichkeiten erfasst, davon auszugehen, dass keine Annahme an Erfüllungs statt, sondern lediglich eine **Annahme Erfüllungs halber** stattgefunden hat.

Das ergibt sich daraus, dass man dem Gläubiger einer Forderung nicht ohne Weiteres unterstellen kann, dass er sich mit einer möglicherweise minderwertigen Ersatzleistung zufrieden geben möchte. Die Forderung des Harald wird damit vorliegend nur in dem Umfang getilgt, in dem sich Harald tatsächlich aus der ordnungsgemäßen Verwertung des VW Golf befriedigen kann. Harald erhält also lediglich eine zusätzliche Befriedigungsmöglichkeit. Das Risiko der Werthaltigkeit des hingegebenen Autos trägt Christine.

Vorliegend bedeutet das, dass die Forderung des Harald gegen Christine aus § 488 Abs. 1 BGB **in Höhe von 3800,– € erloschen** ist und Harald gegen Christine demnach noch einen **Anspruch auf Zahlung von 200,– €** hat.

Hirsch Rn. 176 ff.; *Schwab/Löhnig* Einführung Rn. 831-833.

Fall 71

(Abwandlung zu Fall 70): Wie wäre die Rechtslage in **Fall 70**, wenn Harald dem Roman einen „Freundschaftspreis" machen und ihm den Golf für 2500,– € überlassen würde? Dabei ist zu unterstellen dass der VW Golf einen Verkehrswert von 4000,– € hat.

Lösung:

Anspruch Harald gegen Christine aus § 488 Abs. 1 BGB

1. Nach oben in Fall 70 Gesagtem hat Harald den VW Golf lediglich **Erfüllungs halber** akzeptiert, sodass seine Forderung gegen Christine lediglich in Höhe des Verwertungserlöses von 2500,– € erloschen ist und Christine dem Harald noch 1500,– € schuldet.

2. Diesen Anspruch könnte Christine jedoch möglicherweise durch **Aufrechnung zum Erlöschen** bringen, § 389 BGB. Erforderlich wären hierzu zunächst **zwei gegenseitige Forderungen** zwischen Harald und Christine, § 387 BGB. Harald hat einen Anspruch gegen Christine aus § 488 Abs. 1 BGB in Höhe von 1500,– €. Fraglich ist, ob auch Christine einen Anspruch gegen Harald hat.

a) Ein solcher Anspruch könnte sich aus § 280 Abs. 1 BGB ergeben. Zwischen Harald und Christine müsste dafür zunächst ein **Schuldverhältnis** bestehen. Hier ist von einem auftragsähnlichen Schuldverhältnis auszugehen, das bei Hingabe eines Gegenstandes Erfüllungs halber zwischen Schuldnerin Christine (Auftraggeberin) und Gläubiger Harald (Auftragnehmer) zu Stande kommt. Der Gläubiger soll den Gegenstand nämlich für Rechnung des Schuldners verwerten und unterliegt hierbei einer gewissen Pflichtenbindung zu Gunsten des Schuldners.

Harald müsste eine **Pflicht** aus diesem Schuldverhältnis **verletzt** haben. Der Gläubiger ist bei Leistung Erfüllungs halber zur ordnungsgemäßen Verwertung des hingegebenen Gegenstandes verpflichtet; er soll der Rechnung des Schuldners optimal dienen. Diese Verpflichtung hat Harald vorliegend verletzt, indem er den VW Golf zu billig an Roman verkauft hat. Diese Pflichtverletzung muss Harald auch **vertreten**, § 276 Abs. 1 Satz 1 BGB. Er hat vorsätzlich gehandelt, indem er dem Roman einen „Freundschaftspreis" gemacht und deshalb das Auto bewusst unter Wert veräußert hat. Auf die Vermutung des § 280 Abs. 1 Satz 2 BGB kommt es deshalb nicht an.

Die **Höhe des Anspruchs** der Christine gegen Harald bemisst sich nach der **Differenz** zwischen dem **erzielten Veräußerungserlös** und dem **Erlös**, der bei ordnungsgemäßer Veräußerung **zu erzielen gewesen wäre**. Hier ist auf Grund des Verkehrswertes des Golf von einem möglichen Erlös in Höhe von 4000,– € auszugehen. Die Differenz beläuft sich also auf 1500,– €, sodass Christine einen Schadenersatzanspruch gegen Harald in dieser Höhe aus §§ 280 Abs. 1, 249 Abs. 1 BGB hat.

b) Auch die weiteren Voraussetzungen einer Aufrechnung aus § 387 BGB liegen vor: Bei beiden Ansprüchen handelt es sich um Geldforderungen, sie sind also **gleichartig**, die Forderung der Christine ist **fällig**, § 271 Abs. 1 BGB, die des Harald ist erfüllbar.

Erklärt Christine gegenüber Harald also die Aufrechnung, § 388 Satz 1 BGB, so erlischt die Restforderung des Harald in Höhe von 1500,– € und Harald hat **keinen Anspruch** mehr gegen Christine aus § 488 Abs. 1 BGB.

Looschelders Rn. 403 ff.; *Schwab/Löhnig* Einführung Rn. 834-835.

Fall 72

Baumüller hat eine Werklohnforderung in Höhe von 230,– € gegen Ulrich. Diese Forderung tritt er an Dorfner ab. Kurze Zeit später zahlt Ulrich, der davon nichts weiß, die 230,– € an Baumüller. Als sich einige Tage später Dorfner mit seiner Forderung an Ulrich wendet, verweigert dieser die Zahlung. Er habe bereits bezahlt.

Dorfner ist mit der Zahlung an Baumüller keineswegs einverstanden und besteht auf Zahlung.

Zu Recht?

Lösung:

Anspruch Dorfner gegen Ulrich aus §§ 631 Abs. 1, 398 BGB

1. Dorfner könnte gegen Ulrich einen Anspruch aus §§ 631 Abs. 1, 398 BGB haben. Die **Werklohnforderung** ist im Verhältnis von Baumüller und Ulrich **entstanden**, Baumüller hat sie **wirksam** an Dorfner **abgetreten**, sodass dieser nun Forderungsgläubiger ist, § 398 Satz 2 BGB. Der Anspruch ist somit in der Person des Dorfner entstanden.

2. Er könnte jedoch durch die Zahlung von Ulrich an Baumüller wieder **erloschen** sein. Damit ein Anspruch erlischt, muss er erfüllt werden, § 362 Abs. 1 BGB. Erfüllung bedeutet Bewirken des geschuldeten Leistungserfolges beim Gläubiger. Ulrich hat zwar die geschuldeten 230,– € bezahlt, jedoch nicht an den Gläubiger Dorfner, sondern an Baumüller. Er hat damit also nicht den geschuldeten Leistungserfolg bewirkt.

a) Die **Bewirkung des Leistungserfolges an einen Dritten**, der nicht Leistungsgläubiger ist, führt jedoch zum Erlöschen der Forderung, wenn der Gläubiger dem zustimmt, §§ 362 Abs. 2, 185 Satz 1, 184 BGB. Eine solche Zustimmung hat der Forderungsgläubiger Dorfner vorliegend gerade nicht erteilt, denn er begehrt von Ulrich weiterhin Zahlung und macht damit deutlich, dass er mit der Leistungsbewirkung an Baumüller nicht einverstanden ist. Damit wäre der Anspruch von Dorfner gegen Ulrich aus §§ 631 Abs. 1, 398 BGB also nicht erloschen.

b) Eine abweichende Regelung findet sich jedoch in § 407 Abs. 1 BGB. Dort ist bestimmt, dass im Falle einer Abtretung der neue Gläubiger **Leistungen des Schuldners an den alten Gläubiger** gegen sich gelten lassen muss, solange der Schuldner die Abtretung nicht kennt. § 407 Abs. 1 BGB bürdet das Risiko einer Fehlzahlung seitens des Schuldners also dem Neugläubiger auf, weil es für diesen ohne weiteres möglich wäre, den Schuldner von der Abtretung in Kenntnis zu setzen. Damit konnte Ulrich durch seine Zahlung an Baumüller die Forderung des Dorfner auch gegen den Willen des Dorfner zum Erlöschen bringen, §§ 362 Abs. 1, 407 Abs. 1 BGB.

Der **Anspruch** des Dorfner gegen Ulrich aus §§ 631 Abs. 1, 398 BGB **besteht** also **nicht** mehr.

▶ **Hinweis:** Dorfner kann allerdings die 230,– € aus § 816 Abs. 2 BGB von Baumüller verlangen.

Looschelders Rn. 1132 ff.; *Hirsch* Rn. 965 ff.; *Schreiber* Jura 2007, 266 ff.

Fall 73

Siebeneichler ist am 2. Juli der Gaststätte Lokanta 70,– € schuldig geblieben. Als einige Tage später seine Frau sich dort mit Freundinnen trifft, bezahlt sie neben ihrer eigenen Rechnung auch die 70,– €.

Als Siebeneichler am 2. August wieder im Lokanta sitzt, verlangt der Wirt Lobanger von ihm die 70,– €. Siebeneichler erklärt, die habe seine Frau schon bezahlt. Lobanger erwidert daraufhin, dass er das Geld von Siebeneichler persönlich wolle, was die Frau bezahlt habe, interessiere ihn nicht.

Muss Siebeneichler bezahlen?

Lösung:

Anspruch Lobanger gegen Siebeneichler aus Bewirtungsvertrag

1. Siebeneichler und Lobanger haben einen **Bewirtungsvertrag geschlossen**, aus dem Siebeneichler dem Lobanger 70,– € schuldet. Siebeneichler **muss** deshalb 70,– € an Lobanger **bezahlen**, es sei denn, die Forderung des Lobanger aus Bewirtungsvertrag gegen ihn wäre bereits **erloschen**.

2. Siebeneichler selbst hat den geschuldeten Leistungserfolg nicht bewirkt. Allerdings hat seine Frau die 70,– € bezahlt. Die **Erbringung der Leistung durch einen Dritten** bringt regelmäßig einen Anspruch genauso zum Erlöschen wie die Leistung durch den Schuldner selbst, §§ 267 Abs. 1, 362 Abs. 1 BGB. Der Gläubiger kann dies auch nur dann ablehnen, wenn der Schuldner der Drittleistung widerspricht. Er hat regelmäßig keinen Anspruch auf höchstpersönliche Leistungserbringung durch den Schuldner, es sei denn, dies wäre gesetzlich angeordnet oder zwischen den Parteien vereinbart, § 267 Abs. 1 Satz 1 BGB.

Persönliche Bezahlung durch Siebeneichler ist für Bewirtungsverträge weder gesetzlich angeordnet, noch war sie zwischen Lobanger und Siebeneichler vereinbart. Damit hat sich Siebeneichler zu Recht auf das **Erlöschen der Forderung** durch die Zahlung seiner Frau berufen.

Fall 74

Felix Schmitt hat sich verpflichtet, gegen eine Bezahlung von 600,– € die Dissertation seiner Kommilitonin Petra Bolz innerhalb von vier Wochen auf Druckfehler Korrektur zu lesen. Einige Tage später kauft Schmitt von Bolz einige gebrauchte juristische Kommentare, die er für das Referendariat benötigt, zum Preis von insgesamt 200,– €.

Als Bolz die Bücher nur gegen Bezahlung von 200,– € herausgeben will, erklärt Schmitt die Aufrechnung.

Muss Bolz die Bücher an Schmitt übergeben und übereignen?

Lösung:

Anspruch Schmitt gegen Bolz aus § 433 Abs. 1 BGB

1. Schmidt hat gegen Bolz einen **Anspruch auf Übergabe und Übereignung** der Bücher aus § 433 Abs. 1 BGB. Allerdings hat Bolz gegen Schmitt ihrerseits einen Gegenanspruch auf Zahlung von 200,– € aus § 433 Abs. 2 BGB. Deshalb kann Bolz ihre **Leistung bis zu Bewirkung der Gegenleistung verweigern**, § 320 Abs. 1 Satz 1 BGB.

2. Diese Einrede des nichterfüllten Vertrages würde freilich dann nicht greifen, wenn Schmitt seine **Zahlungsverpflichtung** gegenüber Bolz **bereits erfüllt** hätte, indem er den Anspruch der Bolz aus § 433 Abs. 2 BGB durch Aufrechnung zum Erlöschen gebracht hat, § 389 BGB. Deshalb ist zu prüfen, ob die Voraussetzungen für eine **Aufrechnung**, § 387 BGB, vorliegen.

a) Schmitt und Bolz schulden sich **gegenseitig gleichartige Forderungen**. Schmitt schuldet Bolz 200,– € als Kaufpreiszahlung für die Bücher, § 433 Abs. 2 BGB, Bolz schuldet Schmitt 600,– € Entlohnung für die Korrektur der Dissertation.

b) Weiterhin müsste die Forderung des Schmitt gegen Bolz **fällig** und die der Bolz gegen Schmitt **erfüllbar** sein. Fraglich ist bereits, ob die Forderung des Schmitt gegen Bolz bereits fällig ist. Schmitt hat sich zur Korrektur der Dissertation des Bolz verpflichtet. Er schuldet der Bolz einen Erfolg, nämlich die Beseitigung von Druckfehlern aus der Dissertation. Bei der Verabredung zwischen Schmitt und Bolz handelt es sich somit um einen Werkvertrag, §§ 631 ff. BGB.

Ein Werklohnanspruch wird bei **Abnahme des geschuldeten Werkes fällig**, § 641 Abs. 1 Satz 1 BGB. Das ist dann der Fall, wenn das Werk vom Werkunternehmer fertig gestellt und vom Besteller entgegengenommen und als vertragsgemäß gebilligt worden ist.

Schmitt hat die Korrekturarbeit jedoch noch nicht fertig gestellt. Sein Anspruch auf Zahlung von 600,– € gegen Bolz ist somit **noch nicht fällig**. Er kann deshalb auch **nicht** mit diesem Anspruch gegen den Zahlungsanspruch der Bolz **aufrechnen** und diesen so zum Erlöschen bringen.

Bolz **verweigert** demnach **zu Recht** Übereignung und Übergabe der Bücher, § 320 Abs. 1 Satz 1 BGB.

Schwab/Löhnig Einführung Rn. 839-841.

2. Pflichtverletzung

Fall 75

Fritz Frank hat beim Antiquitätenhändler Peters eine alte Biedermeier-Kommode gekauft. Als Peters die Kommode verabredungsgemäß in Begleitung eines Angestellten anliefert und in die Wohnung des Frank trägt, stolpert Peters und fällt in ein Weinregal. Es lässt sich nicht klären, ob dies aus Unachtsamkeit des Peters oder wegen einer leicht hoch stehenden Teppichleiste in der Wohnung des Frank geschehen ist. Mehrere Flaschen Rotweins zerbrechen und ihr Inhalt färbt den Teppichboden rötlich. Die Beseitigung der Bescherung kostet Frank, der einen neuen Boden verlegen lassen muss, 1300,– €. Die zerbrochenen Weinflaschen hatte Frank kurz zuvor für 200,– € erworben.

Kann Frank den Betrag von 1500,– € von Peters ersetzt verlangen und die Kommode trotzdem behalten?

Lösung:

I. Anspruch Frank gegen Peters aus § 280 Abs. 1 BGB

In Betracht kommt ein Schadensersatzanspruch des Frank aus § 280 Abs. 1 BGB (**Schadenersatz neben der Leistung**). Zwischen Peters und Frank bestand ein **Schuldverhältnis** in Form des Kaufvertrages, § 433 BGB, über die Kommode.

1. Peters müsste eine **Pflicht** aus diesem Vertrag **verletzt** haben. Verträge regeln nicht nur Hauptleistungspflichten der Parteien, sondern können, wie sich aus § 241 Abs. 2 BGB ergibt, auch zur Rücksicht auf die Rechtsgüter des jeweils anderen Vertragspartners verpflichten. Eine solche Pflicht enthält auch der Kaufvertrag zwischen Peters und Frank. Diese Rücksichtnahmepflicht hat Peters verletzt, indem er durch das Zerbrechen der Weinflaschen und die Verschmutzung des Teppichbodens das Eigentum des Frank verletzt hat.

Ein **Vertretenmüssen** des Peters ist mangels konkreter Angaben zu vermuten, § 280 Abs. 1 Satz 2 BGB. Peters müsste also Umstände vortragen, die ihn entlasten. Diese Möglichkeit hat er jedoch nicht, weil sich der genaue Hergang nicht klären lässt.

2. Peters hat den Frank damit **so zu stellen, wie er ohne die Pflichtverletzung stünde**, und muss dem Frank deshalb den zur Wiederherstellung dieses Zustands erforderlichen Geldbetrag bezahlen, § 249 Abs. 2 Satz 1 BGB. Hätte die Pflichtverletzung durch Peters nicht stattgefunden, so hätte Frank nicht 1300,– € für die Verlegung neuen Teppichbodens aufwenden müssen. Außerdem stünde Wein im Wert von 200,– € in seinem Eigentum. Peters hat demnach Schadensersatz in Höhe von 1500,– € zu leisten.

Schwab/Löhnig Einführung Rn. 844.

II. Anspruch aus § 823 Abs. 1 BGB

Ein Schadensersatzanspruch des Frank gegen Peters könnte sich auch aus § 823 Abs. 1 BGB ergeben. Peters hat, indem er die Weinflaschen zerbrochen und den Teppichboden verschmutzt hat, das **Eigentum** des Frank **rechtswidrig verletzt**.

Es lässt sich allerdings nicht klären, ob Peters der **Vorwurf der Fahrlässigkeit** gemacht werden kann oder nicht. Die Anspruchsvoraussetzungen, also auch das Verschulden des Anspruchsgegners, hat derjenige darzulegen, der den Anspruch geltend macht. Das wird Frank nicht gelingen, weil sich der Hergang nicht klären lässt. Ein Schadensersatzanspruch aus § 823 Abs. 1 BGB besteht deshalb nicht.

Fall 76

Der selbstständige Rechtsanwalt Arthur Weinberger schlendert durch den Supermarkt „Kaufrausch", um seine samstäglichen Einkäufe zu erledigen. Der Angestellte Ronald Rogge ist im „Kaufrausch" damit beschäftigt, eilig die Regale wieder aufzufüllen. Er schiebt einen schweren Wagen mit allerlei Waren durch die Gänge und kann infolge einer Unaufmerksamkeit hinter Weinberger nicht mehr rechtzeitig abbremsen, sodass er ihn mit dem Wagen anfährt. Arthur stürzt und zieht sich dabei einen Splitterbruch im rechten Arm zu. Er muss operiert werden und nach der Operation vier Tage im Krankenhaus verbringen, in denen seine Kanzlei geschlossen bleibt. Die Behandlungskosten betragen 7000,– €.

Rogge, den Arthur in Anspruch nehmen will, stellt sich als weitgehend vermögenslos heraus. Der Geschäftsführer der Kaufrausch-GmbH ist der Auffassung, dass die GmbH für den Vorfall nicht hafte. Man habe, was zutrifft, Rogge sorgfältig ausgewählt und überwache ihn wie alle anderen Angestellten auch mit größter Sorgfalt.

Kann Weinberger von der Kaufrausch-GmbH Ersatz seiner Schäden verlangen?

Lösung:

I. Anspruch Weinberger gegen Kaufrausch-GmbH aus §§ 311 Abs. 2 Nr. 2, 241 Abs. 2, 280 Abs. 1 BGB

Weinberger könnte gegen die Kaufrausch-GmbH einen Anspruch aus §§ 311 Abs. 2 Nr. 2, 241 Abs. 2, 280 Abs. 1 BGB haben.

1. Dazu müsste zunächst zwischen der Kaufrausch-GmbH und Weinberger ein **Schuldverhältnis** bestehen. Ein solches Verhältnis entsteht bereits durch die Anbahnung eines Vertrages, § 311 Abs. 2 Nr. 2 BGB, unabhängig davon, ob ein solcher dann tatsächlich zustandekommt. Die Kaufrausch-GmbH und Weinberger, der im Supermarkt der Kaufrausch-GmbH gerade Waren auswählte, befanden sich in einem solchen **Stadium der Vertragsanbahnung**. Dieses vorvertragliche Schuldverhältnis erzeugt zwar keine Pflichten im Sinne des § 241 Abs. 1 BGB, wohl aber Pflichten gemäß § 241 Abs. 2 BGB wie die Pflicht zur Rücksichtnahme auf die Rechtsgüter des jeweils anderen Teils.

2. Diese **Pflicht** hat allerdings nicht der Anspruchsgegner Kaufrausch-GmbH, sondern der Angestellte Rogge **verletzt**, indem er fahrlässig eine Körperverletzung des Weinberger herbeiführte. Die Kaufrausch-GmbH muss sich jedoch diese schuldhafte **Pflichtverletzung** des Rogge **zurechnen lassen**, wenn sie sich des Rogge zur Erfüllung ihrer Verbindlichkeiten bedient hat, § 278 Satz 1 BGB. Die Kaufrausch-GmbH hat den Rogge zur Arbeit im Supermarkt angestellt und ihn deshalb zur Erfüllung ihrer Verbindlichkeiten gegenüber den Kunden, zu denen auch die Rücksichtnahmepflicht zählt, eingesetzt. Sie muss sich die schuldhafte Pflichtverletzung des Rogge also zurechnen lassen.

3. Die Kaufrausch-GmbH muss dem Weinberger daher den Geldbetrag als Schadensersatz bezahlen, der zur Wiederherstellung seiner körperlichen Gesundheit erforderlich ist, § 249 Abs. 2 Satz 1 BGB (**Naturalrestitution**).

Zudem hat sie dem Weinberger den **Gewinn zu ersetzen**, den dieser in den vier Tagen Kanzleibetrieb gemacht hätte. Weinberger muss dabei nicht darlegen, welchen Gewinn er in diesen konkreten vier Tagen gemacht hätte, sondern kann den üblichen Gewinn aus vier Arbeitstagen ansetzen, § 252 Satz 2 BGB.

Schwab/Löhnig Einführung Rn. 948-960; *Looschelders* Rn. 181 ff.

II. Anspruch Weinberger gegen Kaufrausch-GmbH aus § 831 Abs. 1 Satz 1 BGB

Weinberger könnte außerdem einen Schadensersatzanspruch aus § 831 Abs. 1 Satz 1 BGB gegen die Kaufrausch-GmbH haben.

1. Dafür wäre zunächst erforderlich, dass der Angestellte Rogge als **Verrichtungsgehilfe** der Kaufrausch-GmbH anzusehen wäre. Verrichtungsgehilfe ist, wer weisungsgebunden eine Tätigkeit für einen anderen ausübt. Davon ist bei einem Angestellten auszugehen.

2. Außerdem müsste dieser Verrichtungsgehilfe **in Ausführung seiner Verrichtungen** eine widerrechtliche Schadenszufügung, also eine rechtswidrige Tat im Sinne der §§ 823 ff. BGB begangen haben. Rogge hat durch das Anfahren mit dem Wagen Körper und Gesundheit des Weinberger widerrechtlich verletzt. Auf ein Verschulden des Verrichtungsgehilfen kommt es dabei nicht an. Die Schadenszufügung geschah auch bei Ausführung der Verrichtungen des Rogge, der gerade mit dem Auffüllen von Regalen beschäftigt war.

3. Damit sind die Anspruchsvoraussetzungen des § 831 Abs. 1 Satz 1 BGB gegeben. Die Kaufrausch-GmbH kann sich jedoch **entlasten**, § 831 Abs. 1 Satz 2 BGB, indem sie vorträgt, ihren Angestellten Rogge sorgfältig ausgewählt und überwacht zu haben.

Deshalb besteht kein Anspruch des Weinberger gegen die Kaufrausch-GmbH aus § 831 Abs. 1 Satz 1 BGB.

Fall 77

Der Gymnasiallehrer Bergmann möchte seine Wohnung neu tapezieren lassen. Nachdem er einige Kostenvoranschläge entsetzt über die hohen Preise verworfen hat, kommt er auf die Idee, „die Sache schwarz machen zu lassen“. Ein Bekannter vermittelt ihm seinen „Spezi“ Siggi, der alle Handwerksarbeiten gut und preiswert erledige.

Siggi tapeziert die Wohnung des Bergmann gegen Bezahlung von 1000,– €. Jedoch arbeitet er nicht allzu sorgfältig, sodass sich einige Tapetenbahnen schon nach wenigen Tagen wieder von der Wand lösen. Außerdem hat Siggi eine ganze Anzahl von Dellen im Parkett hinterlassen.

Bergmann verlangt von Siggi Nachbesserung der Tapeziererarbeiten und Schadensersatz wegen der Dellen im Parkett. Sollte Siggi nicht zur Nachbesserung verpflichtet sein, möchte Bergmann wenigstens die 1000,– € Lohn, die er an Siggi bezahlt hat, zurückverlangen.

Zu Recht?

▶ **Hinweis:** Bei der Bearbeitung ist § 8 Abs. 1 des Schwarzarbeitsgesetzes (SchwarzArbG) in der Fassung vom 23. Juli 2004 (BGBl. I 2004 S. 1842), zuletzt geändert durch das Gesetz zur Änderung des Aufenthaltsgesetzes und weiterer Gesetze vom 14. März 2005 (BGBl. I S. 721) zu beachten. Er lautet:

§ 8 Bußgeldvorschriften

(1) Ordnungswidrig handelt, wer

1. [...]
   e.) ein zulassungspflichtiges Handwerk als stehendes Gewerbe selbständig betreibt, ohne in die Handwerksrolle eingetragen zu sein (§ 1 HandwerksO)

   und Dienst- oder Werkleistungen in erheblichem Umfang erbringt oder
2. Dienst- oder Werkleistungen in erheblichem Umfang ausführen lässt, indem er eine oder mehrere Personen beauftragt, die diese Leistungen unter vorsätzlichem Verstoß gegen eine in Nummer 1 genannte Vorschrift erbringen.

Lösung:

I. Anspruch Bergmann gegen Siggi aus §§ 634 Nr. 1, 635 Abs. 1 BGB

Hinsichtlich der Tapeziererarbeiten könnte Bergmann gegen Siggi einen Anspruch auf **Nacherfüllung** in Form der **Mängelbeseitigung** haben, §§ 634 Nr. 1, 635 Abs. 1 BGB. Voraussetzung dafür wäre das Bestehen eines **wirksamen Werkvertrages**. Siggi und Bergmann haben sich darauf **geeinigt**, dass Siggi die Wohnung des Bergmann für 1000,– € tapeziert und damit einen Werkvertrag geschlossen.

Der Vertrag könnte jedoch **nichtig** sein, § 134 BGB. Dazu müsste er gegen ein **Verbotsgesetz** verstoßen. In Betracht kommt hier das Gesetz gegen Schwarzarbeit; dabei handelt es sich um ein **Verbotsgesetz**, weil dieses Gesetz Schwarzarbeit in jeder Form unterbinden möchte. Nach diesem Gesetz handelt ordnungswidrig, wer, wie Siggi, Werkleistungen in erheblichem Umfang erbringt, ohne in die Handwerksrolle eingetragen zu sein, § 1 Abs. 1 Nr. 3. Gleiches gilt für denjenigen, der, wie Bergmann, unzulässige Schwarzarbeit in erheblichem Umfang in Auftrag gibt, § 2 des Gesetzes. Beim Tapezieren einer ganzen Wohnung wird von Arbeiten in erheblichem Umfang auszugehen sein. Bei einem solchen **beiderseitigen Verstoß** gegen das Gesetz gegen Schwarzarbeit ist ein Vertrag nach ganz überwiegender Auffassung nichtig, § 134 BGB.

Damit kommt ein Anspruch des Bergmann gegen Siggi aus §§ 634 Nr. 1, 635 Abs. 1 BGB nicht in Betracht.

II. Anspruch Bergmann gegen Siggi aus § 812 Abs. 1 Satz 1 Alt. 1 BGB

Zu prüfen ist deshalb, ob Bergmann von Siggi den gezahlten „**Werklohn**" in Höhe von 1000,– € **zurückverlangen** kann. In Betracht kommt ein Anspruch aus § 812 Abs. 1 Satz 1 Alt. 1 BGB (Leistungskondiktion).

1. Die Voraussetzungen eines solchen Anspruchs sind gegeben: Siggi hat **Eigentum und Besitz** an Geldwertzeichen im Wert von 1000,– € **erlangt**. Dies geschah durch Leistung des Bergmann, der damit seine Verbindlichkeit aus Werkvertrag tilgen wollte.

Ein **rechtlicher Grund** für das Behaltendürfen des Erlangten ist jedoch **nicht** ersichtlich, denn ein wirksamer Werkvertrag zwischen Bergmann und Siggi besteht nicht, vgl. oben.

2. a) Möglicherweise ist aber die **Rückforderung** der 1000,– € **ausgeschlossen**. In Betracht kommt zunächst ein Rückforderungsausschluss nach § 814 BGB. Voraussetzung wäre, dass der **Leistende**, vorliegend also Bergmann, **gewusst hat**, dass er nicht zur Leistung verpflichtet war. Es ist jedoch nicht ersichtlich, dass Bergmann wusste, dass er dem Siggi mangels wirksamen Werkvertrags keinen Werklohn schuldet.

b) Die Rückforderung könnte jedoch gemäß § 817 Satz 2 BGB ausgeschlossen sein. Dazu müssten sowohl Bergmann als auch Siggi gegen ein **gesetzliches Verbot verstoßen** haben. Siggi betreibt ein Gewerbe, ohne in die Handwerksrolle eingetragen zu sein, und verstößt damit gegen § 1 Abs. 1 Nr. 3 des Gesetzes zur Bekämpfung von Schwarzarbeit. Bergmann hat Siggi mit Arbeiten in erheblichem Umfang beauftragt und damit gegen § 2 dieses Gesetzes verstoßen.

Somit hat Bergmann **keinen Anspruch** aus § 812 Abs. 1 Satz 1 Alt. 1 BGB auf Zahlung von 1000,– € gegen Siggi.

III. Anspruch Bergmann gegen Siggi aus § 280 Abs. 1 BGB

Bergmann könnte wegen der Dellen im Parkett gegen Siggi einen Anspruch auf Schadensersatz aus § 280 Abs. 1 BGB wegen **Verletzung von vertraglichen Nebenpflichten**, § 241 Abs. 2 BGB, haben.

Voraussetzung wäre zunächst das Bestehen eines **Schuldverhältnisses** zwischen Bergmann und Siggi. In Betracht kommt hier allein ein Werkvertrag über die Tapeziererarbeiten, der jedoch nichtig ist, § 134 BGB, vgl. oben (I). Damit besteht kein Anspruch aus § 280 Abs. 1 BGB.

VI. Anspruch Bergmann gegen Siggi aus §§ 311 Abs. 2, 241 Abs. 2, 280 Abs. 1 BGB

In Betracht könnte jedoch ein Anspruch aus §§ 311 Abs. 2, 241 Abs. 2, 280 Abs. 1 BGB kommen.

1. Voraussetzung wäre hierfür zunächst das Bestehen eines **Schuldverhältnisses** zwischen Siggi und Bergmann. Hier wäre an ein Schuldverhältnis auf Grund der Anbahnung eines Vertrags zu denken, § 311 Abs. 2 Nr. 2 BGB.

Während bei einem gelungenen Vertragsschluss das **vorvertragliche Schuldverhältnis** aus § 311 Abs. 2 BGB mit dem Entstehen des vertraglichen Schuldverhältnisses endet, könnte es hier mangels wirksamen Vertragsschlusses fortbestanden haben. Dafür spräche, dass auch bei Durchführung eines nichtigen Vertrages die (vermeintlichen) Vertragsparteien gegenseitige Rücksichtnahme auf die Rechtsgüter des jeweils anderen Teils zu üben haben; denn auch ein nichtiger Vertrag kann die tatsächlicher Möglichkeit zur Einwirkung auf die Rechtsgüter des anderen Teils geben, vgl. die Formulierung in § 311 Abs. 2 Nr. 2 BGB.

2. Auf der anderen Seite ist die Funktion des Gesetzes gegen Schwarzarbeit zu beachten. Es soll jegliche Form der Schwarzarbeit verhindern. Diese Wirkung wird über § 134 BGB in das Bürgerliche Recht transportiert und am ehesten dann erreicht, wenn den Partnern eines Schwarzarbeitsvertrages **keinerlei Ansprüche zustehen**, die über das Niveau des allgemeinen Schutzes der Rechte und Interessen durch das Deliktsrecht hinausgehen.

Deshalb ist hier das Bestehen eines Schuldverhältnisses gemäß § 311 Abs. 2 Nr. 2 BGB abzulehnen (a.A. vertretbar).

V. Anspruch Bergmann gegen Siggi aus § 823 Abs. 1 BGB

Bergmann hat jedoch die Dellen im Parkett betreffend einen Anspruch aus § 823 Abs. 1 BGB. Siggi hat das **Eigentum** des Bergmann **beschädigt**, indem er Dellen in das Parkett gemacht hat. Dies geschah **rechtswidrig** und **schuldhaft**, denn bei Beachtung der erforderlichen Sorgfalt wären keine Dellen im Parkett entstanden.

Siggi muss dem Bergmann deshalb den Geldbetrag bezahlen, der für die Reparatur des Parketts erforderlich ist, § 249 Abs. 2 Satz 1 BGB. Zu erwägen wäre eine **Kürzung** dieses Betrages nach § 254 Abs. 1 BGB, weil Bergmann selbst einen Beitrag zur Schadensentstehung geleistet hat, indem er einen Schwarzarbeiter und keinen ausgebildeten Handwerker mit den Arbeiten beauftragt hat.

Fall 78

Der Student Stängelmann begibt sich ins Autohaus Roth, um dort möglicherweise einen gebrauchten VW Polo zu erwerben, den er schon zuvor eingehend besichtigt hatte. Es berät ihn der Verkäufer Hans Kamm, der die Vorzüge des VW Polo im Allgemeinen und den hervorragenden Zustand dieses Polos im Speziellen preist. Er kenne das Fahrzeug, da sei „immer alles gemacht" worden. Kamm legt sich deshalb so ins Zeug, weil er bei Abschluss eines Kaufvertrages eine Provision in Höhe von 4 % des Kaufpreises erhält. Stängelmann kauft den Polo schließlich im Vertrauen auf diese Aussagen des Kamm.

In Wahrheit müssen bei dem Polo innerhalb der nächsten 5000 km verschiedenste Verschleißteile erneuert werden; Kamm hatte das Fahrzeug mit einem anderen Polo gleicher Bauart und Farbe verwechselt.

Einige Wochen nach dem Kauf des Polo ist Stängelmann klüger und möchte das Auto gegen Rückzahlung des Kaufpreises an das Autohaus Roth zurückgeben. Er findet das Autohaus Roth jedoch verschlossen vor. Stängelmann holt Erkundigungen ein und erfährt, dass ein Insolvenzverfahren eröffnet worden sei.

Da verfällt er auf die Idee, den Verkäufer Kamm in Anspruch zu nehmen und von ihm Ersatz der Kosten zu verlangen, die für den Ersatz der Verschleißteile anfallen werden. Besteht diese Möglichkeit?

Lösung:

Anspruch Stängelmann gegen Kamm aus § 280 Abs. 1 BGB

Stängelmann könnte gegen Kamm einen Anspruch aus § 280 Abs. 1 BGB haben.

Dazu wäre zunächst erforderlich, dass Kamm eine **Pflicht aus einem Schuldverhältnis** mit Stängelmann **verletzt** hat. Schon das Bestehen eines Schuldverhältnisses zwischen Kamm und Stängelmann erscheint jedoch fraglich. Kamm und Stängelmann haben zwar einen **Kaufvertrag** geschlossen, Kamm hat dabei aber als **Vertreter** des Roth gehandelt, der damit Vertragspartner des Stängelmann wurde, § 164 Abs. 1 BGB.

1. Ein Schuldverhältnis mit Pflichten nach § 241 Abs. 2 BGB kann jedoch auch zu einer Person entstehen, die nicht selbst Vertragspartei werden soll, § 311 Abs. 3 Satz 1 BGB. Das ist insbesondere dann der Fall, wenn diese Person in **besonderem Maße Vertrauen für sich in Anspruch nimmt** und dadurch Vertragsverhandlungen oder Vertragsschluss erheblich beeinflusst, § 311 Abs. 3 Satz 2 BGB.

Fraglich ist, was „Vertrauen" im Sinne dieser Norm bedeutet. Sicherlich setzt sich nicht schon jeder „besonders vertrauenswürdige" Verhandlungsgehilfe der Haftung nach § 280 Abs. 1 BGB aus. Vielmehr ist nach überwiegender Auffassung erforderlich, dass der Nichtvertragspartner (hier: Kamm) **Gewähr für Bestand und Erfüllung des Rechtsgeschäfts** gegeben hat und damit besonderes persönliches Vertrauen in Anspruch genommen hat. Davon kann bei Kamm nicht die Rede sein.

2. Eine eigene Haftung von Personen, die nicht Vertragsparteien werden, kann jedoch auch in anderen Fällen bestehen. § 311 Abs. 3 Satz 2 BGB nennt die Inanspruchnahme von Vertrauen nur beispielhaft, wie die Formulierung „insbesondere" zeigt.

Eine weitere anerkannte Fallgruppe, in der es zu einer Eigenhaftung von Nichtvertragspartnern kommen kann, ist das Vorliegen eines **eigenen wirtschaftlichen Interesses** dieser Person an dem Vertragsschluss. Kamm müsste vorliegend also ein eigenes wirtschaftliches Interesse daran gehabt haben, dass der Kaufvertrag zwischen Roth und Stängelmann zu Stande kommt. Das könnte sich daraus ergeben, dass ihm für diesen Fall eine Provision zustand.

Es ist nach verbreiteter Auffassung jedoch nicht jedes wirtschaftliche Interesse des Verhandlungsgehilfen ausreichend. Vielmehr soll nach der einschlägigen Rechtsprechung der Verhandlungsgehilfe aus wirtschaftlicher Sicht gleichsam Vertragspartner werden müssen. Es wird gesagt, er müsse **„Quasipartei"** oder „wirtschaftlicher Herr des Geschäfts" sein. Das ist bei einem bloßen Provisionsanspruch in Höhe von 4 % des Verkaufspreises nicht der Fall.

Ein **Anspruch** des Stängelmann gegen Kamm aus §§ 311 Abs. 3, 241 Abs. 2, 280 Abs. 1 BGB **scheidet damit aus**.

Hirsch Rn. 932 ff.; *Schwab/Löhnig* Einführung Rn. 963-964.

▶ **Hinweis:** Es bestehen auch keine deliktischen Ansprüche des Stängelmann gegen Kamm. Ein Anspruch aus § 826 BGB scheitert am Schädigungsvorsatz des Kamm. Nach § 823 Abs. 1 BGB kann Stängelmann ebenfalls nicht vorgehen, weil es schon an der Schädigung eines durch diese Norm geschützten Rechtsguts fehlt. Beim Anspruch aus §§ 823 Abs. 2 BGB, 263 StGB fehlt es am Betrugsvorsatz des Kamm.

3. Insbesondere: Unmöglichkeit

Fall 79

Eichhorn hat sich zum Verkauf einiger antiquarischer juristischer Bücher aus seiner Sammlung entschlossen, weil er sein Sammelgebiet beschränken möchte. Er gibt Inserate in verschiedenen Zeitschriften auf und verschickt an Interessenten, die sich auf das Inserat hin melden, eine Bücherliste. Das 1569 in Frankfurt verlegte und mit zahlreichen zeitgenössischen handschriftlichen Marginalien versehene Corpus Iuris Matrimonialis des Erasmus Sarcerius zum Preis von 1900,– € findet in Antiquar Hanser einen Interessenten; der Kaufpreis entspricht dem Marktwert des Buches. Hanser meldet sich deshalb nach Erhalt der Bücherliste umgehend telefonisch bei Eichhorn und fragt nach, ob das Buch noch zu haben sei. Eichhorn und Hanser einigen sich darauf, dass Hanser das Buch in den nächsten Tagen bei Eichhorn abholen werde.

In der gleichen Nacht wird das Buch jedoch so schwer beschädigt, dass es praktisch wertlos wird. Ursache dafür ist ein überraschender Wassereinbruch in der Wohnung des Eichhorn, an dem Eichhorn jedoch nachweislich kein Verschulden trifft. Hanser ist verärgert, weil er das Buch für 3000,– € an den Sammler Balder hätte weiterverkaufen können.

Wie ist die Rechtlage?

Lösung:

I. Anspruch Hanser gegen Eichhorn aus § 433 Abs. 1 BGB

Ein **Anspruch** des Hanser gegen Eichhorn auf **Übereignung und Übergabe** des Buches, § 433 Abs. 1 BGB, ist **entstanden**, durch die Vernichtung des Buches jedoch **ausgeschlossen**, § 275 Abs. 1 Alt. 2 BGB; es handelt sich bei dem Buch um ein Einzelstück, sodass mit Vernichtung dieses Stückes die Leistung für jedermann unmöglich geworden ist.

II. Anspruch des Eichhorn gegen Hanser aus § 433 Abs. 2 BGB

Eichhorn könnte seinerseits einen **Anspruch** gegen Hanser **auf Zahlung des Kaufpreises** aus § 433 Abs. 2 BGB haben. Dieser Anspruch ist zwar durch den Abschluss eines wirksamen Kaufvertrags zwischen den Parteien **entstanden**, aber als Anspruch auf die Gegenleistung für eine unmöglich gewordene Leistung, nämlich die Übereignung des Buches durch Eichhorn an Hanser, **erloschen**, §§ 275 Abs. 4, 326 Abs. 1 Satz 1 BGB.

III. Anspruch Hanser gegen Eichhorn aus §§ 275 Abs. 4, 280 Abs. 1 und 3, 283 Satz 1 BGB

Möglicherweise hat Hanser jedoch einen Anspruch auf **Schadensersatz statt der Leistung**, §§ 275 Abs. 4, 280 Abs. 1 und 3, 283 Satz 1 BGB, gegen Eichhorn. Dem Eichhorn ist die Erbringung seiner Leistung an Hanser **unmöglich geworden**. Auf diese Weise hat er eine **Pflicht** aus dem zwischen ihm und Hanser bestehenden Schuldverhältnis, dem Kaufvertrag, **verletzt**.

Diese Pflichtverletzung müsste Eichhorn **zu vertreten** haben, die Unmöglichkeit müsste also auf Grund vorsätzlichen oder fahrlässigen Handelns des Eichhorn eingetreten sein, § 276 Abs. 1 Satz 1 BGB. In § 280 Abs. 1 Satz 2 BGB wird ein Vertretenmüssen desjenigen **vermutet**, der die Pflicht aus einem Schuldverhältnis verletzt hat und bürdet ihm damit den **Entlastungsbeweis** auf. Eichhorn kann diesen Beweis jedoch führen, weil ihn nachweislich keine Schuld an dem Wassereinbruch trifft.

Hanser hat damit **keinen Anspruch** aus Schadensersatz statt der Leistung gegen Eichhorn.

Looschelders Rn. 639 ff.; *Schwab/Witt* S. 63 ff.

Fall 80

(Abwandlung 1 zu Fall 79): Wie ist der **Fall 79** zu lösen, wenn das Wasser bei einem starken Unwetter mit orkanartigen Böen und heftigen Niederschlägen durch ein offenes Fenster in die Wohnung gelangt ist, und es sich nicht klären lässt, ob Eichhorn das Fenster offen gelassen hat oder das Fenster von dem Sturm aufgedrückt wurde?

Lösung:

I. Ansprüche Hanser gegen Eichhorn aus § 433 Abs. 1 BGB und Eichhorn gegen Hanser aus § 433 Abs. 2 BGB

Die beiden Ansprüche aus § 433 BGB sind wie im Ausgangsfall **erloschen**.

II. Anspruch Hanser gegen Eichhorn aus §§ 275 Abs. 4, 280 Abs. 1 und 3, 283 Satz 1 BGB

Möglicherweise hat Hanser einen Anspruch auf Schadensersatz statt der Leistung, §§ 275 Abs. 4, 280 Abs. 1 und 3, 283 Satz 1 BGB.

1. Eichhorn hat eine **Pflicht** aus dem zwischen ihm und Hanser bestehenden Schuldverhältnis, dem Kaufvertrag, **verletzt**, weil ihm die Erfüllung seiner Leistungspflicht unmöglich geworden ist.

Diese Pflichtverletzung müsste Eichhorn zu **vertreten** haben. Die Unmöglichkeit müsste also auf Grund vorsätzlichen oder fahrlässigen Handelns des Eichhorn eingetreten sein, § 276 Abs. 1 Satz 1 BGB. Hier lässt sich nicht klären, ob Eichhorn das Fenster, durch das das Wasser eingedrungen ist, versehentlich während des Unwetters nicht geschlossen und damit fahrlässig gehandelt hat, oder ob das Fenster durch das Unwetter aufgedrückt wurde, was Eichhorn nicht zu vertreten hätte.

§ 280 Abs. 1 Satz 2 BGB **vermutet ein Vertretenmüssen** desjenigen, der die Pflicht aus einem Schuldverhältnis verletzt hat und bürdet ihm den Entlastungsbeweis auf. Eichhorn kann den Entlastungsbeweis jedoch nicht führen, weil offen ist, warum das Fenster nicht geschlossen war. Deshalb hat er seine Pflichtverletzung zu vertreten.

2. Damit kann Hanser **Schadensersatz statt der Leistung** verlangen, er ist also so zu stellen, als hätte er die Leistung des Eichhorn (Eigentum und Besitz an dem Buch) erhalten, § 283 Satz 1 in Verbindung mit § 249 Abs. 1 BGB.

Die Schadenersatzhöhe ergibt sich aus einem Vergleich der gegenwärtigen Vermögenslage des Hanser mit der Vermögenslage, wie sie bei gehöriger Erfüllung durch Eichhorn bestünde (**Differenzhypothese**). Gegenwärtig hat Hanser sich 1900,– € Kaufpreis für das Buch erspart. Wäre die Unmöglichkeit nicht eingetreten, so hätte er zwar 1900,– € für das Buch als Kaufpreis bezahlen müssen, das Buch aber für 3000,– € weiterverkaufen können. Sein Vermögen wäre damit bei gehöriger Erfüllung durch Eichhorn um 1100,– € höher, als es gegenwärtig ist.

Diese 1100,– € muss Eichhorn deshalb an Hanser als Schadensersatz statt der Leistung bezahlen.

Fall 81

(Abwandlung 2 zu Fall 79): Wie wäre **Fall 79** zu lösen, wenn folgendes vorgefallen ist: Das Corpus Iuris Matrimonialis ist in der Nacht nach Abschluss des Kaufvertrages nicht durch Wassereinbruch zerstört, sondern von einem unbekannten Einbrecher aus der Wohnung des Eichhorn gestohlen worden. Dieser Einbrecher hatte es nicht allzu schwer, weil die Haushälterin Ammon des Eichhorn versehentlich ein Fenster offen gelassen hatte.

Wie ist die Rechtslage?

Lösung:

I. Anspruch Hanser gegen Eichhorn aus § 433 Abs. 1 BGB

Ein **Anspruch** des Hanser gegen Eichhorn auf **Übereignung und Übergabe** des Buches, § 433 Abs. 1 BGB, ist **entstanden**. Er könnte auf Grund des Diebstahls wieder **erloschen** sein. § 275 Abs. 1 Alt. 1 BGB lässt für das Ausgeschlossensein des Anspruchs genügen, dass seine Erfüllung für den Schuldner unmöglich ist, auch wenn ein Dritter – hier der unbekannte Dieb – das Buch dem Hanser theoretisch verschaffen könnte.

II. Anspruch des Eichhorn gegen Hanser aus § 433 Abs. 2 BGB

Der **Anspruch** des Eichhorn gegen Hanser auf **Zahlung des Kaufpreises** ist ebenfalls **erloschen**, denn bei dem Zahlungsanspruch handelt es sich um die Gegenleistung für die unmöglich gewordene Leistung des Eichhorn, §§ 275 Abs. 4, 326 Abs. 1 Satz 1 BGB.

III. Anspruch Hanser gegen Eichhorn aus §§ 275 Abs. 4, 280 Abs. 1 und 3, 283 Satz 1 BGB

Möglicherweise hat Hanser jedoch einen Anspruch auf **Schadensersatz statt der Leistung**, §§ 275 Abs. 4, 280 Abs. 1 und 3, 283 Satz 1 BGB.

Das Unmöglichwerden der Leistung beruht auf keiner Pflichtverletzung des Eichhorn, sondern darauf, dass die Haushälterin Ammon das Fenster nicht geschlossen und dem Dieb deshalb das Einsteigen in die Wohnung des Eichhorn ermöglicht hat.

Fraglich ist, ob Eichhorn sich das **sorgfaltswidrige Handeln** der Ammon **zurechnen** lassen muss. In Betracht kommt hier eine Zurechnung nach § 278 Satz 1 BGB. Zwischen Eichhorn und Hanser besteht ein **Schuldverhältnis** in Form des Kaufvertrages, sodass § 278 Satz 1 BGB grundsätzlich anwendbar ist. Zudem müsste Ammon **Erfüllungsgehilfin** des Eichhorn gewesen sein. Eichhorn hatte die Pflicht, den Kaufvertrag mit Hanser zu erfüllen und sich die Leistung nicht unmöglich zu machen. Deshalb hatte er darauf zu achten, dass das Corpus Iuris Matrimonialis auch bei Abholung durch Hanser noch unversehrt vorhanden ist und alles zu unterlassen, was dem zuwiderläuft.

In diesem **Pflichtenkreis** des Eichhorn wird Ammon mit seinem Willen **tätig**, indem sie sich im gesamten Haushalt des Eichhorn frei bewegen kann und dazu verpflichtet ist, die Rechtsgüter des Eichhorn nicht zu schädigen.

Eichhorn musss sich das sorgfaltswidrige Handeln der Ammon damit zurechnen lassen und ist wie oben in **Fall 80 zur Zahlung** von Schadensersatz in Höhe von 1100,– € **verpflichtet**.

Schwab/Löhnig Einführung Rn. 901-904.

Fall 82

Erlbach hat Hallhuber einen alten Meißener Porzellankrug zum Preis von 2900,– € verkauft, was dem Verkehrswert des Stückes entspricht. Die Vertragsparteien haben vereinbart, dass Hallhuber den Krug am 26. Juni bei Erlbach abholt. Hallhuber versäumt den Termin. Der Krug wird in der Nacht vom 27. auf den 28. Juni bei Erlbach von unbekannten Dieben gestohlen, weil Erlbach versehentlich über Nacht ein Fenster offen stehen hat lassen.

Lösung:

I. Anspruch Hallhuber gegen Erlbach aus § 433 Abs. 1 BGB

Ein Anspruch des Hallhuber gegen Erlbach auf Übereignung und Übergabe des Krugs, § 433 Abs. 1 BGB, ist zwar **entstanden**, wegen des Diebstahls jedoch **ausgeschlossen**, § 275 Abs. 1 Alt. 1 BGB.

II. Anspruch des Erlbach gegen Hallhuber aus § 433 Abs. 2 BGB

1. Fraglich ist, ob auch der **Anspruch** des Erlbach gegen Hanser **auf Zahlung des Kaufpreises** erloschen ist. Bei dem Zahlungsanspruch handelt es sich um die Gegenleistung für die unmöglich gewordene Leistung des Erlbach. Damit **erlischt regelmäßig** auch dieser Anspruch, §§ 275 Abs. 4, 326 Abs. 1 Satz 1 BGB.

2. Etwas anderes könnte sich jedoch aus dem Umstand ergeben, dass der Krug zu einem Zeitpunkt gestohlen worden ist, zu dem ihn Hallhuber bereits hätte abgeholt haben müssen (Holschuld). Der Gegenleistungsanspruch bleibt nach § 326 Abs. 2 Satz 1 Alt. 2 BGB in solchen Fällen bestehen, wenn der Gläubiger (hier: Hallhuber) sich bei Unmöglichwerden der Leistung des Schuldners in **Annahmeverzug** befand, §§ 293 ff. BGB, und der Schuldner (hier: Erlbach) den Umstand, der zum Unmöglichwerden seiner Leistung geführt hat, nicht vertreten muss.

a) Annahmeverzug des Hallhuber ist spätestens mit Ablauf des 26. Juni eingetreten, denn Hallhuber hat den Krug bei Erlbach an diesem Tag entgegen der Vereinbarung nicht abgeholt, § 293 BGB. Erlbach musste den Hallhuber auch nicht nochmals zur Abholung des Buches auffordern, weil für die Abholung eine **nach dem Kalender bestimmte Zeit** vereinbart war, §§ 295 Satz 1, 296 Satz 1 BGB.

b) Das Vorliegen der zweiten Voraussetzung erscheint fraglich. Der Schuldner muss Vorsatz und Fahrlässigkeit **vertreten**, § 276 Abs. 1 Satz 1 BGB. Erlbach hat das Fenster versehentlich offen gelassen und so den Diebstahl des Kruges ermöglicht; er hat also fahrlässig gehandelt und hätte das Unmöglichwerden seiner Leistung somit zu vertreten.

Etwas anderes ergibt sich jedoch aus § 300 Abs. 1 BGB. Hiernach muss der Schuldner während des Annahmeverzuges des Gläubigers nur **Vorsatz und grobe Fahrlässigkeit** vertreten. Hallhuber befand sich in der Nacht vom 27. auf den 28. Juni in Annahmeverzug. Grobe Fahrlässigkeit liegt dann vor, wenn der Schuldner jedermann einleuchtende Sorgfaltspflichten durch schwerste Unachtsamkeit verletzt. Das bloße offenlassen eines Fensters aus Versehen durch Erlbach ist – jedenfalls unter den in Deutschland herrschenden Bedingungen innerer Sicherheit – nicht als grobe Sorgfaltswidrigkeit anzusehen. Somit hat Erlbach das Unmöglichwerden seiner Leistung nicht zu vertreten. Der **Anspruch** des Erlbach gegen Hallhuber aus § 433 Abs. 2 BGB **bleibt deshalb** bestehen, § 326 Abs. 2 Satz 1 Alt. 2 BGB.

3. Möglicherweise kann Hallhuber diesen Anspruch jedoch **zum Erlöschen bringen**, indem er wegen Unmöglichkeit von dem Kaufvertrag **zurücktritt**, § 326 Abs. 5 BGB, und auf diese Weise die vertraglichen Primäransprüche zum Erlöschen bringt. Für das Rücktrittsrecht verweist § 326 Abs. 5 Hs. 2 BGB auf § 323 BGB. Dort ist in § 323 Abs. 6 Alt. 2 BGB angeordnet, dass das Rücktrittsrecht ausgeschlossen ist, wenn der Gläubiger sich bei Eintritt des zum Rücktritt berechtigenden Umstands – hier: Unmöglichwerden der Leistung des Erlbach – in Gläubigerverzug befand.

Ein **Anspruch** des Erlbach gegen Hallhuber aus § 433 Abs. 2 BGB auf Zahlung von 2900,– € **besteht** demnach.

BGH JuS 2011, 359 (*Faust*).

Fall 83

(Abwandlung zu Fall 82): Wie ist **Fall 82** zu lösen, wenn folgendes gilt: Der Krug ist bis zur Abholung durch Hallhuber unversehrt bei Erlbach vorhanden. Hallhuber stößt jedoch, als er zur Abholung erscheint, beim Ausziehen seines Mantels versehentlich den Krug um. Dieser fällt zu Boden und zerbricht.

Lösung:

I. Anspruch Hallhuber gegen Erlbach aus § 433 Abs. 1 BGB

Ein **Anspruch** des Hallhuber gegen Erlbach auf **Übereignung und Übergabe** des Kruges, § 433 Abs. 1 BGB, ist zwar **entstanden**, durch die Zerstörung des Kruges aber

ausgeschlossen, § 275 Abs. 1 Alt. 2 BGB; es handelt sich bei dem Krug um ein Einzelstück, sodass mit Vernichtung dieses Stückes die Leistung für jedermann unmöglich geworden ist.

II. Anspruch des Erlbach gegen Hallhuber aus § 433 Abs. 2 BGB

1. Fraglich ist, ob auch der **Anspruch** des Erlbach gegen Hallhuber auf **Zahlung** des Kaufpreises erloschen ist. Bei dem Zahlungsanspruch handelt es sich um die Gegenleistung für die unmöglich gewordene Leistung des Erlbach. Damit **erlischt regelmäßig** auch dieser Anspruch, §§ 275 Abs. 4, 326 Abs. 1 Satz 1 BGB.

2. Etwas anderes könnte sich jedoch aus dem Umstand ergeben, dass es Hallhuber war, der das **Unmöglichwerden der Leistung** des Erlbach **herbeigeführt** hat. Diesen Fall regelt § 326 Abs. 2 Satz 1 Alt. 1 BGB: War der Gläubiger für den Umstand, der zur Leistungsbefreiung nach § 275 BGB geführt hat, allein oder weit überwiegend verantwortlich, so behält der Schuldner seinen Anspruch auf die Gegenleistung.

Unklar ist, nach welchem Maßstab sich die **Verantwortung des Gläubigers**, hier Hallhuber, im Sinne des § 326 Abs. 2 Satz 1 Alt. 1 BGB richtet. § 276 BGB, der das Vertretenmüssen regelt, ist nicht ohne weiteres anwendbar. Der Gläubiger hat keine Pflicht, den von ihm gekauften Gegenstand vor Übereignung nicht zu beschädigen, sondern lediglich eine dahingehende **Obliegenheit**. Es ergeben sich nämlich aus der Verletzung dieser Verhaltensanforderung keine Folgepflichten – etwa auf Zahlung von Schadenersatz – sondern lediglich ein Rechtsnachteil: Bestehenbleiben der Verpflichtung zur Kaufpreiszahlung ohne Anspruch auf Gegenleistung.

Mangels gesetzlicher Regelung des Verantwortungsmaßstabs bei Obliegenheitsverletzungen zieht die ganz überwiegende Auffassung **§§ 276 und 278 BGB analog** heran, weil auch ein Rechtsnachteil als Folge der Obliegenheitsverletzung nur dann eintreten soll, wenn diese Verletzung auf zumindest sorgfaltswidrigem Verhalten des Obliegenheitsbelasteten beruht.

Vorliegend hat Hallhuber den Krug versehentlich vom Tisch geworfen und damit seine **Obliegenheit fahrlässig verletzt**. Der **Anspruch** des Erlbach gegen Hallhuber aus § 433 Abs. 2 BGB **bleibt** deshalb **bestehen**, § 326 Abs. 2 Satz 1 Alt. 1 BGB, weil Hallhuber allein für das Eintreten der Unmöglichkeit verantwortlich ist.

3. Möglicherweise kann Hallhuber diesen Anspruch jedoch **zum Erlöschen bringen**, indem er wegen Unmöglichkeit von dem Kaufvertrag **zurücktritt**, § 326 Abs. 5 BGB, und auf diese Weise die vertraglichen Primäransprüche zum Erlöschen bringt.

Für das Rücktrittsrecht verweist § 326 Abs. 5 HS. 2 BGB auf § 323 BGB. Dort ist in § 323 Abs. 6 Alt. 1 BGB angeordnet, dass das Rücktrittsrecht ausgeschlossen ist, wenn der Gläubiger für den Umstand, der ihn zum Rücktritt berechtigen würde (hier die Unmöglichkeit) allein oder weit überwiegend verantwortlich ist. Es gelten damit die gleichen Maßstäbe wie bei § 326 Abs. 2 Satz 1 Alt. 1 BGB, sodass ein Rücktritt ausgeschlossen ist.

Ein **Anspruch** des Erlbach gegen Hallhuber aus § 433 Abs. 2 BGB auf Zahlung von 2900,– € **besteht** demnach.

Schwab/Löhnig Einführung Rn. 880-882; *Looschelders* Rn. 718 ff.

III. Anspruch des Erlbach gegen Hallhuber aus § 823 Abs. 1 BGB

Außerdem könnte ein Anspruch des Erlbach gegen Hallhuber auf Schadensersatz aus § 823 Abs. 1 BGB bestehen, weil Hallhuber den Krug zerstört hat.

1. Zu prüfen ist zunächst, ob Hallhuber ein **Rechtsgut** des Erlbach **verletzt** hat. In Betracht käme hier eine Verletzung des Eigentums. Fraglich ist jedoch, ob der Krug noch im Eigentum des Erlbach stand, als Hallhuber ihn zerstört hat. Davon ist auszugehen, denn Hallhuber hat den Krug bereits beim Ablegen seines Mantels zerstört, sodass es bislang noch zu keiner Übereignung des Kruges von Erlbach an Hallhuber gekommen ist.

Das Vorliegen der **weiteren Tatbestandsvoraussetzungen** des § 823 Abs. 1 BGB kann bejaht werden.

2. Zu prüfen ist allerdings, ob dem Erlbach auch ein Schaden entstanden ist. Das ist durch einen Vergleich der gegenwärtigen Vermögenslage des Erlbach mit der Vermögenslage des Erlbach die ohne die Eigentumsverletzung seitens des Hallhuber bestünde, zu ermitteln (**Differenzhypothese**). Ohne die Eigentumsverletzung befände sich im Vermögen des Erlbach ein Meißener Krug im Wert von 2900,– €, der gegen Zahlung von 2900,– € zu übereignen und übergeben wäre. Das Vermögen des Erlbach würde also mit Krug oder Geld jeweils immer Gegenstände im Wert von 2900,– € enthalten.

Nach der Eigentumsverletzung befindet sich im Vermögen des Erlbach ein Zahlungsanspruch gegen Hallhuber in Höhe von 2900,– € aus § 433 Abs. 2 BGB. Damit **fehlt** es, soweit dieser Anspruch werthaltig ist, an einem **ersatzfähigen Schaden**. Ein **Anspruch** aus § 823 Abs. 1 BGB **besteht** deshalb **nicht**.

Fall 84

Schulze hat in der Boutique Macke in Görlitz ein terrakottafarbenes Designerkleid im Sonderangebot für erstaunlich günstige 340,– € entdeckt. Er ist von dem Kleid restlos begeistert und fasst den Entschluss, das Stück seiner Frau zu Weihnachten zu schenken. Da er sich aber nicht sicher ist, ob seiner Frau ein solches Kleid auch wirklich gefallen würde, lässt er das Kleid von der Inhaberin Carola Macke auf seinen Namen bis zum Abend zurücklegen; er wolle das Kleid unbedingt seiner Frau schenken, müsse sich aber – wie üblich in solchen Fällen – erst noch einmal beraten.

Anschließend telefoniert er mit seinen Töchtern Anne und Julia, die ihrem Vater zum Kauf des Kleides raten. Schulze ruft daraufhin gegen 18.00 Uhr bei Frau Macke an und erklärt, er wolle nach ausgiebiger Beratung das Kleid nun tatsächlich kaufen und gleich am nächsten Morgen abholen. Frau Macke ist einverstanden.

Als Schulze am nächsten Morgen in die Boutique kommt, empfängt ihn Frau Macke bereits an der Tür und erklärt, es sei ein Unglück passiert. Bereits gestern habe während ihrer Abwesenheit in der Kaffeepause zwischen 17.00 und 17.30 Uhr die Angestellte Beseler das Kleid an eine andere, unbekannte Kundin verkauft.

Schulze ist verärgert, weil dieses Kleid ansonsten nur in einer Münchener Boutique zum Preis von 599,– € zu bekommen ist.

Welche Ansprüche hat Schulze gegen Macke?

Lösung:

I. Anspruch Schulze gegen Macke aus § 433 Abs. 1 BGB

Schulze könnte gegen Macke einen **Anspruch auf Übereignung und Übergabe** des Designerkleides haben, § 433 Abs. 1 BGB. Ein solcher Anspruch ist durch den **telefonischen Abschluss eines Kaufvertrages** zwischen Macke und Schulze **entstanden**; er war jedoch von Anfang an **ausgeschlossen**, weil Macke bereits bei Vertragsschluss nicht zur Erbringung ihrer Leistung in der Lage war, § 275 Abs. 1 Alt. 1 BGB.

II. Anspruch Schulze gegen Macke aus §§ 275 Abs. 4, 311a Abs. 2 Satz 1 BGB

Möglicherweise kann Schulze jedoch von Macke Schadensersatz in Höhe von 259,– € verlangen, weil er das Designerkleid jetzt für 599,– € statt 340,– € kaufen muss. Ein solcher Anspruch auf **Schadensersatz statt der Leistung** könnte sich aus §§ 275 Abs. 4, 311a Abs. 2 Satz 1 in Verbindung mit § 249 Abs. 1 BGB ergeben.

1. Voraussetzung ist, dass ein Schuldner – vorliegend Macke – nach § 275 BGB von seiner **Leistungspflicht befreit** ist, es sei denn, er kannte das bereits bei Vertragsschluss bestehende Leistungshindernis nicht und hat diese Unkenntnis auch nicht zu vertreten. Das **Vertretenmüssen** bestimmt sich nach § 276 Abs. 1 Satz 1 BGB (Vorsatz und Fahrlässigkeit).

Macke hätte sich vor dem telefonischen Vertragsschluss mit Schulze nochmals vergewissern können und müssen, dass das Kleid tatsächlich noch verfügbar ist. Dies hat sie jedoch unterlassen. Damit hat sie **sorgfaltswidrig gehandelt** und muss ihre Nichtkenntnis des bei Vertragsschluss bestehenden Leistungshindernisses vertreten, § 311a Abs. 2 Satz 2 BGB.

2. Schulze hat damit einen Anspruch darauf, so gestellt zu werden, wie **er stünde, wenn Macke ihre Leistung erbracht hätte** (Schadensersatz statt der Leistung). In diesem Fall besäße Schulze ein Designerkleid und hätte 340,– € dafür ausgegeben. Jetzt muss er 599,– € aufwenden, um den gleichen Zustand herzustellen. Die Differenz von 259,– € kann er deshalb von Macke verlangen, § 249 Abs. 1 BGB.

Schwab/Löhnig Einführung Rn. 890-891; *S. Meier* Jura 2002, 190-192.

Fall 85

(Abwandlung zu Fall 84): In **Fall 84** gilt Folgendes: Bei dem Kleid handelt es sich um ein reduziertes Einzelstück, das eigentlich einen Wert von 599,– € hat. Schulze, der großen Wert darauf legt, dieses Kleid seiner Frau schenken zu können, macht die Käuferin des Kleides ausfindig, die bereit wäre das Kleid für 3000,– € an Carola Macke zurückzuverkaufen. Schulze ist der Auffassung, Macke sei zum Rückkauf des Kleides verpflichtet, Macke hingegen ist da ganz anderer Auffassung.

Welche Ansprüche hat Schulze gegen Macke?

Lösung:

Anspruch Schulze gegen Macke aus § 433 Abs. 1 BGB

Schulze könnte gegen Macke einen **Anspruch auf Übereignung und Übergabe** des Designerkleides haben, § 433 Abs. 1 BGB.

1. Der Anspruch ist durch den telefonischen Abschluss des Kaufvertrages zwischen Macke und Schulze **entstanden**.

2. Der Anspruch könnte jedoch nach § 275 Abs. 1 Alt. 1 BGB **ausgeschlossen** sein. Voraussetzung dafür wäre, dass die Leistung der Schuldnerin Macke unmöglich ist. Das ist jedoch nicht der Fall. Unmöglichkeit im Sinne des § 275 Abs. 1 BGB erfordert, wie ein Blick auf § 275 Abs. 2 und Abs. 3 BGB zeigt, dass der Schuldner das bestehende Leistungshindernis unter keinen Umständen überwinden kann. Hier wäre dies durch einen **Rückkauf** des Kleides jedoch möglich. Der Erfüllungsanspruch des Schulze ist also nicht ausgeschlossen.

3. Möglicherweise könnte Macke jedoch die **Leistung verweigern**, indem sie die Einrede des § 275 Abs. 2 BGB erhebt. Voraussetzung dafür wäre, dass ihre Leistung einen **Aufwand erfordert**, der unter Beachtung des Inhalts des Schuldverhältnisses und der Gebote von Treu und Glauben in einem **groben Missverhältnis** zum Leistungsinteresse des Schuldners steht, § 275 Abs. 2 Satz 1 BGB. Außerdem ist ein Vertretenmüssen des Schuldners im Hinblick auf das Leistungshindernis zu beachten, § 275 Abs. 2 Satz 2 BGB.

a) Es ist also eine Abwägung zwischen Aufwand des Schuldners (hier: Macke) und Leistungsinteresse des Gläubigers (hier: Schulze) vorzunehmen. Der Aufwand der Macke beträgt vorliegend 3000,– € abzüglich der 340,– €, die sie von S als Kaufpreis für das Kleid bekäme, also 2660,– €.

Das Interesse des Schulze am Erhalt des Kleides liegt darin, dass er ein Kleid, das einen Marktpreis von 599,– € hat, für 340,– € bekommen hätte. Fraglich ist, wie das Interesse des Schulze zu berechnen ist. Liegt es bei 259,– €, weil er einen „Gewinn" in dieser Höhe gemacht hätte, oder bei 599,– €, weil das Kleid diesen Marktpreis hat? Gegen erstere Auffassung spricht, dass bei Geschäften, bei denen der Gläubiger keinen wirtschaftlichen Gewinn anstrebt, sein Interesse immer gleich null wäre. Deswegen erscheint es sinnvoller, 2660,– € zu 599,– € in Relation zu setzen; das ergibt ein **Verhältnis von 1 : 4** (a.A. vertretbar). Ob man bei einer solchen Relation schon von einem groben Missverhältnis sprechen kann, erscheint fraglich.

b) Zudem könnte sich die Relation zu Gunsten des Schulze verschieben, weil er auch ideelle Interessen hat: Gerade dieses Einzelstück will er seiner Frau schenken. Es erscheint aber doch fragwürdig, solche **ideellen Interessen** immer in die Abwägung mit einzubeziehen. Dadurch könnte sich die Relation unzumutbar zulasten des Schuldners verschieben. Gerade vorliegend könnte man freilich auch die Gegenauffassung vertreten, weil Macke ja um die Pläne des Schulze wusste.

c) Bewertet man die Relation unter Rücksicht auf Vertragsinhalt, Treu und Glauben und ein Vertretenmüssen des Schuldners, so ist hier zu Gunsten des Schulze noch in die Abwägung einzustellen, dass Macke des **Leistungshindernis zu vertreten** hat (vgl. oben im **Ausgangsfall 84**).

Bisher haben sich für die Anwendung des § 275 Abs. 2 BGB noch keine festen Maßstäbe herausgebildet; deshalb erscheint in vorliegendem Fall eine Entscheidung in beide Richtungen mit entsprechender Argumentation gleichermaßen vertretbar. Je nach Auffassung kann Macke also die Einrede aus § 275 Abs. 2 BGB erheben und die Leistung verweigern oder nicht.

Schwab/Witt S. 82 ff.; *S. Meier* Jura 2002, 119-121.

Fall 86

Weber betreibt einen Großhandel mit Sportartikeln. Anlässlich der Fußballweltmeisterschaft bestellt er 1000 Trikots der brasilianischen Nationalmannschaft beim Hersteller. Brasilien spielt gewohnt erfolgreich, sodass die Trikots stark nachgefragt werden. Innerhalb von kurzer Zeit hat Weber verbindliche Bestellungen mehrerer Sportgeschäfte für sämtliche 1000 Trikots vorliegen. Darunter befindet sich auch eine Bestellung des Sporthauses Sachs, das 20 Trikots ordert.

Weber bestätigt die Bestellungen und verschickt die Trikots durch einen Paketdienst an die Besteller. Das Paket an das Sporthaus Sachs verschwindet auf dem Transport und kommt nie an. Nachforschungen bleiben ergebnislos. Sachs verlangt daraufhin die erneute Lieferung von 20 Trikots.

1. Weber verweigert die Lieferung. Sachs besteht jedoch darauf, dass er einen entsprechenden Anspruch habe. Zu Recht?
2. Kann Weber Kaufpreiszahlung verlangen?

Lösung:

1. Frage: Anspruch Sachs gegen Weber aus § 433 Abs. 1 BGB

Sachs kann von Weber Lieferung von 20 Trikots verlangen, wenn er einen Anspruch aus § 433 Abs. 1 BGB hat.

1. Ein solcher **Anspruch** ist durch Abschluss eines entsprechenden Kaufvertrages zwischen Weber und Sachs **entstanden**. Er ist auch **nicht durch Erfüllung erloschen**, § 362 Abs. 1 BGB, weil bei Sachs der von Weber geschuldete Leistungserfolg, nämlich Übereignung und Übergabe von 20 Trikots, noch nicht eingetreten ist.

2. a) Fraglich ist allerdings, ob der Erfüllungsanspruch nicht **ausgeschlossen** ist, § 275 Abs. 1 Alt. 1 BGB. Der § 275 Abs. 1 Alt. 1 BGB erfordert, dass der Leistungserbringung durch den Schuldner ein **unüberwindbares Hindernis** entgegensteht. Diese Voraussetzung scheint vorliegend nicht erfüllt zu sein, denn Weber kann sich jederzeit neue Trikots vom Hersteller beschaffen. Darauf kommt es freilich nur an, wenn es sich um eine Gattungsschuld im Sinne des § 243 Abs. 1 BGB, handelt, so dass Weber insoweit ein Beschaffungsrisiko im Sinne des § 276 Abs. 1 Satz 1 BGB übernommen hat und seine Schuld fortbesteht, solange Gattungsstücke lieferbar sind. Davon ist bei der Bestellung von 20 beliebigen Trikots einer bestimmten Mannschaft auszugehen; insbesondere hat Weber seine Verpflichtung nicht auf Lieferung von Trikots aus seinem Lager (Vorratsschuld) beschränkt.

b) Etwas anderes gilt jedoch, wenn die Schuld des Weber auf die 20 für Sachs bestimmten Trikots beschränkt war. Das wäre dann der Fall, wenn sich die Schuld auf diese 20 Trikots **konkretisiert** hat, § 243 Abs. 2 BGB. Dafür wäre erforderlich, dass Weber das seinerseits Erforderliche getan hat. Was erforderlich ist, hängt von der Art der Schuld ab.

Leistungsort ist mangels anderweitiger Vereinbarung der Vertragsparteien die Niederlassung des Schuldners Weber, § 269 Abs. 2 BGB. Vorliegend versendet Weber auf Bestellung des Sachs die Ware an das Sportgeschäft des Sachs, also „nach einem anderen Ort als den Erfüllungsort", denn mit dem Erfüllungsort im Sinne des § 447 Abs. 1 BGB ist der Leistungsort gemeint. Deshalb liegt hier eine Schickschuld in Form eines **„Versendungskaufes"** vor. Der Schuldner hat in einem solchen Fall das seinerseits Erforderliche getan, wenn er die Ware ordnungsgemäß verpackt an eine geeignete Transportfirma übergeben hat, § 447 Abs. 1 BGB.

Damit hat sich die Schuld des Weber, der die Warensendung an Sachs ordnungsgemäß auf den Weg gebracht hat, auf die 20 für Sachs bestimmten Trikots konkretisiert. Diese sind unauffindbar, sodass Weber nach § 275 Abs. 1 Alt. 1 BGB von seiner **Leistungspflicht befreit** ist.

Schwab/Löhnig Einführung Rn. 829 und 881-882.

2. Frage: Anspruch Weber gegen Sachs aus § 433 Abs. 2 BGB

Weber könnte gegen Sachs einen **Anspruch auf Zahlung des Kaufpreises** aus § 433 Abs. 2 BGB haben.

1. Dieser Anspruch ist zwar **entstanden**, könnte jedoch als Gegenleistung zu dem nach § 275 Abs. 1 BGB ausgeschlossenen Anspruch des Sachs **entfallen** sein, §§ 275 Abs. 4, 326 Abs. 1 Satz 1 BGB.

2. Etwas anderes könnte sich jedoch aus **§ 447 BGB** ergeben, der insoweit eine **Sonderregelung** zu § 326 Abs. 1 Satz 1 BGB enthält. Zunächst müsste § 447 BGB überhaupt anwendbar sein. Es dürfte sich also vorliegend um **keinen Verbrauchsgüterkauf** handeln, bei dem §§ 445-447 BGB nicht gelten, § 474 Abs. 2 BGB. Sachs hat die Trikots für seinen Sportartikelladen bestellt und also in Ausübung seiner gewerblichen Tätigkeit gehandelt. Er ist damit bei diesem Geschäft kein Verbraucher im Sinne des § 13 BGB. § 447 BGB ist also anwendbar.

Also geht die Gefahr auf den Käufer über, sobald der Verkäufer die Ware der Transportperson übergeben hat, wenn er, wie vorliegend, die Sache auf Verlangen des Käufers nach einem anderen Ort als dem Erfüllungsort versendet. Mit „Gefahr" ist hier die **Preisgefahr** gemeint, der Käufer muss also weiterhin den Kaufpreis bezahlen, wenn die Ware auf dem Transport verloren geht.

3. Demnach bestünde der Anspruch des Weber gegen Sachs aus § 433 Abs. 2 BGB also fort. Möglicherweise kann sich Sachs jedoch durch **Rücktritt** nach § 326 Abs. 5 BGB von seiner Zahlungspflicht **befreien**.

Für das Rücktrittsrecht gelten die Regelungen des § 323 BGB. Dort ist in § 323 Abs. 6 BGB für zwei andere, in § 326 Abs. 2 BGB enthaltene Sondervorschriften zu § 326 Abs. 1 BGB das Rücktrittsrecht ausgeschlossen. Auch wenn der Sonderfall des Versendungskaufs in § 323 Abs. 6 BGB nicht genannt ist, wird man hier das Rücktrittsrecht ebenfalls ausschließen müssen, um die Wertung des § 447 BGB, die dem Käufer die Preisgefahr zuweist, nicht durch die Gewährung eines Rücktrittsrechts zu unterlaufen.

Damit kann Weber von Sachs also tatsächlich **Zahlung** aus § 433 Abs. 2 BGB **verlangen**. Im Gegenzug kann er jedoch gegebenenfalls die **Abtretung von Schadensersatzansprüchen** des Weber gegen den Paketdienst verlangen, § 285 BGB (Stellvertretendes Commodum).

Looschelders Rn. 683 ff.

4. Insbesondere: Leistungsverzögerung

Fall 87

Anabelle Heydebrand plant eine mehrwöchige Expedition in das Himalaja-Gebiet, zu der sie am 28. Juni aufbrechen will. Ihre gesamte Ausrüstung, insbesondere Schlafsack, Zelt, Schuhe und Rucksack bestellt sie am 25. April zum Preis von 2000,– € im Sporthaus Burckhard, das Lieferung innerhalb etwa zweier Wochen zusagt.

Als die Ausrüstung am 1. Juni noch nicht eingetroffen ist, setzt sie dem Sporthaus Burckhard telefonisch eine Frist bis 8. Juni. Diese Frist verstreicht, ohne dass die Lieferung bei Heydebrand einträfe. Am 10. Juni kauft Heydebrand ihre Ausrüstung schließlich im „Outdoor-Shop Schäfer" für 2200,– €.

Am 13. Juni trifft die Lieferung vom Sporthaus Burckhard bei ihr ein. Heydebrand lässt die Ware zurückgehen. Daraufhin erhält sie einen Brief, in dem sie vom Sporthaus Burckhard zu Zahlung und Abnahme der Ware aufgefordert wird.

Heydebrand denkt gar nicht daran, dieser Aufforderung nachzukommen, und sinnt darüber nach, ob sie wohl vom Sporthaus Burckhard ihre 200,– € Mehrkosten ersetzt verlangen kann; zur Sicherheit schreibt sie einen scharfen Brief an das Sporthaus Burckhard, in dem sie Zahlung und Abnahme verweigert sowie ihrerseits Zahlung von 200,– € verlangt.

Wie ist die Rechtslage?

Lösung:

I. Anspruch Burckhard gegen Heydebrand aus § 433 Abs. 2 BGB

Durch den Abschluss des Kaufvertrages zwischen Burckhard und Heydebrand ist ein **Anspruch** von Burckhard auf Zahlung von 2000,– € und Abnahme der Kaufsachen **entstanden**, § 433 Abs. 2 BGB.

Dieser Anspruch könnte **durch das Schadenersatzverlangen** der Heydebrand jedoch **ausgeschlossen** sein. Folge eines berechtigten Schadenersatzverlangens des Gläubigers gemäß §§ 280 Abs. 1 und 3, 281 Abs. 1 Satz 1 BGB ist nämlich das Erlöschen des Gläubigeranspruches, § 281 Abs. 4 BGB; nach ganz überwiegender Auffassung entfällt über den Wortlaut des § 281 Abs. 4 BGB hinaus auch ein damit verbundener Gegenanspruch des Schuldners.

Erforderlich wäre hierfür, dass der Schuldner eine **fällige Leistung nicht erbringt** und der Gläubiger erfolglos eine **angemessene Frist zur Leistung** bestimmt hat, § 281 Abs. 1 Satz 1 BGB. Beide Voraussetzungen sind vorliegend erfüllt. Die Schuld des Burckhard war jedenfalls fällig, denn nach der Zusage einer Lieferung innerhalb etwa zweier Wochen waren bereits fünf Wochen verstrichen, als Heydebrand die Nachfrist gesetzt hat. Diese Nachfrist erscheint nicht unangemessen knapp und ist fruchtlos verstrichen.

Damit kann Heydebrand von Burckhard **Schadensersatz** aus §§ 280 Abs. 1 und Abs. 3, 281 Abs. 1 Satz 1 BGB **verlangen** und hat durch ihr briefliches Schadenersatzverlangen die vertraglichen **Primäransprüche zum Erlöschen** gebracht.

II. Anspruch Heydebrand gegen Burckhard aus §§ 280 Abs. 1 und 3, 281 Abs. 1 Satz 1 BGB

Heydebrand hat, wie unter (I.) erörtert, einen Schadensersatzanspruch aus §§ 280 Abs. 1 und 3, 281 Abs. 1 Satz 1 BGB auf **Schadensersatz statt der Leistung**.

Sie ist also so zu stellen, als ob Burckhard seine Leistung ordnungsgemäß erbracht hätte. Zur Herstellung dieses Zustands, vgl. § 249 Abs. 1 BGB, ist eine Zahlung von 200,– €

durch Burckhard an Heydebrand erforderlich, denn bei ordnungsgemäßer Erfüllung hätte Heydebrand ihre Ausrüstung 200,– € billiger einkaufen können.

Fall 88

Antiquar Eichhorn hat mit Heinzelmann telefonisch einen Kaufvertrag über einen alten Stich, den Heinzelmann zuvor im Laden des Antiquars besichtigt hatte, zum Kaufpreis von 460,– € geschlossen. Eichhorn hat dabei dem Heinzelmann die sofortige postalische Zusendung des Stiches zugesagt. Daraufhin hat Heinzelmann den Kaufpreis auf ein Konto des Eichhorn überwiesen.

Als Heinzelmann nach zehn Tagen den Stich immer noch nicht erhalten hat, wendet er sich telefonisch an Eichhorn und mahnt die Lieferung des Stiches an. Eichhorn entschuldigt sich für seine Säumnis und sagt umgehende Lieferung zu. In der Tat verpackt er gleich anschließend den Stich und macht sich auf den Weg zum nahe gelegenen Postamt. Auf dem Bürgersteig wird er ohne eigene Schuld von einem Fahrradfahrer angefahren. Er stürzt zu Boden, die Rolle mit dem Stich rollt auf die Straße und wir von einem Auto zerquetscht. Der Stich wird dabei zerstört.

Heinzelmann, der den Stich an den betuchten Neureich für 1200,– € hätte weiterverkaufen können, ist darüber verärgert, dass ihm dieses glänzende Geschäft nun entgangen ist, und verlangt Schadensersatz von Eichhorn.

Zu Recht?

Lösung:

Anspruch Heinzelmann gegen Eichhorn aus §§ 280 Abs. 1 und 3, 283 Satz 1 BGB

Heinzelmann könnte gegen Eichhorn einen Anspruch auf **Schadensersatz statt der Leistung** aus §§ 280 Abs. 1 und 3, 283 Satz 1 BGB haben.

1. Voraussetzung wäre zunächst, dass der Schuldner Eichhorn nach § 275 BGB nicht zu leisten braucht, § 283 Satz 1 BGB. Der gekaufte Stich ist zerstört worden. Da es sich bei dem Kauf des Stichs um einen Stückkauf handelt, ist damit die Leistung für jedermann unmöglich geworden und der **Anspruch** des Heinzelmann aus § 433 Abs. 1 BGB ist gemäß § 275 Abs. 1 Alt. 2 BGB **ausgeschlossen**.

2. Außerdem sind die Voraussetzungen des § 280 Abs. 1 BGB zu prüfen. Eichhorn hat eine **Pflicht** aus dem **Kaufvertrag** mit Heinzelmann **verletzt**, denn ihm ist die Erfüllung seiner Leistungspflicht unmöglich geworden. Diese Pflichtverletzung müsste Eichhorn zu **vertreten** haben; zu vertreten hat der Schuldner regelmäßig Vorsatz und Fahrlässigkeit, § 276 Abs. 1 Satz 1 BGB. Eichhorn hat jedoch schuldlos gehandelt. Damit würde er keinen Schadensersatz statt der Leistung schulden.

3. Möglicherweise greift jedoch die **Verschiebung des Haftungsmaßstabs** aus § 287 Satz 2 BGB: Während des Schuldnerverzugs haftet der Schuldner, was seine Leistung betrifft, nämlich auch für **Zufall**. Dann würde Eichhorn auch die geschehene Zerstörung des Stiches zu vertreten haben.

Zu prüfen sind also die **Verzugsvoraussetzungen**: Heinzelmann hatte einen **fälligen**, § 271 Abs. 1 BGB, und **einredefreien Anspruch** auf Übereignung und Übergabe des Stiches. Er hat Eichhorn telefonisch **gemahnt**. Unklar ist, ob Eichhorn die Leistungsverzögerung zu **vertreten** hat. Dies ist aber mangels gegenteiliger Anhaltspunkte zu vermuten, § 286 Abs. 4 BGB. Damit liegt Verzug vor.

Es greift also die Verschiebung des Haftungsmaßstabs mit der Folge, dass Eichhorn die **Pflichtverletzung zu vertreten** hat und Heinzelmann **Schadensersatz** statt der Leistung **schuldet**. Heinzelmann ist damit so zu stellen, wie er stehen würde, wenn Eichhorn seine Leistung erbracht hätte, § 249 Abs. 1 BGB. In diesem Fall hätte er den Stich mit einem Gewinn von 740,– € weiterverkaufen können; dieser Betrag ist ihm zu ersetzen.

Looschelders Rn. 577 ff.

Fall 89

Wilhelm hat bei der Internetbuchhandlung top-buch-GmbH eine kritische Ausgabe von Kants gesammelten Werken für 900,– € bestellt, die er in seiner Freizeit lesen möchte. Das Paket mit den Büchern trifft am 7. Januar bei ihm ein. Die beiliegende Rechnung vergisst er jedoch zu bezahlen. Auch bei der top-buch-GmbH gerät der Vorgang in Vergessenheit.

Am 12. Dezember gleichen Jahres erhält Wilhelm einen Brief des Rechtsanwalts Vollmer, der namens der top-buch-GmbH Zahlung von 1105,– € verlangt. Der Betrag setzt sich aus den 900,– € Kaufpreis für die Bücher, 38,– € Verzugszinsen und 167,– € Rechtsanwaltskosten zusammen.

Wilhelm zahlt umgehend 900,– €, die am 14. Dezember auf dem Konto der top-buch-GmbH eingehen; die Restforderung in Höhe von 205,– € hält er schlicht für eine Frechheit.

Was ist Wilhelm zu raten?

Lösung:

Anspruch Wilhelm gegen top-buch GmbH aus §§ 280 Abs. 1 und 2, 286 BGB

Die Forderung in Höhe von nunmehr noch insgesamt 205,– € kann allein als **Ersatz eines Verzögerungsschadens**, §§ 280 Abs. 1 und 2, 286 BGB begründet sein. Wilhelm hat seine **kaufvertragliche Pflicht** zur Zahlung des Kaufpreises **verletzt**, § 280 Abs. 1 Satz 1 BGB; das **Vertretenmüssen** wird **vermutet**, § 280 Abs. 1 Satz 2 BGB.

1. Der Ersatz des Verzögerungsschadens wird jedoch nur unter Erfüllung weiterer Voraussetzungen aus § 286 BGB geschuldet, § 280 Abs. 2 BGB. Es muss also **Schuldnerverzug** vorliegen. Die **Kaufpreisforderung** der top-buch-GmbH war mit Zugang von Büchern und Rechnung fällig, vgl. § 271 Abs. 1 BGB, und **einredefrei**.

2. Der Verzug wird durch **Mahnung** ausgelöst, § 286 Abs. 1 Satz 1 BGB ausgelöst; die top-buch-GmbH als Gläubigerin hat ihren Schuldner Wilhelm jedoch nicht gemahnt.

a) Verzug kann damit nur dann eingetreten sein, wenn die **Mahnung** ausnahmsweise **entbehrlich** war. Solche Fälle sind in § 286 Abs. 2 und Abs. 3 BGB geregelt. In Betracht kommt hier allein die Ausnahme nach § 286 Abs. 3 Satz 1 BGB, nach der der Schuldner einer Entgeltforderung auch ohne Mahnung **30 Tage nach Fälligkeit** und **Zugang einer Rechnung** in Verzug kommt. Bei der Kaufpreisforderung handelt es sich um eine **Entgeltforderung**, der Kaufpreis bildet nämlich das Entgelt für die Lieferung der Bücher.

Mit der Lieferung am 7. Januar hat Wilhelm auch eine **Rechnung** erhalten. Die dreißigtägige Frist hat demnach am 8. Januar um 0.00 Uhr begonnen, § 187 Abs. 1 BGB (Ereignisfrist) und am 7. Februar um 24.00 Uhr geendet, § 188 Abs. 2 Alt. 1 BGB. Danach befand sich Wilhelm seit 8. Februar um 0.00 Uhr in Verzug. Der Verzug hat am 15. Dezember mit Eingang des Geldes bei der top-buch-GmbH geendet. Für diese Zeit könnte die top-buch-GmbH demnach Verzugszinsen und zudem Kosten der Rechtsverfolgung verlangen.

b) Gegenüber **Verbrauchern** gilt diese Regelung jedoch nur, wenn auf den Lauf der dreißigtägigen Frist auf der Rechnung **besonders hingewiesen** worden ist, § 286 Abs. 3 Satz 2 BGB. Bei Wilhelm, der die Bücher zur privaten Verwendung bestellt, handelt es sich um einen Verbraucher, § 13 BGB. Zu einem **Hinweis** auf die Frist ist **nichts ersichtlich**.

3. Damit konnte Wilhelm nicht dreißig Tage nach Erhalt der Rechnung, sondern erst mit Erhalt des **Anwaltsschreibens**, das dann insoweit als **Mahnung** zu verstehen ist, in Verzug geraten.

Die **Rechtsanwaltskosten** sind damit **kein Verzugsschaden**, denn der Rechtsanwaltsbrief hat den Verzug gerade erst herbeigeführt. Verzugszinsen fallen nur in minimaler Höhe an.

Dem Wilhelm ist daher zu raten, die 205,– € nicht an die top-buch-GmbH zu bezahlen.

Schwab/Witt S. 91 ff.

5. Insbesondere: Mangelhafte Kaufsache

Fall 90

Rudolf Blaubär hat von Jan Hein, der aus Altersgründen keine Schiffe mehr führen möchte, dessen Motorjacht zum Kaufpreis von 40 000,– € gekauft. Im Kaufvertrag ist die Laufleistung des Motors mit „etwa 12 000 Seemeilen" angegeben. Ein halbes Jahr nach Übergabe des Bootes an Blaubär tritt ein Defekt am Motor der Jacht auf. Bei den Reparaturarbeiten stellt sich heraus, dass der Motor bereits eine Laufleistung von etwa 25 000 Seemeilen hat, was Jan Hein bei der routinemäßigen Durchsicht der Jacht allerdings nicht erkennen konnte. Hein hatte sich hinsichtlich der Laufleistung auf Angaben des Voreigentümers verlassen, von dem er die Jacht vor Jahren erworben hatte.

Blaubär möchte sein Geld zurückhaben. Besteht diese Möglichkeit?

Lösung:

Anspruch Blaubär gegen Hein aus §§ 434, 437 Nr. 2 Alt. 2, 323 Abs. 1, 326 Abs. 5, 346 Abs. 1 BGB

Ein Anspruch auf Rückzahlung des Kaufpreises von 40 000,– € könnte sich aus §§ 434, 437 Nr. 2 Alt. 2, 323 Abs. 1, 326 Abs. 5, 346 Abs. 1 BGB ergeben.

1. Zwischen Hein und Blaubär ist ein **wirksamer Kaufvertrag** zustandegekommen. Hein müsste seine **Pflicht** zur Lieferung einer mangelfreien Kaufsache aus § 433 Abs. 1 Satz 2 BGB **verletzt** haben. Im Kaufvertrag haben Hein und Blaubär als Sollbeschaffenheit des Schiffsmotors eine Laufleistung von etwa 12 000 Seemeilen vereinbart. In Wahrheit beträgt die Laufleistung jedoch mehr als das doppelte. Damit liegt ein **Sachmangel** im Sinne des § 434 Abs. 1 Satz 1 BGB vor. Hein hat also seine Pflicht verletzt.

2. Blaubär kann deshalb seine **Rechte aus § 437 BGB** geltend machen, ist dabei jedoch zunächst auf die Nacherfüllung beschränkt. Erst nach erfolgloser **Fristsetzung**, § 323 Abs. 1 BGB, kann Blaubär vom Vertrag zurücktreten.

Etwas anderes gilt jedoch dann, wenn die Fristsetzung ausnahmsweise entbehrlich ist. Hier kommt Unmöglichkeit der Nacherfüllung, § 275 Abs. 1 BGB, in Betracht mit der Folge, dass es einer Fristsetzung nach § 326 Abs. 5 nicht bedarf. Nacherfüllung ist in den Formen der Nachbesserung und Nachlieferung denkbar, § 439 Abs. 1 BGB. Die Nacherfüllung in Form der **Nachbesserung** ist **unmöglich**. Der Motor ist bereits 25 000 Seemeilen gelaufen, sodass der geschuldete Sollzustand nicht mehr hergestellt werden kann.

Fraglich ist, ob Nacherfüllung im Wege der **Nachlieferung** in Betracht kommt. Das erscheint zweifelhaft, weil sich der Kaufvertrag auf einen bestimmten, nicht vertretbaren Gegenstand bezieht (**Stückkauf**). Gewährt man dem Käufer einen Nachlieferungsanspruch, so würde dem Stückverkäufer ein gattungsschuldähnliches Beschaffungsrisiko aufgebürdet. Umgekehrt müsste der Käufer sich mit einem anderen als dem ausgewählten Stück zufrieden geben, wenn man dem Verkäufer auch in diesem Fall Nachlieferung gestatten würde. Damit scheidet beim Stückkauf eine Nacherfüllung im Wege der Nachlieferung grundsätzlich aus, wenn sich der Stückkauf nach Analyse der Parteiinteressen nicht ausnahmsweise als gattungskaufgleich darstellt; dafür liegen hier jedoch keine Anhaltspunkte vor (a.A. vertretbar).

Damit sind beide Formen der **Nacherfüllung ausgeschlossen**. Blaubär kann somit ohne vorherige Fristsetzung vom Vertrag zurücktreten und **Rückzahlung** von 40 000,– € Zug-um-Zug gegen Rückgabe und Rückübereignung der Jacht **verlangen**, §§ 346 Abs. 1, 348 BGB.

Schwab/Löhnig Einführung Rn. 932 und 924.

Fall 91

Thomas Raum ist Porsche-Vertragshändler in Köln. Er betreibt eine eigene Tankstelle, für die er beim Mineralölhändler Lambert jeweils 10 000 Liter Normalbenzin (92 Oktan) und 10 000 Liter Superbenzin (95 Oktan) bestellt hat. Lambert verwechselt bei der Lieferung versehentlich die Benzintanks, so dass er das Superbenzin in den Tank für das Normalbenzin und das Normalbenzin in den Tank für das Superbenzin füllt. Dadurch werden die Autos einiger Kunden, deren hoch empfindliche Motoren Superbenzin benötigen, mit Normalbenzin betrieben. Die Motoren der Autos werden zerstört. Raum sieht sich Schadensersatzansprüchen der Kunden ausgesetzt.

Kann Raum seinerseits von Lambert Schadensersatz verlangen?

Lösung:

I. Anspruch Raum gegen Lambert aus §§ 433, 434, 437 Nr. 3, 280 BGB

1. Zwischen Lambert und Raum besteht ein **Schuldverhältnis** in Form des Kaufvertrages über das Benzin.

2. Lambert müsste eine **Pflicht** im Rahmen dieses Schuldverhältnisses **verletzt** haben. In Betracht kommt hier die Pflicht aus § 433 Abs. 1 Satz 2 BGB zur **Lieferung mangelfreier Kaufsachen**. Dazu müsste das gelieferte Benzin mangelhaft im Sinne des § 434 BGB sein.

Das Benzin hatte jedoch keinen **Mangel** im Sinne des § 434 Abs. 1 Satz 2 Nr. 1 BGB, denn es entsprach genau der vertraglich geschuldeten Beschaffenheit. Es liegt auch kein **Montagefehler** im Sinne des § 434 Abs. 2 BGB vor; insbesondere wird man das Einfüllen des Benzins in die Tanks nicht als „Montage" des Benzins ansehen können. Unter Montage sind nämlich alle zum vertraglich vorausgesetzten Gebrauch der Sache notwendigen Handlungen, insbesondere der Zusammenbau von Einzelteilen, Anschluss, Aufstellung und Aufbau zu verstehen. Schließlich liegt auch keine **Aliud-Lieferung** im Sinne des § 434 Abs. 3 BGB vor. Lambert hat Benzin aus der geschuldeten Gattung geliefert und lediglich falsch eingefüllt. Damit hat Lambert die Pflicht aus § 433 Abs. 1 Satz 2 BGB nicht verletzt.

II. Anspruch Raum gegen Lambert aus § 280 Abs. 1 BGB

In Betracht kommt jedoch eine **Nebenpflichtverletzung**, § 241 Abs. 2 BGB. Aus dem Kaufvertrag ergibt sich die Nebenpflicht des Lambert zur Rücksichtnahme auf die Rechtsgüter des Raum und zur ordnungsgemäßen Befüllung der Tanks. Diese Pflichten hat er durch das Einfüllen des Benzins in den jeweils falschen Tank, das ein falsches Betanken der Autos ermöglicht hat, verletzt.

Weitere Voraussetzungen sind nicht zu prüfen, da Raum weder Verzugsschaden, § 280 Abs. 2 BGB, noch Schadensersatz statt der Leistung, § 280 Abs. 3 BGB, begehrt. Das **Vertretenmüssen** des Lambert wird **vermutet**, § 280 Abs. 1 Satz 2 BGB.

Damit hat Lambert den **Schaden** des Raum, der sich auf den Betrag der Schadensersatzzahlungen des Raum an seine Kunden bemisst, im Wege entsprechender Geldzahlung zu **ersetzen**, § 249 Abs. 1 BGB.

Schwab/Löhnig Einführung Rn. 911-917.

Fall 92

Barbara Bader hat im SB-Möbelhaus Thomas für ihre Tochter Hannah einen Kinderschreibtisch gekauft. Zu Hause angekommen beginnt sie mit dem Aufbau des Schreibtischs. Allerdings wird sie aus der mitgelieferten japanischen Aufbauanleitung nicht recht schlau. Auch zusammen mit ihrem Ehemann gelingt es ihr am Abend nicht, den Tisch aufzubauen.

Deshalb packt sie die Teile wieder in die Kiste und begibt sich am nächsten Morgen zum Möbelhaus; dort verlangt sie ihr Geld zurück. Die Mitarbeiterin an der Infotheke erklärt ihr jedoch nach

Besichtigung der Schreibtischteile, dass „der Tisch absolut in Ordnung ist" und eine Rücknahme des Tisches deshalb unmöglich sei. Sie händigt Bader eine Broschüre mit einer „Überarbeiteten Aufbauanleitung" für den Schreibtisch aus. Barbara Bader hat jedoch keine Lust dazu, sich nochmals einen Nachmittag lang mit dem Schreibtisch auseinanderzusetzen und verlangt ihr Geld zurück.

Wer hat Recht?

Lösung:

Anspruch Bader gegen Thomas aus §§ 434, 437 Nr. 2 Alt. 1, 440, 346 Abs. 1 BGB

Ein Anspruch auf **Rückzahlung des Kaufpreises** könnte sich aus §§ 434, 437 Nr. 2 Alt. 1, 440, 346 Abs. 1 BGB ergeben.

1. Dazu müsste der Verkäufer Thomas zunächst seine **Pflicht zur mangelfreien Lieferung** aus § 433 Abs. 1 Satz 2 BGB verletzt haben. Ein **Sachmangel** im Sinne des § 434 Abs. 1 BGB liegt nicht vor, denn der Bausatz für den Schreibtisch ist „in Ordnung".

2. Der Käufer kann die Rechte aus § 437 BGB jedoch auch geltend machen, wenn der Kaufsache eine **untaugliche Montageanleitung** beiliegt, § 434 Abs. 2 BGB, sodass die Selbstmontage nicht gelingt. Damit könnte Bader in der Tat zum Rücktritt, § 437 Nr. 2 Alt. 2 BGB berechtigt sein.

Voraussetzung für die Ausübung des Rücktrittsrechts ist jedoch regelmäßig, dass der Käufer dem Verkäufer vergeblich eine **letzte Frist zur Nacherfüllung** gesetzt hat, § 323 Abs. 1 BGB. Daran fehlt es hier; vielmehr hat der Verkäufer Thomas auch ohne Fristsetzung seine **Pflicht zur Nacherfüllung** aus § 437 Nr. 1 BGB in Form der Nachlieferung einer überarbeiteten Montageanleitung **erfüllt**. Ein **Rücktrittsrecht** der Bader **besteht** deshalb **nicht**.

Bader wird sich deshalb nochmals an der Montage des Schreibtischs versuchen müssen.

Rappenglitz JA 2003, 36 ff.

Fall 93

Bei einem Stadtbummel entdeckt der stilbewusste Architekturstudent Marc Reichwald in einem Geschäft für Designerwaren einen schönen Toaster im Design der 60er-Jahre. Sogleich erwirbt er ein originalverpacktes Exemplar zum Preis von 120,– €. Gleich anschließend ruft er mit seinem Handy seine Freundin Jasmin Beck an, um sie für den nächsten Morgen zum Frühstück mit Einweihung des neuen Toasters einzuladen.

Am nächsten Morgen toasten und flirten Marc und Jasmin fleißig und bemerken dabei nicht, dass der Toaster einen Defekt an der Isolierung hat und sich deshalb sein Gehäuse sehr stark aufheizt. Erst als Marc Reichwald am Nachmittag den Tisch abräumen will, bemerkt er, dass der Toaster einen großen Brandfleck auf dem Tisch hinterlassen hat.

Er begibt sich zu dem Designerwarenladen, wo ihm der Inhaber Carsten Theurkauf anbietet, „den Toaster mal einzuschicken". Mit dem Tisch könne er allerdings „nichts machen".

Reichwald ist empört. Welche Ansprüche hat er gegen Theurkauf?

Lösung:

Bei der Ermittlung der Ansprüche des Reichwald gegen Theurkauf ist zwischen Ansprüchen wegen des defekten **Toasters** und wegen des beschädigten **Tisches** zu **unterscheiden**.

1. Bezüglich der **Toasters** hat Theurkauf seine **Pflicht** zur Leistung einer mangelfreien Kaufsache aus § 433 Abs. 1 Satz 2 BGB **verletzt**, § 434 Abs. 1 Nr. 2 BGB; der Toaster weist nämlich nicht die Beschaffenheit auf, die man von einem solchen Gerät erwarten kann und ist deshalb auch nicht für die gewöhnliche Verwendung geeignet.

Reichwald kann deshalb nach seiner Wahl **Nacherfüllung** in Form der Nachbesserung oder Nachlieferung eines mangelfreien Toasters verlangen, § 439 Abs. 1 BGB. Auf ein „Einschicken" des Toasters muss er sich also nicht verweisen lassen. Vielmehr muss ihm Theurkauf, wenn Reichwald das wünscht, gegen Rückgabe des defekten Toasters einen **neuen, mangelfreien Toaster aushändigen**.

Verweigert Theurkauf die Nacherfüllung, so kann Reichwald **ohne weiteres** seine Rechte aus § 437 Nr. 2 und 3 BGB geltendmachen und vom Vertrag **zurücktreten** und/oder **Schadensersatz statt der Leistung verlangen**, § 281 Abs. 2 BGB, beziehungsweise § 323 Abs. 2 Nr. 1 BGB.

2. a) Bezüglich des **Tisches** könnte Reichwald von Theurkauf Schadensersatz aus §§ 434, 437 Nr. 3, 280 Abs. 1 BGB verlangen. Er ist nicht gezwungen, zunächst eine Nachfrist zu setzen, weil er nicht Schadensersatz statt der Leistung, sondern **Schadensersatz neben der Leistung** begehrt. Das **Vertretenmüssen** des Theurkauf wird **vermutet**, § 280 Abs. 1 Satz 2 BGB. Theurkauf kann diese **Vermutung** allerdings widerlegen, weil er nicht wissen konnte, dass der originalverpackte Toaster defekt ist.

b) Außerdem könnte ein Anspruch aus **§ 823 Abs. 1 BGB** bestehen. Der im **Eigentum** des Reichwald stehende Tisch ist **beschädigt** worden. Ursächlich hierfür war das **Aushändigen eines defekten Toasters** durch Theurkauf an Reichwald. Dabei spielt es keine Rolle, dass erst durch eine weitere Handlung, nämlich das Benutzen des Toasters durch Reichwald, die Rechtsgutverletzung eingetreten ist. Der Zurechnungszusammenhang wird nicht durch Handlungen des Verletzten, mit denen der Verletzende zu rechnen hatte, unterbrochen.

Allerdings wird dem Theurkauf als Händler **kein Verschulden** anzulasten sein, weil er nicht wissen kann, dass der originalverpackte Toaster defekt ist. Ein **Anspruch** aus § 823 Abs. 1 BGB **besteht** also **nicht**.

Schwab/Witt S. 197 ff.

▶ **Hinweis:** Wegen des beschädigten Tisches können jedoch Ansprüche aus § 823 Abs. 1 BGB und ProdHaftG gegen den **Hersteller des Toasters** bestehen.

Fall 94

Sepp Frank kauft bei „Luxus-Interieurs Graf" in Passau Parkett zum Preis von 5000,– € und lässt es in seiner Wohnung von einem Fachmann zum Preis von 2500,– € verlegen. Bereits nach einigen Monaten wird der Parkettboden an verschiedenen Stellen wellig und platzt auf. Grund hierfür ist die schlampige Herstellung des Parketts durch einen Billighersteller, bei dem der Geschäftsinhaber Oswald Graf sein Parkett bewusst einkauft, um höhere Gewinnspannen zu erzielen.

Daraufhin begibt Frank sich zu „Luxus-Interieurs Graf" und fordert Oswald Graf auf, neues Parkett zu liefern, den schadhaften Boden zu entfernen und das neue Parkett in der Wohnung zu verlegen. Graf ist hierzu nicht bereit. Er verkaufe das Parkett lediglich; deshalb treffe ihn keine Schuld an der Schadhaftigkeit des Bodens. Er werde deshalb dem Ansinnen des Frank ganz definitiv keinesfalls nachkommen. Frank möge sich an den Hersteller wenden.

Daraufhin erwirbt Frank in einem anderen Geschäft neues Parkett für 5000,– € und lässt es nach Entfernung des schadhaften Bodens fachgerecht verlegen; der Handwerker stellt eine Rechnung in Höhe von 4400,– €, wobei 1900,– € auf die Entfernung des schadhaften Bodens und 2500,– € auf das Verlegen des neuen Bodens entfallen. Frank verlangt daraufhin 9400,– € von Graf.

Zu Recht?

Lösung:

I. Anspruch Frank gegen Graf aus §§ 434, 437 Nr. 3 Alt. 1, 280 Abs. 1 und 3, 281 BGB

Frank könnte gegen Graf einen Schadensersatzanspruch aus §§ 434, 437 Nr. 3 Alt. 1, 280 Abs. 1 und 3, 281 BGB (Schadensersatz statt der Leistung) haben.

1. Graf müsste dazu zunächst eine **Pflichtverletzung** im Rahmen des zwischen Graf und Frank bestehenden Kaufvertrages begangen haben.

a) In Betracht kommt die Verletzung der Verkäuferpflicht zur **Lieferung mangelfreier Ware**, § 433 Abs. 1 Satz 2 BGB. Graf hat schlampig hergestelltes Parkett geliefert, das innerhalb kurzer Zeit nach dem Verlegen wellig wird. Dieses Parkett entspricht nicht der Beschaffenheit, die Frank beim Kauf des Parketts erwarten konnte, lässt sich deswegen nicht in der gewöhnlichen Weise verwenden und ist damit fehlerhaft, § 434 Abs. 1 Satz 1 Nr. 2 BGB. Graf hat also eine Pflichtverletzung begangen.

b) Eine weitere Pflichtverletzung des Graf ergibt sich daraus, dass er seiner **Pflicht zur Nacherfüllung** aus § 439 Abs. 1 BGB nicht nachgekommen ist, obschon Frank ihn zur Nacherfüllung in Form der Nachlieferung mangelfreier Ware aufgefordert hat.

2. Um von seinem Nacherfüllungsanspruch aus § 437 Nr. 1 BGB auf den Anspruch auf Schadensersatz statt der Leistung übergehen zu können, hätte Frank dem Graf jedoch eine **letzte Frist zur Nacherfüllung** setzen müssen, §§ 440, 281 Abs. 1 Satz 1 BGB. Das ist nicht geschehen.

Graf hat jedoch erklärt, er werde dem Ansinnen des Frank „definitiv keinesfalls nachkommen" und damit die Nacherfüllung **ernsthaft und endgültig verweigert**. Dadurch ist das Erfordernis der Fristsetzung entfallen, § 281 Abs. 2 BGB, und dem Frank stehen die **Rechte aus § 437 Nr. 3 BGB** offen. Frank kann also Schadensersatz statt der Leistung von Graf verlangen; das **Vertretenmüssen** des Graf wird **vermutet**, § 280 Abs. 1 Satz 2 BGB.

3. Zu prüfen ist nun, **welche Schadensposten** des Frank kausal mit welcher Pflichtverletzung des Graf verbunden sind.

a) Die Kosten für die Neuanschaffung von Parkett zum Preis von 5000,– € sind dadurch entstanden, dass Graf seiner Pflicht zur **Nacherfüllung** in Form der Nachlieferung mangelfreier Ware nicht nachgekommen ist. Sie sind damit **ersatzfähig**.

b) Das **erste Verlegen des Parketts** zum Preis von 2500,– € wäre bei Lieferung mangelfreien Parketts eine **werterhöhende Vermögensaufwendung** gewesen. Diese Aufwendungen wurden durch die Verletzung der Pflicht aus § 433 Abs. 1 Satz 2 BGB frustriert und stellen damit einen ersatzfähigen Schadensposten dar; auf § 284 BGB kommt es nicht an.

c) Das **zweite Verlegen** hingegen ist **nicht ersatzfähig**, weil die Aufwendungen hierfür nicht frustriert worden sind, sondern vielmehr ihren Sinn dadurch erhalten, dass als Folge des zweiten Verlegens nunmehr mangelfreies Parkett in der Wohnung des Frank liegt.

d) Das **Entfernen des schadhaften Parketts** (1900,– €) war deshalb erforderlich, weil Graf seiner Pflicht zur **Nacherfüllung**, § 439 Abs. 1 BGB, nicht nachgekommen ist. In diesem Falle hätte er nämlich das mangelhafte Parkett bei F auf seine Kosten zurücknehmen können und müssen, §§ 439 Abs. 4, 346 Abs. 1 BGB.

Frank kann also seine sämtlichen Schäden von Graf ersetzt verlangen.

II. Anspruch Frank gegen Graf aus § 823 Abs. 1 BGB

In Betracht kommt außerdem ein Anspruch des Frank gegen Graf auf **Schadensersatz** aus § 823 Abs. 1 BGB.

Dazu müsste Graf ein in § 823 Abs. 1 BGB genanntes **Rechtsgut verletzt** haben. Graf hat mangelhaftes Parkett geliefert. Deshalb könnte er eine Eigentumsverletzung begangen haben. Das Parkett ist jedoch bereits mangelhaft in das Eigentum des Frank gelangt, sodass Eigentum des Frank nicht beschädigt wurde.

Auch hinsichtlich der Kosten für die Auswechslung des Parketts ist keine Rechtsgutsverletzung ersichtlich. Es handelt sich um reine Vermögensschäden.

Ein **Anspruch** aus § 823 Abs. 1 BGB **besteht** also **nicht**.

C. Übungsklausuren

Übungsklausur 1

Der sechzehnjährige Jörg spielt seit Jahren klassische Gitarre, wünscht sich seit längerem jedoch auch eine E-Gitarre. Seine Eltern, die unverheiratet zusammenleben, wollen demnächst heiraten. Deswegen müssen sie sparen und finden eine neue Gitarre zu teuer. Sie versprechen Jörg aber, sich nach einer günstigen gebrauchten Gitarre umzusehen. Eines Tages erfährt Jörg, dass Axel, der große Bruder seines Schulfreundes Christoph, seine alte E-Gitarre verkaufen möchte. Jörg begibt sich zu Axel und einigt sich mit ihm über den Kauf der Gitarre zum günstigen Preis von 800,– €. Axel, der im zweiten Semester Jura studiert, fragt Jörg, ob er denn das Einverständnis seiner Eltern habe, woraufhin Jörg wahrheitswidrig behauptet, er habe seine Eltern informiert. Diese seien mit allem einverstanden.

Als Jörg nach Hause kommt, erzählt er seinen Eltern von dem günstigen Geschäft. Diese loben ihren Sohn für seine Geschäftstüchtigkeit. Axel hingegen hat Zweifel, ob Jörg ihn nicht doch belogen hat und ruft zwei Tage später bei Jörgs Eltern an. Jörgs Vater nimmt das Telefon ab. Axel erklärt ihm, er fordere die Eltern des Jörg als gesetzliche Vertreter ihres Sohnes zur Genehmigung des Geschäfts auf. Jörgs Eltern haben inzwischen ein wesentlich günstigeres Angebot aufgetan und sind sich einig darüber, dass Jörgs Vater in dieser Sache bei Axel anrufen werde; am Telefon erklärt Jörgs Vater deshalb, dass sie als Jörgs Eltern mit dem eigenmächtigen Handeln ihres Sohnes selbstverständlich nicht einverstanden seien.

Kann Axel von Jörg Abnahme der Gitarre und Zahlung von 800,– € verlangen?

Anspruch A gegen J aus § 433 Abs. 2 BGB

A könnte gegen J einen Anspruch auf Zahlung des Kaufpreises in Höhe von 800,– € und Abnahme der Gitarre aus § 433 Abs. 2 BGB haben. Voraussetzung wäre, dass ein entsprechender Kaufvertrag zwischen A und J geschlossen worden ist. A und J haben zwar eine entsprechende Einigung erzielt, allerdings steht die Wirksamkeit der Willenserklärung des beschränkt geschäftsfähigen, § 106 BGB, J in Frage, § 108 Abs. 1 BGB.

Beschränkt Geschäftsfähige bedürfen zu einer Willenserklärung, durch die sie nicht lediglich einen rechtlichen Vorteil erlangen, der Einwilligung des gesetzlichen Vertreters, § 107 BGB. Vorliegend hat J eine Willenserklärung abgegeben, die zum Abschluss eines Kaufvertrages über die Gitarre führen sollte. Durch diesen Kaufvertrag würde J zwar einen Anspruch auf Übereignung und Übergabe der Gitarre erlangen, § 433 Abs. 1

BGB, sich gleichzeitig aber auch zu Abnahme und Kaufpreiszahlung verpflichten, § 433 Abs. 2 BGB. Im Entstehen dieser Anspruchsschuldnerschaft ist ein rechtlicher Nachteil für J zu sehen. Daran kann auch der Umstand nichts ändern, dass J ein günstiges Geschäft geschlossen hat. § 107 BGB spricht ausdrücklich über einen „rechtlichen Vorteil“, sodass es auf wirtschaftliche Erwägungen nicht ankommen kann. Damit war die Willenserklärung nicht lediglich auf die Erlangung eines rechtlichen Vorteils gerichtet und J bedurfte der Einwilligung seines gesetzlichen Vertreters.

Fraglich ist zunächst, wer gesetzlicher Vertreter des J ist. Die Eltern des J sind nicht verheiratet. Damit steht die elterliche Sorge für J allein seiner Mutter zu, § 1626a Abs. 2 BGB. Sie ist damit gesetzliche Vertreterin ihres Sohnes, § 1629 Abs. 1 BGB. Unter Einwilligung ist eine vorherige Zustimmung zu verstehen, 183 BGB. Eine solche Einwilligung der Mutter könnte darin zusehen sein, dass die Eltern versprochen haben, ihrem Sohn den Wunsch nach einer E-Gitarre zu erfüllen und sich umzusehen. Aus dieser Erklärung ergibt sich nicht, dass die Mutter des J damit einverstanden ist, dass sich ihr Sohn selbst eine Gitarre kauft. Vielmehr wollten die Eltern selbst sich umsehen. Es fehlt also an einer entsprechenden Einwilligung, sodass die Willenserklärung des J zunächst schwebend unwirksam war, § 108 Abs. 1 BGB.

Durch eine nachträgliche Zustimmung (Genehmigung, § 184 Abs. 1 BGB) der Mutter könnte die Willenserklärung des J und damit der Kaufvertrag über die E-Gitarre jedoch wirksam geworden sein. Diese Genehmigung könnte in dem Lob der Eltern für die Geschäftstüchtigkeit ihres Sohnes liegen. Legt man diese Erklärung aus, §§ 133, 157 BGB, wird man ihr aus Sicht eines objektiven Dritten in der Position des J entnehmen können, dass die Mutter dem Geschäft ihres Sohnes auch zustimmt. Fraglich ist jedoch, ob die Genehmigung seitens der Mutter auch gegenüber ihrem Sohn erfolgen konnte. § 108 Abs. 2 Satz 1 BGB ordnet an, dass in bestimmten Fällen eine Genehmigung nur gegenüber dem Geschäftspartner des Minderjährigen erfolgen könne, geht dabei jedoch davon aus, dass in anderen Fällen auch der Minderjährige selbst Adressat der Genehmigung sein könne („dem Minderjährigen gegenüber erklärte Genehmigung“, § 108 Abs. 2 Satz 1 Hs. 2 BGB). Die Norm verweist damit indirekt auf die allgemeine Regel des § 182 Abs. 1 BGB, dass die Zustimmung zu einem Rechtsgeschäft beiden Teilen gegenüber erklärt werden kann. Damit wäre durch das Lob der Eltern gegenüber ihrem Sohn dessen Willenserklärung und damit der gesamte Vertrag wirksam geworden.

Daran könnte sich jedoch dadurch etwas geändert haben, dass zwei Tage später A bei den Eltern des J anrief, um sich die Gültigkeit des Vertrages bestätigen zu lassen. § 108 Abs. 2 Satz 1 BGB ordnet für diesen Fall zweierlei an. Zum einen wird durch eine solche Aufforderung eine bereits zuvor gegenüber dem Minderjährigen erteilte Genehmigung unwirksam. Zum anderen kann ab diesem Zeitpunkt die Genehmigung nur noch gegenüber dem Geschäftspartner erklärt werden. Die Aufforderung des A könnte also die Willenserklärung des J wieder in den Zustand schwebender Unwirksamkeit zurückversetzt haben. Die endgültige Verweigerung der Genehmigung seitens des Vaters gegenüber A könnte schließlich dazu geführt haben, dass die schwebend unwirksame Willenserklärung endgültig nichtig geworden ist. Auf das Motiv für die Verweigerung der Genehmigung kommt es dabei nicht an. Zu beachten ist jedoch, dass der Vater des J nicht gesetzlicher Vertreter seines Sohnes ist. Ihm gegenüber konnte also keine Aufforderung zur Genehmigung nach § 108 Abs. 2 Satz 1 BGB ergehen und er konnte auch die Genehmigung nicht wirksam verweigern.

Etwas anderes könnte jedoch gelten, wenn der Vater wirksam als Vertreter der Mutter gehandelt hätte, § 164 Abs. 1 BGB. Der Vater des J hat die Verweigerung der Genehmigung im Namen „der Eltern des J", also auch der Mutter als gesetzlicher Vertreterin, erklärt. In der Abrede, dass der Vater des J bei A anrufen solle, liegt die Bevollmächtigung des Vaters durch die Mutter, auch in ihrem Namen entsprechende Erklärungen gegenüber A abzugeben. Der Vater hat die Mutter damit bei der Verweigerung der Genehmigung wirksam vertreten.

Ein Problem liegt hier jedoch darin, dass diese Verweigerung der Genehmigung nur nach vorheriger Aufforderung zur Erklärung der Genehmigung an den gesetzlichen Vertreter erfolgen kann. Hier ist die Aufforderung des A jedoch gegenüber dem Vater, der nicht gesetzlicher Vertreter seines Sohnes ist, erfolgt. In der Bevollmächtigung des Vaters durch die Mutter zur Abgabe entsprechender Erklärungen wird man jedoch auch die Bevollmächtigung zur Entgegennahme von Willenserklärungen in diesem Bereich zu sehen haben, § 164 Abs. 3 BGB. Deshalb könnte die Aufforderung zur Erklärung der Genehmigung auch der Mutter als gesetzlicher Vertreterin gegenüber erfolgt sein.

Fraglich ist jedoch, ob A den Vater auch als Vertreter der Mutter angesprochen hat. Bei der Empfangsvertretung kommt es nämlich darauf an, an wen der Erklärende seine Erklärung richten möchte. Wenn A davon ausgeht, dass beide Eltern des J sorgeberechtigt sind, dann wollte er möglicherweise nur den Vater selbst in seiner Funktion als gesetzlichen Vertreter seines Sohnes ansprechen und es ist keine wirksame Aufforderung erfolgt, weil der Vater nicht als rechtsgeschäftlicher Empfangsvertreter der allein sorgeberechtigten Mutter angesprochen worden ist. A zeigt jedoch mit seiner Formulierung, er fordere „die Eltern" des J zur Genehmigung auf, dass er jedenfalls einen gesetzlichen Vertreter des J ansprechen möchte, vgl. § 1629 Abs. 1 Satz 2 BGB, sodass hier auch die Mutter angesprochen sein soll (a.A. bei entsprechender Argumentation vertretbar). Der Vater konnte die Genehmigung also zwar nicht aus eigenem Recht, wohl aber als Vertreter der Mutter nach entsprechender Aufforderung gegenüber A wirksam verweigern, § 108 Abs. 2 Satz 1 BGB.

Damit besteht kein wirksamer Kaufvertrag zwischen A und J und A kann deshalb von J nicht Abnahme und Zahlung der Gitarre verlangen.

Übungsklausur 2

Schulze, der sich mit antiquarischen Büchern gut auskennt, kauft namens und im Auftrag seines Onkels Rütten, der handsignierte Erstausgaben deutschsprachiger Autoren des zwanzigsten Jahrhunderts sammelt, regelmäßig Bücher im Antiquariat Grauer. Rütten selbst hat mit Grauer nie Kontakt aufgenommen, sondern verlässt sich ganz auf seinen Neffen. Nachdem ein entsprechendes Vertrauensverhältnis zwischen den Beteiligten entstanden war, nahm Schulze die Bücher immer gleich mit und Grauer übermittelte dem Rütten eine Rechnung, die dieser dann durch Banküberweisung beglich. Schulze und Rütten haben sich jedoch wegen finanzieller Unstimmigkeiten gestritten und sind nunmehr nach Aussage des Onkels „geschiedene Leute".

Trotzdem besuchte Schulze, der das Verhältnis zu seinem Onkel kitten wollte, indem er ihm weiterhin Gefälligkeiten erwies, erneut das Grauer'sche Antiquariat, wo er in einer noch unausgepackten Kiste eine neu hereingekommene Erstausgabe von Max Frischs „Homo Faber" entdeckte, in deren Frontispiz sich eine flotte, aber völlig unleserliche Unterschrift befand. Schulze bot dem Grauer für das Buch 80,– €, ohne seine Vermutung zu offenbaren, dass es sich bei dem Schriftzug um Max Frischs Unterschrift handle, die das Buch erheblich wertvoller machen würde. Grauer war gerne einverstanden; man einigte sich auf „das übliche Prozedere". Das Buch übersandte Schulze später postalisch an Rütten.

Als Rütten die Rechnung erhielt, verweigerte er die Zahlung. Erstens habe er dem Schulze keinen Auftrag zum Erwerb des Buches gegeben und zweitens handle es sich – was zutrifft – bei dem Schriftzug im Frontispiz des Buches nicht um die Unterschrift von Max Frisch, was die Erstausgabe für ihn wertlos mache.

Steht dem Grauer gegen Rütten ein Anspruch aus § 433 Abs. 2 BGB auf Zahlung des Buches zu?

Anspruch G gegen R aus § 433 Abs. 2 BGB

G könnte möglicherweise Zahlung des Buches von R aus § 433 Abs. 2 BGB verlangen. Voraussetzung wäre das Bestehen eines wirksamen Kaufvertrages zwischen G und R über den Kauf des Buches zum Preis von 80,– €. Ein Antrag zum Abschluss eines solchen Vertrages ist von S ausgegangen; dieser Antrag könnte für und gegen R wirken, wenn S den R bei Abgabe des Antrags wirksam vertreten hat, § 164 Abs. 1 BGB.

Dazu müsste S den Antrag im Namen des R abgegeben haben. S hat zwar nicht ausdrücklich erklärt, das Buch für seinen Onkel kaufen zu wollen. Aus den Umständen aber ergibt sich, dass S auch diesmal wieder ein Buch für seinen Onkel erwerben wollte. Außerdem müsste S Vertretungsmacht zur Abgabe des Antrags im Namen des R gehabt haben. R hatte seinen Neffen zwar zum Kauf von Büchern bei G bevollmächtigt, § 167 Abs. 1 Alt. 1 BGB (Innenvollmacht), diese Bevollmächtigung ist jedoch dadurch erloschen, dass R jegliche Beziehung zu seinem Neffen abgebrochen hat. Dadurch hat R den Auftrag an seinen Neffen, ihm bestimmte Bücher zu besorgen, widerrufen, was ihm jederzeit möglich ist, § 671 Abs. 1 BGB, und die Vollmacht auf diese Weise zum Erlöschen gebracht, § 168 Satz 1 BGB.

Gleichwohl ist G vom Bestehen einer Vertretungsmacht ausgegangen, denn S hat das Buch unter Berufung auf das „übliche Prozedere" erworben und bisher hatte R die Anerkennung einer entsprechenden Vollmacht des S immer dadurch zum Ausdruck gebracht, dass er die Rechnungen beglichen hat; von dem Zerwürfnis zwischen R und S musste G nichts wissen. Deshalb stellt sich die Frage, ob das Vertrauen des G auf das Bestehen einer Vertretungsmacht vorliegend geschützt wird. Grundsätzlich wird der gute Glaube an das Bestehen einer Vollmacht nicht geschützt. Etwas anderes könnte sich jedoch aus verschiedenen Ausnahmeregelungen ergeben.

Zunächst könnte man daran denken, dass die Vollmacht dem G gegenüber solange wirksam bleibt, bis ihr Erlöschen ihm gegenüber angezeigt wird, § 170 BGB, oder sie widerrufen wird, § 171 Abs. 2 BGB. R hat den S jedoch weder durch Erklärung gegenüber dem Dritten G bevollmächtigt, sodass ein Fortbestehen nach § 170 BGB ausscheidet, noch hat R dem G jemals besonders mitgeteilt, § 171 Abs. 1 BGB, dass er den S bevollmächtigt habe. R hat nur die Rechnungen bezahlt; allein darin wird man keine Mitteilung der Vollmacht sehen können. Deshalb kommt eine Fortdauer der Vollmacht bis zum Widerruf der Kundgebung, § 171 Abs. 2 BGB, ebenfalls nicht in Betracht.

Neben den gesetzlichen Regelungen zum Schutz Dritter, die auf das Bestehen einer Vertretungsmacht vertrauen dürfen, haben sich mit den Rechtsinstituten der Duldungs- und Anscheinsvollmacht weitere Fallgruppen herausgebildet, in denen das Vertrauen auf den Rechtsschein einer Bevollmächtigung geschützt wird. Weiß und duldet jemand, dass eine andere Person als sein Vertreter auftritt und darf ein Dritter aus diesem Auftreten auf das Bestehen einer Vollmacht schließen, so wirken die Erklärungen des vermeintlichen Vertreters für und gegen den vermeintlich Vertretenen (Duldungsvollmacht). Vorliegend wusste R jedoch nicht, dass S nach dem Zerwürfnis weiterhin als sein Vertreter auftritt; damit wird das Vertrauen des G auf eine Bevollmächtigung des S seitens des R nicht geschützt.

Etwas anderes könnte sich aus dem Rechtsinstitut der Anscheinsvollmacht ergeben. Hiernach soll es bereits genügen, wenn jemand wissen muss, dass ein anderer als sein Vertreter auftritt, und dies auch verhindern könnte, sodass ein Dritter auf das Bestehen einer Vertretungsmacht schließen darf. R hätte bei Beachtung genügender Sorgfalt durchaus mit der Möglichkeit rechnen können, dass S weiterhin Willenserklärungen in seinem Namen gegenüber G abgibt. Er hätte dies ohne Weiteres dadurch verhindern können, dass er G entsprechend informiert. Fraglich ist jedoch, ob das Rechtsinstitut der Anscheinsvollmacht überhaupt anzuerkennen ist. Zum Teil wird behauptet, hier könne nur eine Haftung aus §§ 241 Abs. 2, 311 Abs. 2, 280 Abs. 1 BGB in Betracht kommen. Allerdings ist es nicht systemfremd, bereits an das fahrlässige Setzen eines Rechtsscheins die Wirkungen zu knüpfen, die bestünden, wenn der Rechtsscheinstatbestand der Wirklichkeit entspräche. Deshalb ist das Rechtsinstitut der Anscheinsvollmacht auf der Grundlage allgemeiner Grundsätze der Rechtsscheinshaftung anzuerkennen (a.A. vertretbar).

Damit hat S den Antrag gegenüber G auf Abschluss eines Kaufvertrages über das Buch mit Wirkung für und gegen G abgegeben, § 164 Abs. 1 BGB. G hat diesen Antrag angenommen, sodass ein wirksamer Kaufvertrag zwischen R und G zustandegekommen ist und G deswegen einen Anspruch aus § 433 Abs. 2 BGB gegen R auf Zahlung von 80,– € hat.

Möglicherweise könnte sich R von diesem Vertrag jedoch im Wege der Anfechtung lösen, § 142 Abs. 1 BGB. In der begründeten Weigerung des R, den Kaufpreis zu bezahlen, ist eine Anfechtungserklärung zu sehen. R hat die Erklärung auch gegenüber seinem Vertragspartner als richtigem Anfechtungsgegner abgegeben, § 143 Abs. 1 und 2 BGB. Fraglich ist freilich, auf welchen Anfechtungsgrund R sich berufen kann. R beruft sich darauf, dass der Schriftzug im Frontispiz des Buches, anders als von S angenommen, nicht von Max Frisch stammt. Es könnte damit ein Irrtum über eine verkehrswesentliche Eigenschaft des gekauften Buches vorliegen, § 119 Abs. 2 BGB.

Die Anfechtungsregeln könnten jedoch vorliegend durch einen Vorrang der kaufrechtlichen Gewährleistungsvorschriften ausgeschlossen sein, §§ 434 ff. BGB. Ein solcher Vorrang wird deshalb angenommen, weil andernfalls das Recht des Verkäufers zur zweiten Andienung einer mangelfreien Kaufsache, § 437 Nr. 1 BGB, und die kurzen Gewährleistungsfristen aus § 438 BGB ausgehebelt würden. Hier ist das Gewährleistungsrecht jedoch nicht anwendbar, weil bereits kein Mangel des Buches vorliegt. Das Buch wurde nicht als signiert verkauft, auch konnte nach den Umständen nicht erwartet werden, dass das Buch originalsigniert ist, vgl. § 434 Abs. 1 BGB. Zu überlegen ist deshalb, wie weit die Ausschlusswirkung des Kaufrechts reicht, ob also § 119 Abs. 2 BGB nur ausgeschlossen ist, soweit tatsächlich ein Mangel der Kaufsache vorliegt, oder auch dann, wenn die fragliche Beschaffenheit der Kaufsache gerade nicht als Mangel im Sinne des § 434 BGB anzusehen ist. Für erstere Auffassung spricht, dass ein solches „Aushebeln" nur stattfinden kann, wenn die §§ 434 ff. BGB überhaupt greifen (a.A. vertretbar). Damit kann § 119 Abs. 2 BGB Anwendung finden.

Der Umstand, vom Autor handsigniert zu sein, ist eine verkehrswesentliche Eigenschaft eines antiquarischen Buches. Es handelt sich bei der Signatur in einem Buch um ein Beschaffenheitsmerkmal dieses konkreten Buches; diesem Umstand wird im Rechtsverkehr bei antiquarischen Büchern gemeinhin Bedeutung zugemessen.

Zu klären bleibt, auf wessen Irrtum über diese Eigenschaft es vorliegend ankommt. Mangels Erteilung entsprechender Weisungen, § 166 Abs. 2 BGB, kommt es für Willensmängel und die Kenntnis gewisser Umstände auf die Person des Vertreters an, § 166 Abs. 1 BGB. Nun war zwar S nicht Vertreter des R, weil R sich aber das Handeln des S als Vertreterhandeln gefallen lassen muss, wird man ihm umgekehrt auch eine Berufung auf Irrtümer seines „Vertreters" zuzubilligen haben.

R kann deshalb den Kaufvertrag mit G über das Buch wegen Irrtums des S über die Urheberschaft der im Buch angebrachten Signatur anfechten, §§ 119 Abs. 2, 142 Abs. 1 BGB. Der Vertrag wird damit rückwirkend vernichtet, ein Anspruch des G gegen R auf Zahlung von 80,– € aus § 433 Abs. 2 BGB besteht nicht.

Übungsklausur 3 (schwierig!)

Rechtsanwalt Siegert hat beim Opelniederhändler Günther einen gebrauchten Opel Signum zum Preis von 21 000 € erworben. Seinen alten VW Golf hat er zum Preis von 4000 € in Zahlung gegeben. Siegert und Günther sind dabei übereinstimmend davon ausgegangen, dass der VW Golf nur 3000 € wert ist. Günther wollte dem Siegert auf diese Weise jedoch einen versteckten Rabatt einräumen. Bei Abholung des neuen Opel hat Siegert seinen Golf bei Günther abgegeben und 17 000 € in Bar bezahlt. Kurze Zeit später stellt sich heraus, dass der VW Golf irreparable Schäden am Rahmen aufweist, die das Auto wertlos machen. Siegert wusste von diesen Schäden jedoch nichts und auch Günther konnte sie bei der Entgegennahme des Fahrzeugs nicht erkennen.

Welche Ansprüche stehen Günther gegen Siegert zu, der am liebsten den VW Golf loswerden und die restlichen 4000 € Kaufpreis in bar erhalten möchte?

Anspruch G gegen S auf Zahlung von 4000 € aus § 433 Abs. 2 BGB

G und S haben einen Kaufvertrag über den Kauf eines Opel Signum zum Preis von 21 000 € geschlossen. S hat jedoch erst 17 000 € bezahlt, § 362 Abs. 1 BGB. Deshalb könnte G ein Anspruch aus § 433 Abs. 2 BGB auf die Zahlung der restlichen 4000 € zustehen.

Dieser Anspruch könnte jedoch durch die Inzahlunggabe des VW Golf erloschen sein. Das erscheint fraglich, ist doch eine Kaufpreisschuld durch Übereignung und Übergabe entsprechender Geldwertzeichen an den Verkäufer zu erfüllen. Vorliegend haben G und S jedoch vereinbart, dass S befugt sein soll, einen Anteil von 4000 € durch Übereignung und Übergabe des VW Golf zu ersetzen. Fraglich ist, wie diese Vereinbarung zwischen G und S zu bewerten ist. G und S waren sich darüber einig, dass S durch Übereignung und Übergabe des VW Golf einen Teil seiner Kaufpreisschuld erfüllen können sollte. Dabei sollte es nicht darauf ankommen, ob G aus der Verwertung des VW Golf tatsächlich 4000 € erlösen kann, sind doch die Parteien übereinstimmend davon ausgegangen, dass der VW Golf ohnehin nicht 4000 € wert ist. Somit handelt es sich um die Vereinbarung einer Leistung an Erfüllungs statt, § 364 Abs. 1 BGB. Indem S den VW Golf an G übereignet und übergeben hat, hat er seine Kaufpreisschuld also erfüllt. Dem G steht somit kein Anspruch gegen S auf Zahlung von 4000 € aus § 433 Abs. 2 BGB zu.

Anspruch G gegen S aus §§ 433, 365, 434, 437 Nr. 2 Alt. 1, 440, 323, 346 Abs. 1 BGB

Möglicherweise hat G gegen S jedoch einen Anspruch auf Zahlung von 4000 € Zug-um-Zug gegen Rückübereignung und Rückgabe des VW Golf. G und S haben einen gültigen Kaufvertrag geschlossen, so dass §§ 434 ff. BGB Anwendung finden können. Diese Normen erfassen jedoch lediglich die Leistung einer mangelhaften Kaufsache, während vorliegend der den Kaufpreis teilweise ersetzende VW Golf möglicherweise mangelhaft war. § 365 BGB ordnet jedoch an, dass die §§ 434 ff. BGB auch für Gegenstände gelten, die an Erfüllungs statt geleistet werden.

Zu prüfen ist deshalb zunächst, ob der VW Golf bei Gefahrübergang, also im Zeitpunkt der Übergabe, § 446 Satz 1 BGB, einen Sachmangel im Sinne des § 434 BGB aufweist. G und S haben keine besonderen Abreden über die Beschaffenheit des VW Golf getroffen, so dass das Vorliegen eines Mangels nach § 434 Abs. 1 Satz 1 BGB ausscheidet. Nach § 434 Abs. 1 Satz 2 Nr. 1 BGB ist für das Vorliegen eines Sachmangels erforderlich, dass die Sache sich nicht für die nach dem Vertrag vorausgesetzte Verwendung eignet. Vorliegend hat G das Auto in Zahlung genommen, um es als Gebrauchtwagen weiterzuverkaufen. Dazu eignet sich ein Auto, das aufgrund einer irreparablen Beschädigung wertlos ist, nicht. Der VW Golf war somit mangelhaft und G kann seine Rechte aus § 437 BGB geltend machen, wenn diese nicht ausgeschlossen sind. Das wäre dann der Fall, wenn G die Mangelhaftigkeit des VW Golf gekannt oder aufgrund grober Fahrlässigkeit nicht gekannt hätte, § 442 Abs. 1 BGB. G mag zwar als Kfz-Händler über besonderen Sachverstand verfügen. Auch er konnte jedoch bei Inzahlungnahme des VW Golf die Schäden nicht erkennen.

Der Käufer einer mangelhaften Sache, also auch G, § 365 BGB, kann jedoch nicht ohne Weiteres vom Vertrag zurücktreten, sondern muss seinem Vertragspartner zunächst erfolglos eine angemessene Frist zur Nacherfüllung setzen, §§ 437 Nr. 2 Alt. 1, 323 Abs. 1 BGB. G hat dem S jedoch keine derartige Frist gesetzt und kann deshalb nicht zurücktreten. Etwas anderes würde dann gelten, wenn eine Fristsetzung ausnahmsweise entbehrlich war. Hier kommt Entbehrlichkeit nach § 326 Abs. 5 BGB wegen Unmöglichkeit der Nacherfüllung in Betracht. Die Nacherfüllung ist in den Formen der Nachbesserung oder Nachlieferung möglich. Eine Nachbesserung ist jedoch unmöglich, denn die Schäden an dem VW Golf sind irreparabel. S wird damit von seiner Pflicht zur Nachbesserung frei, § 275 Abs. 1 BGB, und es verbleibt die Nacherfüllung in Form der Nachlieferung eines mangelfreien VW Golf. Fraglich ist jedoch, ob S zur Nachlieferung verpflichtet ist. Die Inzahlungnahme des alten VW Golf des S lässt sich mit der Situation beim Stückkauf vergleichen. Beim Stückkauf ist der Verkäufer jedoch grundsätzlich nicht zur Nacherfüllung in Form der Nachlieferung verpflichtet, weil ihm andernfalls ein Beschaffungsrisiko aufgebürdet würde, das der Verkäufer nur beim Gattungskauf tragen soll. Ausnahmen mögen dann gelten, wenn ein nach gewissen Gattungsmerkmalen bestimmtes Stück verkauft wurde (str.); ein solcher Fall ist hier jedoch nicht gegeben. Damit war S auch nicht zur Nacherfüllung in Form der Nachlieferung verpflichtet. Eine Fristsetzung ist deshalb entbehrlich, § 326 Abs. 5, und G kann sofort sein Rücktrittsrecht aus § 437 Nr. 2 Alt. 1 BGB durch Rücktrittserklärung, § 349 BGB, gegenüber S ausüben.

Fraglich ist jedoch, welche Rechtsfolgen sich an diese Rücktrittserklärung knüpfen würden. Denkbar wäre, dass die Rücktrittserklärung dazu führt, dass die Leistung an Erfüllungs statt rückabzuwickeln ist und vorliegend also G den VW Golf an S zurückzuübereignen und zurückzugeben hätte mit der Folge, dass die Kaufpreisschuld des S in Höhe von 4000 € wieder auflebt, die S dann durch Zahlung zu begleichen hätte. Auf diese Weise würde S freilich den versteckten Rabatt in Höhe von 1000 € verlieren und würde außerdem zur Kaufpreiszahlung in einer Höhe gezwungen, die er möglicherweise ohne die Gelegenheit der Inzahlunggabe überhaupt nicht vereinbart hätte. Die Bezahlung des Opel Signum durch Geldleistung und Inzahlunggabe erscheint deshalb als Einheit, die nur insgesamt rückabgewickelt werden kann. Eine Rücktrittserklärung des G würde deshalb nicht die für ihn gewünschten Folgen auslösen: G kann lediglich Rückgabe und Rückübereignung des Opel Signum Zug-um-Zug gegen Rückzahlung der 17 000 € und Rückgabe und Rückübereignung des VW Golf verlangen.

Anspruch G gegen S aus §§ 433, 365, 434, 437 Nr. 2 Alt. 2, 441 BGB

Möglicherweise kann G jedoch die Minderung erklären und deshalb einen Teil des Restkaufpreises von S verlangen. Die Voraussetzungen der Minderung gleichen denen des Rücktritts („statt", § 441 Abs. 1 BGB) und liegen also vor, vgl. oben.

Fraglich ist, welche Rechtsfolgen eine Minderungserklärung durch G hätte. Die Parteien haben ein Fahrzeug, das 3000 € wert sein sollte, mit 4000 € bewertet. Tatsächlich ist der VW Golf jedoch 0 € wert. Damit würde sich der geminderte Betrag nach der Formel (4000 × 0) : 3000 berechnen, folglich 0 € betragen. G könnte also wiederum einen Restbetrag von 4000 € von S verlangen, der dadurch seinen Rabatt verlieren würde. Die Parteien waren sich jedoch darüber einig, dass S einen versteckten festen Rabatt in Höhe von 1000 € erhalten soll. Erklärt G die Minderung, so kann er deshalb lediglich einen Betrag von 3000 € verlangen. Diese Lösung wahrt die Interessen des S insoweit, als er weiterhin den Rabatt in Höhe von 1000 € erhält.

Allerdings würde er auch bei dieser Lösung zur Kaufpreiszahlung in einer Höhe gezwungen werden, die er möglicherweise ohne die Gelegenheit der Inzahlunggabe des VW Golf überhaupt nicht vereinbart hätte. Die Bezahlung des Opel Signum durch Geldleistung und Inzahlunggabe erscheint als Einheit, hätte S gewusst, dass sein VW Golf wertlos ist, hätte er sich möglicherweise für einen etwas günstigeren Wagen entschieden. Aus diesen Gründen erscheint eine Minderung in Fällen des § 365 BGB dann ausgeschlossen, wenn nicht die gesamte Leistung, sondern nur ein Teil durch eine mangelhafte Leistung an Erfüllungs statt erbracht wird. G kann deshalb nicht mindern (a.A. vertretbar).

Paragraphenverzeichnis

Die Zahlen, auf die verwiesen wird, beziehen sich auf die **Nummern der Fälle**.

Stichwortverzeichnis

Die Zahlen, auf die verwiesen wird, beziehen sich auf die **Nummern der Fälle**.